LA POLOGNE
Berlin
EMAGNE
Leipzig
Dresde
rfurt
Prague
LA REPUBLIQUE TCHEQUE
nberg
t
Linz
Munich
Salzbourg
nnsbruck
L'AUTRICHE
E LICHTENSTEIN
LA SLOVENIE
Ljubljana
Venise
la mer Adriatique
Florence
L'ITALIE
Rome
L'ALLEMAGNE
LES LÄNDER
Kiel
Schleswig-Holstein
Mecklembourg-Poméranie Occidentale
Schwerin
Hambourg
Hambourg
Brême
Brême
Basse-Saxe
Hanovre
Berlin
Berlin
Potsdam
Magde-bourg
Brandebourg
Saxe-Anhalt
Rhénanie du Nord-Westphalie
Düsseldorf
Erfurt
Thuringe
Dresde
Saxe
Hesse
Rhénanie-Palatinat
Mayence
Wiesbaden
Sarre
Sarrebruck
Stuttgart
Bade-Wurtemberg
Bavière
Munich
LA FRANCE
LES REGIONS
Lille
Nord-Pas-de-Calais
Champagne-Ardenne
Haute-Normandie
Rouen
Amiens
Picardie
Caen
Basse-Normandie
Lorraine
Metz
Alsace
Strasbourg
Ile-de-France
Paris
Châlons-en-Champagne
Rennes
Bretagne
Pays de la Loire
Nantes
Orléans
Centre
Dijon
Bourgogne
Franche-Comté
Besançon
Poitiers
Poitou-Charentes
Limousin
Limoges
Clermont-Ferrand
Auvergne
Lyon
Rhône-Alpes
Bordeaux
Aquitaine
Midi-Pyrénées
Toulouse
Languedoc-Roussillon
Montpellier
Provence-Alpes-Côte d'Azur
Marseille
Corse
Ajaccio

Lieder in Tous ensemble:
Die Lieder (gesungen und Karaoke) finden Sie hier: Lehrer-CdA 2 (623662 - die letzten Tracks), Lehrer-Audio-CDs (623668 - CD3 „Chansons") und DUA 2 (623664)
Aus lizenzrechtlichen Gründen werden die Lieder auf der CD in Schüler-CdA gesprochen.

Tous ensemble 2

für den schulischen Französischunterricht

Lehrerausgabe

Das Lehrbuch versteht sich als Gesamtangebot. Welche Texte und Aufgaben verpflichtend sind, wird durch die schulinternen Curricula festgelegt.

Filme in Tous ensemble: Die Videos finden Sie auf der DVD des Lehrerbuchs (623663) und im DUA 2 (623664).
Die Schüler können die Videos auf www.klett.de ansehen. Code mw7bb7 im Suchfeld eingeben.

Zusatzmaterialien für Schülerinnen und Schüler

Cahier d'activités mit MP3-CD und Vokabeltrainer, Klett-Nr. 623617
Cahier d'activités mit MP3-CD, Klett-Nr. 623612
Grammatisches Beiheft, Klett-Nr. 623613

Symbole

Vidéo	Filme im Internet unter dem Code mw7bb7		Partnerarbeit		Individualisierung (offene Übung von leicht bis schwer)
CD 01	Hördokumente auf CD (MP3) im Cahier und im Internet unter dem Code mw7bb7, Track 1		Gruppenarbeit und kooperatives Lernen	○	leichtere Übung / Aufgabe
			Portfolio-Ordner	●	schwierigere Übung / Aufgabe
CDA 4/1	Verweis auf das Cahier d'activités Seite 4/Übung 1	S1	Lernstrategie 1	●●	für besonders leistungsstarke Gruppen
		G1	Grammatikkapitel 1		

1. Auflage

1 6 5 4 3 2 | 19 18 17 16 15

Herausgeber: Falk Staub, Saarbrücken
Autorinnen und Autoren: Isabelle Darras, Pont de Vaux; Frank Maurer, Stuttgart; Falk Staub, Saarbrücken
Weitere Mitarbeit: Daniela Bauer, München; Sandra Behrend, Saarbrücken; Daniela Bernert, Dießen am Ammersee; Sophie Boizard, Eybens; Ignazio Coniglio, Dillingen; Michèle Giovanetti, Pelissanne; Ruth Kruse-Helming, Haan; Christina Schiller, Würselen
Beratung: Valérie Ben Mansour, Herschbach; Jens-Olaf Carl, Künzell; Marianne Fahlenbock, Gummersbach; Wolfgang Froese, Oldenburg; Barbara Grota, Dortmund; Ulrike Héraudeau, Essingen; Ute Horf, Damflos; Monika Pamperin, Bielefeld; Dr. Elke Philipp, Berlin; Sabine Stern, Frankfurt; Verena Weik, Tamm; Anja Welschmeier, Verl; Birgit Wilmes, Edewecht; Silke Zacher, Hüpstedt

Redaktion: Frédéric Auvrai, Burgunde Niemczyk, Christine Séguret, Lektorat editoria: Cornelia Schaller
Herstellung: Birgit Gaab

Umschlaggestaltung und Layout: know idea, Freiburg
Umschlagfoto: Ilka Kramer, Avignon
Fotografen: Ilka Kramer, Avignon
Illustrationen: Manboou, Oye-Plage; Christian Dekelver, Weinstadt; Michael O'Mara Books Ltd., London/Baumhaus Verlag, Köln; Olivier Prime, Châteaudun; Myrtia Wefelmeier, Berlin
Karten: Christian Dekelver, Weinstadt
Reproduktion: Meyle + Müller, Medien-Management, Pforzheim
Druck: DBM Druckhaus Berlin-Mitte GmbH, Berlin

Printed in Germany
ISBN 978-3-12-623661-4

9 783126 236614

Herausgeber
Falk Staub

Tous ensemble 2

Lehrerausgabe

Ernst Klett Verlag
Stuttgart Leipzig

Inhalt

Inhalt

Leçons

Die fünf Lektionen bestehen aus den Teilen Approche, Atelier und Action.

Tonaufnahmen und Filme zu **Tous ensemble** findest du unter dem Code **mw7bb7**, den du auf www.klett.de direkt eingeben kannst.

Révisions

Hier kannst du selbstständig trainieren.

DELF

Hier kannst du dich auf die DELF-Prüfung vorbereiten.

Modules

Die drei Module können in beliebiger Reihenfolge durchgenommen werden.

Zusätzliche Informationen in der Lehrerausgabe:

Lernwortschatz

neue Grammatik

Julie Namen der abgebildeten Personen

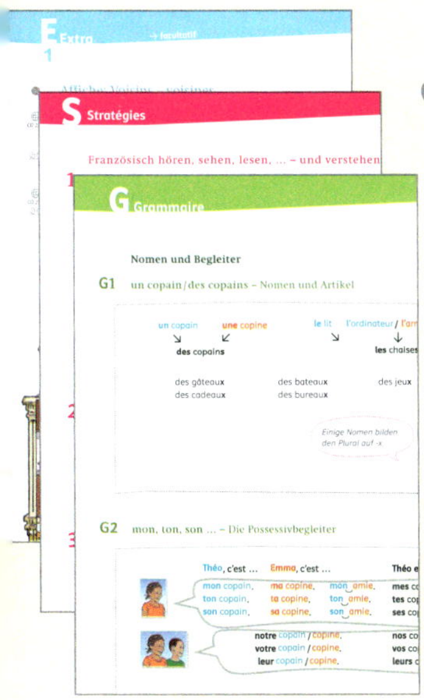

E wie Extra

Hier findest du Zusatzmaterial zu jeder Lektion, z.B. Comic oder Lektüre.

S wie Stratégies

So lernst du mit System.

G wie Grammaire

Hier findest du die Grammatik zum Nachschlagen.

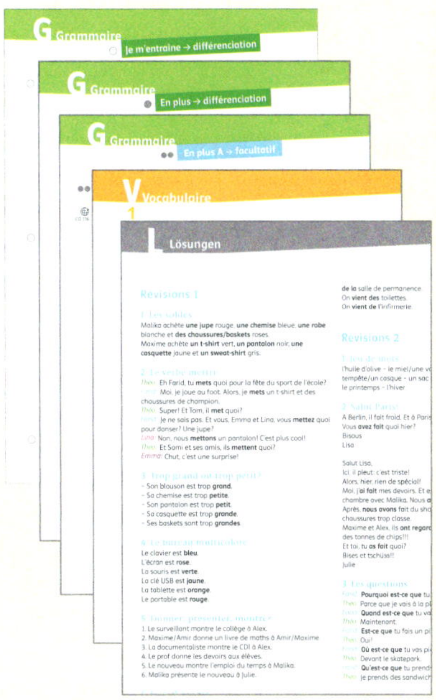

G wie Grammaire

Je m'entraîne
leichtere Übungen

En plus
schwerere Übungen

En plus
zusätzliche Grammatik mit Übungen

V wie Vocabulaire

mit "Dico personnel"

L wie Lösungen

Lösungen ab Seite 208

Au retour des vacances

A

B

D

E

Überall in Frankreich enden die Ferien Anfang September. Die Urlauber kommen fast gleichzeitig zurück.

1 Vis-à-vis

Welche Situationen werden auf den Fotos gezeigt?
Welche Informationen könnt ihr den Schildern entnehmen?

Bei dem Track 02 handelt es sich um die gesprochene Version des Refrains.
Gesungene Version dieses Liedes finden Sie hier: Lehrer-CdA 2 (623662 –Track 132), Lehrer-Audio-CDs 2 (623668 – CD3/Track 01), DUA 2 (623664)

2 écouter Tout le monde rentre

CD 01

a Quelle scène va avec quelle photo?

b C'est où? à la gare

à l'aéroport sur l'autoroute

sur la plage

3 Chanson: Il est là

CD 02

Ecoutez la chanson et chantez le refrain.

L'été, il est là,
Il est là, l'été est là, il est là-bas,
Il s'en va, l'été, il est là,
Il est là, l'été est là, il est là-bas,
Mais il reviendra.

Melodie: Kraans de Lutin/Krutsch/Osten, Tobias

4 lire En Europe

a *Schaut euch die Ländernamen an. Wie heißen sie auf Deutsch?*

CD 03 b *Hört euch die Aussprache der Ländernamen an. Nennt eure Lieblingsländer.*

c *Gebt eine kurze Information zu euren ausgewählten Ländern.*

Exemple:
En Italie, il fait beau. La mer est super.
Au Portugal, …
Aux Pays-Bas, …

5 regarder Les vacances des copains

Vidéo

Prenez des notes.

Exemple:
Maxime est allé … / Il a fait …
Julie est allée … / Elle a fait …
Malika …. → S1/S2

Die meisten Ländernamen enden auf **-e** *und sind* **weiblich**. *Hier verwendest du* **en**, *um zu sagen, wo du warst. Bei männlichen Ländernamen verwendest du* **au/aux**.

6 On dit: Mes vacances

Tu es allé / Tu es allée où, en vacances?

- Je suis allé / Je suis allée à Izmir / en Espagne / à la mer / à la montagne / chez mes grands-parents.
- Je suis resté / Je suis restée chez moi / à Berlin.

Qu'est-ce que tu as fait pendant les vacances?

- J'ai fait du shopping / du camping / du canoë / du surf / du vélo / du badminton / de la plongée / de la danse / de la musique.
- J'ai visité …
- Je suis allé / Je suis allée à la piscine / à la plage …

Posez des questions à votre partenaire.

Exemple:
Qu'est-ce que tu as fait pendant les vacances?

→ CDA 4-5/1-3

1 Question de look

In Paris arbeiten viele berühmte Modeschöpfer.
Dort findet zweimal jährlich eine «semaine de la mode» statt, ein internationales Ereignis, an dem Stars aus aller Welt teilnehmen.

une robe
un pantalon
une chemise
un manteau
une jupe

1 Vis-à-vis

a *Nennt andere Städte, in denen es eine "fashion week" gibt.*

b *Findet heraus, was der Unterschied zwischen* haute couture *und* prêt-à-porter *ist.*

2 écouter Les vêtements en solde

a Regardez les photos. Quel est le nom des vêtements?

CD 05 b Ecoutez et montrez les vêtements.

→ CDA 6/1

Nach Lektion 1 kannst du:
- ein Outfit beschreiben
- passende Kleidung auswählen
- Tipps zur Kleiderauswahl geben

Vidéo

3 regarder On fait du shopping

a Qu'est-ce que Malika regarde?

b Qu'est-ce que Malika achète?

Exemple:
Malika a … euros. Elle achète …

4 parler Et toi?

Faites du shopping.

Exemple:
– Avec 40 euros, qu'est-ce que tu achètes?
– J'achète … et …
Et toi? Avec 25 euros …

1 D'abord: Les vêtements et les couleurs … → G3

vert	verte
gris	grise
blanc	blanche
noir	noire
bleu	bleue
rouge	rouge
jaune	jaune

CD 06

a Madame Legrand passe une commande (*gibt eine Bestellung auf*). Ecoutez et regardez la commande de la famille Legrand.

→ CDA 7/2-3

web

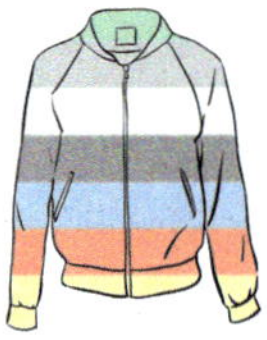

Blouson
Couleur
Taille S M L XL
> Bien choisir sa taille
Quantité 1
à partir de 65,00 € AJOUTER AU PANIER

Chemise
Couleur
Taille S M L XL
> Bien choisir sa taille
Quantité 2
à partir de 20,00 € AJOUTER AU PANIER

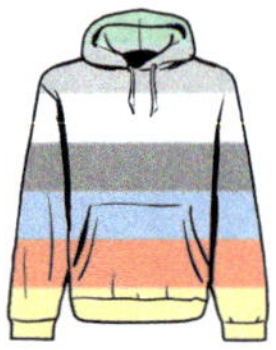

Sweat-shirt
Couleur
Taille S M L XL
> Bien choisir sa taille
Quantité 1
à partir de 40,00 € AJOUTER AU PANIER

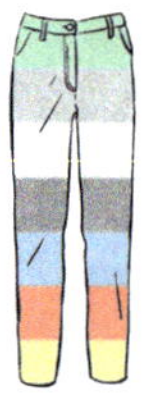

Pantalon
Couleur
Taille S M L XL
> Bien choisir sa taille
Quantité 2
à partir de 35,00 € AJOUTER AU PANIER

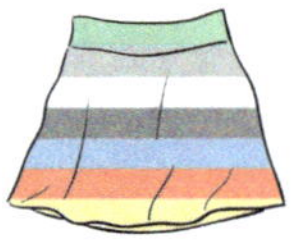

Jupe
Couleur
Taille S M L XL
> Bien choisir sa taille
Quantité 1
à partir de 25,00 € AJOUTER AU PANIER

T-shirt
Couleur
Taille S M L XL
> Bien choisir sa taille
Quantité 1
à partir de 10,00 € AJOUTER AU PANIER

b Qu'est-ce qu'elle commande? Faites des phrases.

Madame Legrand commande	un sweat noir une chemise bleue une chemise blanche un pantalon noir une jupe verte un blouson noir un pantalon vert	pour	Maxime. Camille. Antoine. monsieur Legrand.

c Et vous? Qu'est-ce que vous commandez?

Exemple:
Je commande un sweat jaune et un pantalon noir.

CD 07-14

2 Trop moche, la robe!

A

16h30. Maxime rentre à la maison. Dans le salon, Camille regarde la télé. Antoine est dans sa chambre. Les parents ne sont pas là.

Maxime: Tu es encore devant la télé?
Camille: Tu me soûles. Ce n'est pas ton problème!
Maxime: J'ai faim!
Camille: Moi aussi. Viens. Dans la cuisine, il y a des pains au chocolat.

B

Dans la cuisine, il y a un énorme paquet sur une chaise.

Maxime: Génial! C'est peut-être notre commande.
Camille: J'ai commandé des baskets blanches.
Maxime: Et moi, une chemise bleue et un sweat noir.

C

Maxime et Camille mettent le paquet sur la table.

Maxime: C'est quoi, ça?
Camille: Une robe orange, trop moche!
Maxime: Non, c'est un t-shirt.
Camille: Mais il est grand. … Antoine!

D

Antoine: Qu'est-ce que vous fabriquez?
Camille: Regarde, il y a un t-shirt pour toi.
Antoine: Pour moi? Un t-shirt orange? Tu rigoles.
Maxime: C'est pour qui, alors?
Antoine: Ah, voilà mon blouson! Trop la classe! Mais il est vert!
Camille: Il y a aussi un pantalon jaune pour toi!

E

Antoine met le blouson et le pantalon.

Maxime: Oh le look de clown! Ça te va très bien!
Camille: Fais voir!
Maxime: Le blouson est trop grand.
Camille: Et le pantalon est trop petit!
Antoine: Il est peut-être pour toi, Maxime?
Maxime: Non, merci! Je ne porte pas ça, moi. Je préfère les jeans.

F

Maxime: Voilà tes baskets, Camille.
Camille: Mais c'est une erreur. J'ai commandé des baskets blanches. Je n'aime pas le rose.

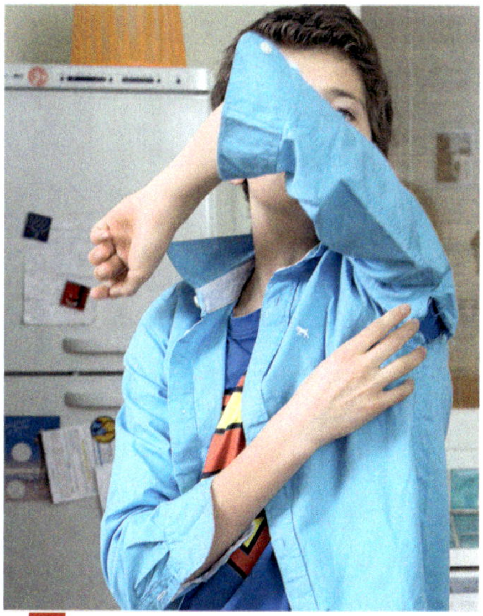

G

Maxime: Moi, je mets la chemise. Mais … elle est trop petite!

Antoine: Fais attention. Ne bouge pas!

Camille: Maintenant, il y a un trou! Vous êtes nuls.

Maxime: Et là, il y a du chocolat sur le t-shirt!

Antoine: Bon, vous mettez tout dans le paquet et on ferme. Ni vu, ni connu …

H

18h30. Mme Legrand arrive.

Mme Legrand: Bonsoir, les enfants!

Maxime: Salut, maman.

Camille: Maman, maman! Antoine et Maxime …

Antoine: Chut!

Mme Legrand: Ah, le paquet! Maxime, tu apportes le paquet à madame Laval, s'il te plaît?

Maxime: Oh non, c'est la totale!

Après la lecture:
Was könnte Maximes Ausspruch «C'est la totale!» bedeuten? → S5

3 A propos du texte

a Répondez. Qu'est-ce qu'il y a dans le paquet?
Dans le paquet, il y a …

b Trouvez les vêtements.
Exemple:
Il est énorme.
– C'est le paquet.
1. C'est trop moche.
2. Il est orange.
3. Il est trop grand.
4. Il est trop petit.
5. Elles ne sont pas blanches.
6. Elle est trop petite.

→ CDA 8-9/4-5

4 lire L'histoire continue

CD 15-17

a *Bildet drei Gruppen (A, B, C). Jede Gruppe liest einen Text und fasst ihn auf Deutsch zusammen.*

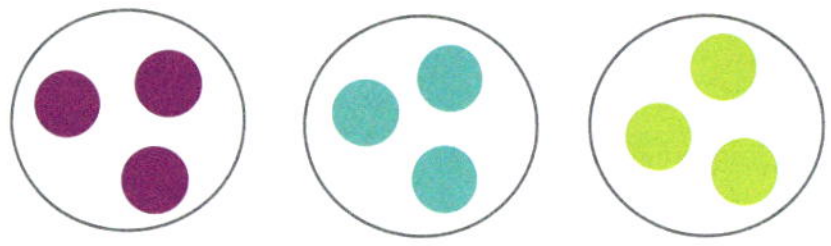

b *Bildet nun 3er-Gruppen aus den Mitgliedern der Gruppen A, B, C und erzählt euch gegenseitig, wie bei euch die Geschichte weitergeht.*

c Ecoutez et jouez une scène.

A

Maxime: Maman, il y a un problème.
Antoine: On a regardé dans le paquet.
Camille: Les vêtements sont moches.
Mme Legrand: Mais ce n'est pas notre paquet, c'est le paquet de madame Laval.
Antoine: Alors, qu'est-ce qu'on fait maintenant?
Maxime: Bon, on apporte le paquet chez madame Laval et on s'excuse.
Camille: Je fais un gâteau pour madame Laval.
Antoine: Une chemise, c'est cher?
Mme Legrand: Vous avez de l'argent de poche, non?

B

Maxime: Viens Antoine, on va dans la salle de bains avec le t-shirt et on enlève le chocolat.
Antoine: Bonne idée.
Maxime: Voilà. C'est parfait maintenant.

Maxime met le paquet devant la porte de Madame Laval.
Dix minutes après, on sonne chez les Legrand.
Mme Legrand: Ah, bonsoir madame Laval.
Mme Laval: Bonsoir. Regardez le paquet. Il est ouvert et il y a un trou dans la chemise.
Mme Legrand: C'est bizarre.

C

Maxime est devant la porte de madame Laval. Il sonne. Madame Laval ouvre la porte.
Mme Laval: Ah, mon paquet. Merci beaucoup!
Maxime: Madame Laval, il y a un problème. On a regardé dans le paquet.
Mme Laval: Quoi?
Maxime: Oui, maman a commandé des vêtements pour nous, mais ce n'est pas notre commande. Et maintenant, il y a du chocolat sur le t-shirt et un trou dans la chemise.
Mme Laval: Ah non, ce n'est pas possible! Je vais parler à ta mère.

Schau in den Strategien → **S4/S20**

5 Qu'est-ce qu'ils portent? → G3

Décrivez *(Beschreibt)* leurs vêtements.

Exemple:
Malika porte un / une / des … Amir porte …

→ CDA 10/6

> *Im Plural erhalten die Farbadjektive ein* **-s**.
> *Achtung:* marron *und* orange *bleiben unverändert.*

6 Vocabulaire: On cherche des mots

a Cherchez les mots dans le dictionnaire et faites un filet de mots.

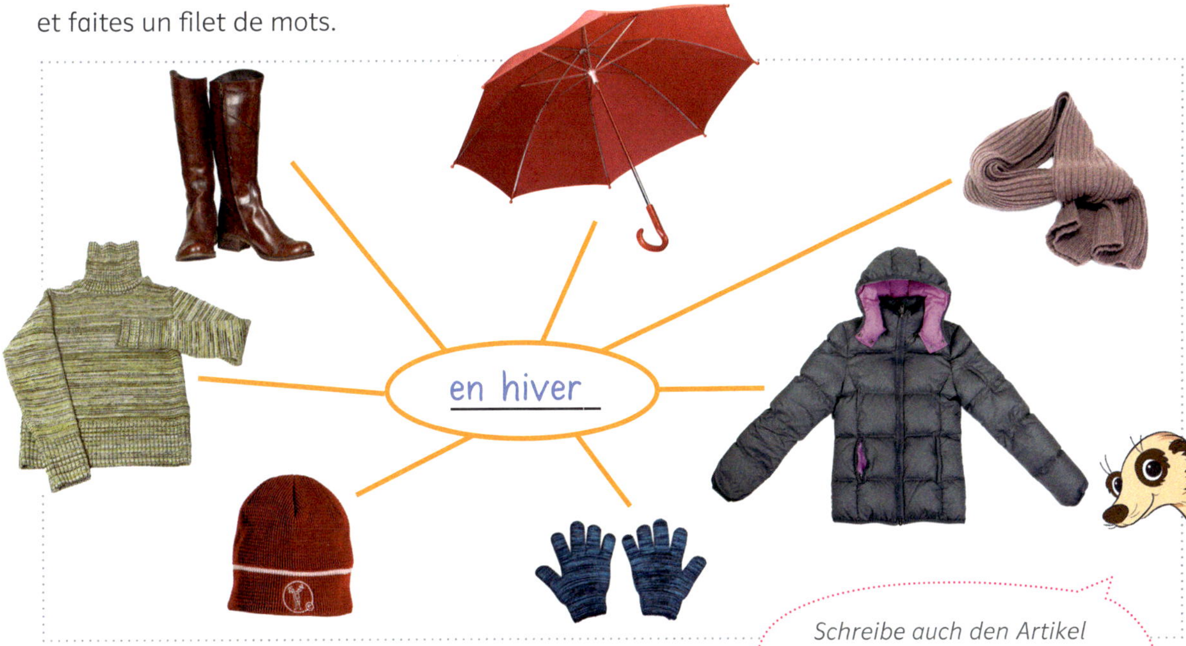

Schreibe auch den Artikel dazu und achte auf die Aussprache. → **S6 / S10**

b Faites un autre filet de mots: «en été».

7 Ça bouge: C'est qui?

Décrivez les vêtements d'un élève / d'une élève *(eines Schülers / einer Schülerin)*. Les autres devinent. *(Die anderen raten.)*

Exemple:
Il / elle porte … C'est qui?

→ CDA 10/7

8 écouter Qu'est-ce que tu mets? → G18.5

Maxime fait une fête et invite Julie et Malika.
Qu'est-ce qu'elles mettent?

CD 18 a Ecoutez et trouvez les bonnes images.

b Et toi? Qu'est-ce que tu mets pour une fête avec tes copains?

9 Je mets les clés dans ma poche

a Lisez le texte pages 13 à 15 et trouvez les formes du verbe **mettre**.

mettre	
je ■	nous **mettons**
tu **mets**	vous ■
il / elle / on ■	ils / elles ■

b Regardez les images et trouvez les traductions de **mettre**.

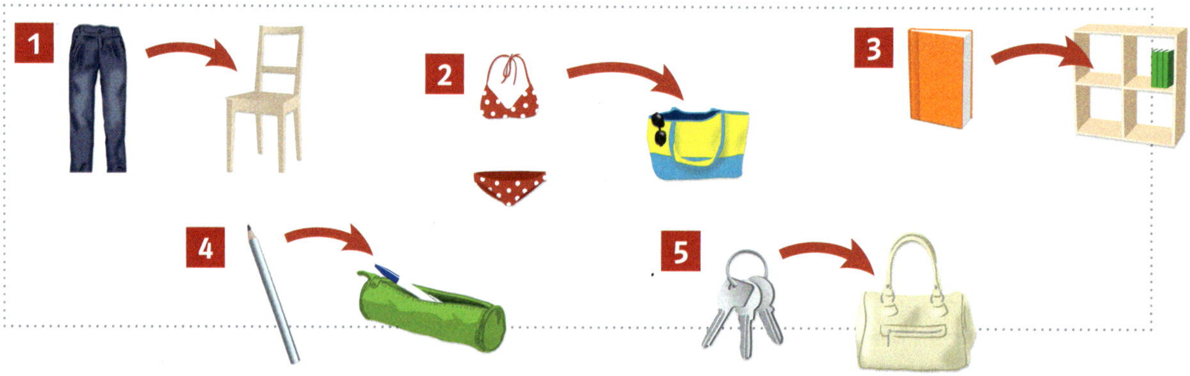

c Faites des phrases.

Exemple: Anja met les crayons dans la trousse. → S11

d Faites d'autres dessins. Votre partenaire devine. → CDA 11/8

10 Ça bouge: Dans mon sac, je mets …

Choisissez une activité et préparez votre sac.
- Tu vas à ton entraînement de sport.
- Tu vas à la plage / à la piscine.

Exemple:
Dans mon sac, je mets une raquette de tennis.
Dans mon sac, je mets une raquette de tennis et un t-shirt …

11 Trop grand ou trop petit? → G4

petit(s) / petite(s)
grand(s) / grande(s)

a Complétez les phrases.

Exemple: Le lit est trop petit.

1. Le lit est trop ■.
2. L'armoire est trop ■.
3. La table est trop ■.
4. La chaise est trop ■.
5. Les chaussettes sont trop ■.
6. Les chaussures sont trop ■.
7. Les ballons sont trop ■.

b Décrivez la chambre.

Exemple: La table est jaune.
Elle est trop …

→ CDA 12/9

12 Jeu de sons

CD 19

a Ecoutez et répétez.

[õ]

On jongle avec ton ballon? Oh non!
On fait un jeu de sons. Pardon?
Mon blouson et mon pantalon sont marron.
Les garçons font de la plongée.

[ɔ]

La robe orange est moche!
Tu rigoles? Je ne porte pas ça.
Laure adore le hip-hop.
Le téléphone sonne. Stop!

b Trouvez d'autres mots avec [õ] et [ɔ] et faites des phrases.

13 On dit: Ça me va?

Du fragst um Rat:	Dein Freund / Deine Freundin berät dich:	
– Qu'est-ce que je mets pour la fête? Tu as une idée?	– Mets une chemise blanche / un t-shirt blanc et …	
– Je mets une chemise avec mon jean? – Ça me va?	– C'est la classe. / C'est génial. – Super! – Oui, ça va bien avec ton jean. – Oui, le rose te va bien. – J'aime bien la chemise.	– Ce n'est pas génial. – La chemise ne va pas avec ton jean. – La chemise est trop grande / petite. – C'est trop chic. / Ce n'est pas assez chic.
– Qu'est-ce que tu préfères?	– Je préfère le t-shirt blanc. – Achète le sweat noir. Il est super / cool.	– Je n'aime pas la chemise jaune.

Choisissez une situation et faites le dialogue.

→ CDA 12/10
→ CDA 13/12

A

B

14 Onze mots pour un poème

a Lisez les poèmes.

b Faites un poème avec 11 mots.

c Lisez votre poème.

Verte
La robe
Pour la fête
J'aime le shopping
Super

Rouge
Un t-shirt
Pour le sport
Il adore le foot
But

Le look parfait

→ CDA 16/16

a *Jede Gruppe wählt eine Einladung aus und entwirft eine Collage mit dem passenden Outfit.*

CD 20 **C**

B

Lucie et Thomas

Le 20 juin, Lucie et Thomas vont se dire « oui » pour la vie.

Cérémonie de mariage à 15h30 à la mairie d'Avignon

Dîner à 20h00 au château du Martinet

A

invitation

Fête du club de natation samedi 10 septembre.
Rendez-vous au lac du Bois le Roi à 14 heures.
Baignade, canoë, pique-nique, camping (n'oubliez pas votre sac de couchage!)
Retour dimanche vers midi.

Réponse avant le 30 août à Clémentine
Nom : ....
Je viens ☐
Je ne viens pas ☐

b *Hängt eure Collagen in der Klasse auf und stellt sie vor.*

c *Beurteilt die Collagen der anderen Gruppen: schreibt eure Meinung oder Tipps auf Kärtchen und heftet sie an die entsprechenden Collagen.*

La chemise ne va pas avec le pantalon!

C'est cool!

Bilan: Du kannst

- für einen Anlass die passende Kleidung wählen
- ein Outfit beschreiben
- jemandem Tipps zu seinem Outfit geben

→ CDA 18-20 / Bilan, Auto-contrôle

1 médiation Le voyage d'un jean

Lest den Text und seht euch die Abbildungen an. → S5

a *Welche Länder werden im Text erwähnt? Sucht sie auf einer Weltkarte.*

b *Fasst kurz auf Deutsch zusammen, was ihr verstanden habt.*

LE VOYAGE D'UN JEAN

Le jean est un vêtement à la mode dans le monde entier. Les Français achètent 90 millions de jeans par an. Ses composants sont fabriqués dans plusieurs pays.

les pierres ponce pour le délavage viennent de Turquie

et les fermetures éclair viennent du Japon.

Voici un exemple:

Le coton vient du Mali,

le bleu indigo vient d'Allemagne,

les boutons viennent de Namibie,

Tous ces composants arrivent en Tunisie où on termine la fabrication du jean. Enfin, le jean est prêt et on le transporte vers les boutiques du monde entier, par exemple en France ou en Allemagne.

20

2 parler Défilé de mode

a *Bereitet eine originelle Modenschau vor. Überlegt, was ihr dazu braucht. Bereitet einen Arbeitsplan vor. Wer macht was? Bis wann?*

CD 21

b *Hört euch die Modepräsentation an. Veranstaltet eine Modenschau und präsentiert euch gegenseitig eure Kreationen. Bereitet Kärtchen mit Stichwörtern vor.*

FAN DE MUSIQUE

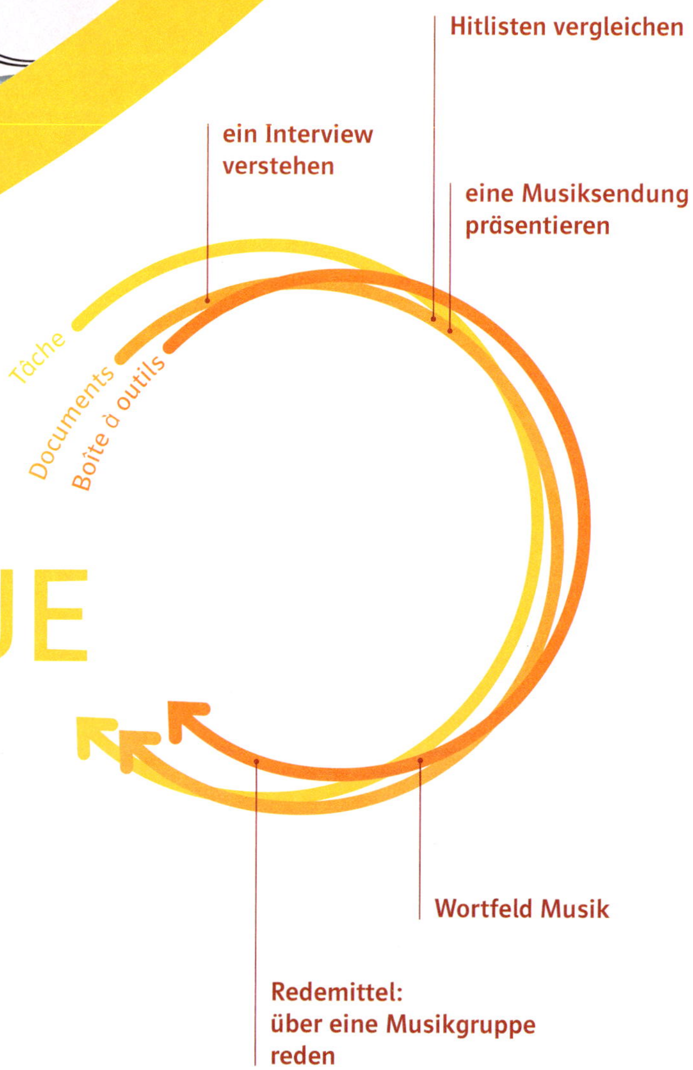

In dieser «Tâche» (Lernaufgabe) werdet ihr eine Musiksendung vorbereiten und präsentieren. Dazu werdet ihr ein Interview mit der deutsch-französischen Gruppe Irie Révoltés hören, einen Blick in die aktuelle französische Hitparade werfen und einige bekannte Sänger und Gruppen aus dem französischen Sprachraum kennenlernen. Danach geht's auf Sendung!
Nützliche Wörter und Redewendungen findet ihr in der «Boîte à outils» auf S. 28/29.

ein Interview verstehen

Vidéo

1. INTERVIEW AVEC IRIE RÉVOLTÉS
Regardez l'interview avec Mal Elevé et Carlito, les deux chanteurs du groupe Irie Révoltés. Prenez des notes (mots-clés). Qu'est-ce que vous avez compris? Comparez avec vos partenaires. → S1

2. LES TOP DE LA MUSIQUE EN FRANCE
Regardez sur la page Internet du «Top 50». C'est le classement actuel de la musique en France. Comment s'appellent les trois premiers (chanteurs, chanteuses ou groupes)? C'est quel style de musique? Comparez avec le «Top ten» dans votre pays. → CDA 21-23/1-4

Hitlisten vergleichen

NOLWENN LEROY

est une chanteuse française de musique pop. Elle vient de Bretagne. Sa carrière commence en 2003 avec le casting de la Star Academy. Son premier disque se vend à 600 000 exemplaires.

La chanson «Cassé» devient un grand tube. Dans son album «Bretonne», elle reprend des chansons traditionnelles de Bretagne avec des instruments comme la flûte irlandaise et elle joue du violon.

SOPRANO

est un des rappeurs français les plus populaires. Il est né dans la banlieue nord de Marseille. Sa famille vient de l'archipel des Comores (au nord-ouest de Madagascar). Il commence à chanter avec le groupe «Psy4 De La Rime»: trois rappeurs et un DJ. Ils sortent quatre albums, tous disques d'or. Peu à peu, Soprano prépare sa carrière solo. Il tourne beaucoup de clips.

CD 110-115

3. DES BIOGRAPHIES BIEN DIFFÉRENTES

a Chaque groupe d'élèves choisit un chanteur, une chanteuse ou un groupe et prépare des questions et des réponses. Ecoutez aussi leur musique sur Internet.
→ S4/S5

b Choisissez un animateur. Donnez vos questions à l'animateur et réalisez l'émission «Fan de musique».
→ S17

eine Musiksendung präsentieren

LES BB BRUNES

est un groupe de rock français. Les quatre copains font partie de la nouvelle scène rock française. Ils font carrière très jeunes et sont encore au lycée quand ils enregistrent leur premier disque « Blonde comme moi ». Alain est le chanteur, guitariste et compositeur du groupe. Il est accompagné de Félix à la guitare, Raphaël à la basse et Karim à la batterie.

ZAZ

fait ses études de musique à Bordeaux où elle chante aussi dans des groupes de blues et latino. A Paris, en 2010, elle fait carrière avec son album solo. Sa chanson « Je veux » devient un tube. Pour cette chanson, elle joue du kazoo. Une contrebasse, un synthétiseur, une batterie et une guitare l'accompagnent. Pendant ses tournées, elle donne aussi des concerts en Allemagne.

C2C

est un groupe de quatre DJ nantais. Entre 2003 et 2006, ils sont quatre fois champions du monde de Disco Mix Club et se spécialisent dans des sessions de six minutes. Puis, ils se séparent pendant quelques années. Mais comme leurs sessions rencontrent toujours un grand succès sur Internet avec des millions de clics, ils se retrouvent en 2010. Avec leurs compositions (en anglais!) ils remportent quatre prix aux Victoires de la Musique en 2013.

CŒUR DE PIRATE

est une chanteuse québécoise de musique pop. Elle apprend le piano avec sa mère à l'âge de trois ans et compose ses premières chansons à 17 ans. En concert, elle chante et elle joue du piano. Dans ses chansons, elle parle souvent d'amour et elle fait des clips plutôt romantiques. On la reconnaît à ses grands tatouages.

In dieser «Boîte à outils» (Werkzeugkiste) findest du wichtige Wörter und Redemittel zu jedem «Module». Welche sind für dich persönlich wichtig? Mache eine Liste von mindestens zehn Wörtern oder Redemitteln und lerne sie auswendig. → CDA S. 24-25/Evaluation

MUSIQUE

jouer
- de la guitare (électrique)
- de la (guitare) basse
- du piano
- du synthé(tiseur)
- de la trompette
- de la batterie
- du saxo(phone)
- du violon (électrique)
- de la flûte
- de la contrebasse
- de la clarinette

Wortfeld Musik

le compositeur / la compositrice

le thème – les paroles

une chanson

le rythme – la mélodie

le chanteur / la chanteuse

chanter
- en anglais
- en français
- en allemand

ON PARLE DE MUSIQUE

– Tu vas / Vous allez parler de quel groupe / de quel chanteur / de quelle chanteuse?	– Je vais / On va parler de …
– Le groupe existe depuis quand? – Le chanteur / La chanteuse chante depuis quand?	– Depuis … ans.
– C'est quel style de musique?	– C'est du rock / de la pop / du punk-rock / du blues / du rap / du hard rock / de l'électro.
– Quels sont les instruments du groupe?	– Il y a deux guitares …
– Qui fait quoi dans le groupe?	– Le chanteur / La chanteuse, c'est … – … joue de la guitare …
– Qui compose les chansons?	– … écrit les paroles et compose la musique.
– En quelle langue est-ce qu'il / elle chante?	– Il / Elle chante en français. en allemand. en anglais.
– Quels sont leurs thèmes préférés dans leurs chansons?	– Dans leurs chansons, ils parlent de l'amour, des inégalités, du racisme …
– Quel est leur plus grand tube?	– C'est …
– Comment s'appelle leur dernier album?	– Il s'appelle …
– Est-ce qu'ils font des clips?	– Oui. On peut les regarder sur Internet.
– Ils font des tournées / Ils donnent des concerts dans quels pays?	– Ils font des tournées en France, en Allemagne …

über eine Musikgruppe reden

→ ●● En plus A, S. 148

2 Bienvenue au collège

A dans la salle de classe

B au gymnase

C à la cantine

Nach der Grundschule gehen die Schüler in Frankreich alle auf das Collège. Sie sind dann in der 6e (en sixième).

1 Vis-à-vis

Schaut euch die Fotos an. Vergleicht mit eurer Schule. Welche Gemeinsamkeiten und Unterschiede gibt es?

2 écouter Au collège

CD 30

a Où va Alex? Montrez son parcours.

CD 31

b Quelle scène va avec quelle photo?

Exemple:
La scène 1 va avec la photo …

Nach Lektion 2 kannst du:
- über deinen Schulalltag sprechen
- deine Schule vorstellen

D à la piscine

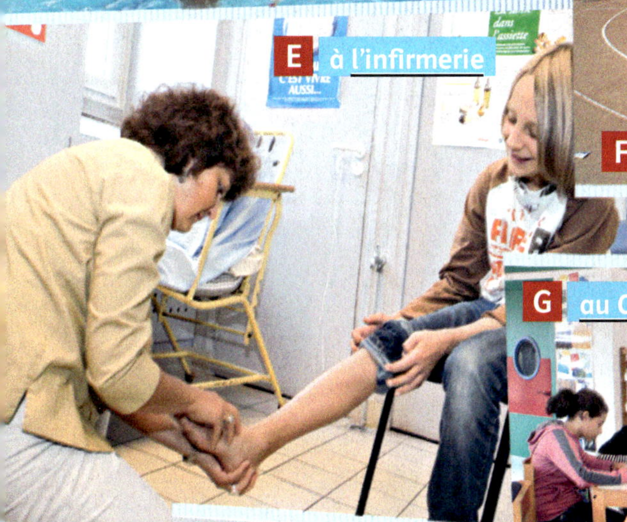

E à l'infirmerie

F dans la cour

G au CDI

H aux toilettes

3 parler C'est où, au collège?

Ces objets sont où, au collège?

Exemple:
C'est à la piscine.

→ CDA 26/1

Vidéo

4 regarder Le collège Honoré de Balzac

Regardez le film.
Qu'est-ce que vous aimez?
→ S2

*Hinter **qc** (quelque chose) verbirgt sich immer eine Sache, hinter **qn** (quelqu'un) eine Person.*

1 D'abord: Alex au CDI → G12

CD 32

a Regardez les images et écoutez.

montrer qc **à** qn
donner qc **à** qn
présenter qn **à** qn

A

B

C
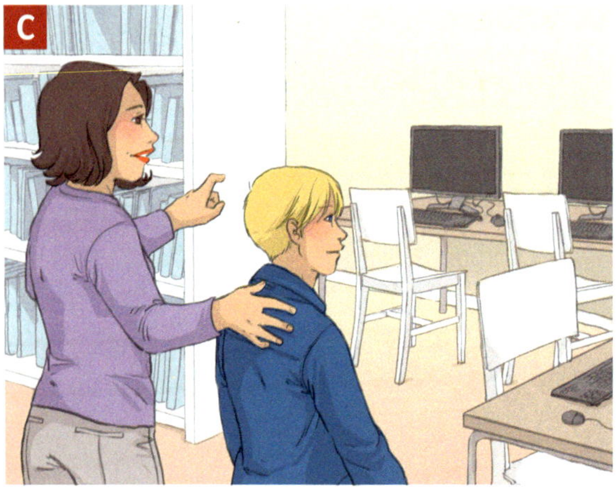

D

b Trouvez une phrase pour chaque image.

Le surveillant	présente	le livre d'anglais		
Alex	donne	Alex	à	madame Colin.
La documentaliste	montre	les ordinateurs		Alex.
		sa photo		

c Mimez une situation avec les verbes **présenter/donner/montrer**. Les autres devinent.

Exemple:
Anja donne son livre à Jan.

→ CDA 27/2

2 Un garçon trop discret

CD 33-39

A

Mardi, 7h50: les cours commencent dans dix minutes. Malika et Julie arrivent au collège. Aujourd'hui, Julie est stressée parce qu'elle a une présentation en histoire-géo.

Malika: Bonne chance pour ta présentation.
Julie: Merci.
Malika: On mange ensemble à midi?
Julie: D'accord. A plus.

B

Devant la porte du CDI, un élève regarde son emploi du temps.

Alex: Où est la salle nonante, s'il te plaît?
Malika: Comment?
Alex: Je cherche la salle nonante ... euh ... la salle quatre-vingt-dix!
Malika: Ah, c'est au 2e étage.

C

Malika montre le chemin à l'élève.

Malika: Tu es en 5^{e}A?
Alex: Oui.
Malika: Ah, moi aussi.
Alex: Je m'appelle Alex.
Malika: Et moi Malika. Tu viens d'où?
Alex: De Liège.
Malika: Ah, cool!

D

A 12h25, Malika retrouve Julie devant la cantine.

Malika: Alors, ta présentation?
Julie: Super. J'ai 16!
Malika: Génial! … Tiens, voilà Alex.
Julie: C'est un nouveau?
Malika: Oui, il est dans ma classe. Il vient de Belgique.
Julie: Il est sympa?
Malika: Oui, et il est mignon.
Julie: Ah, ah!

E

Malika présente Julie à Alex.

Malika: Voilà Julie. Elle est en 5^e^B parce qu'elle apprend l'allemand.
Julie: Tu manges avec nous?
Alex: Non, je n'ai pas le temps. A demain.
Malika: Mais … on a EPS cet après-midi.
Alex: Pas moi. Salut!
Julie: Pourquoi il n'a pas cours?
Malika: Je ne sais pas. C'est bizarre.

Pendant la lecture:
A votre avis, pourquoi Alex ne va pas au collège cet après-midi?

F Le soir, Malika <u>allume</u> son ordinateur <u>pour chatter</u>. Elle trouve <u>la demande de contact</u> d'Alex et <u>clique</u> sur «<u>confirmer</u>».

3 A propos du texte

Qu'est-ce que vous apprenez dans le texte sur Alex, Malika et Julie?

a Trouvez dans le texte toutes les informations sur une des trois personnes et faites une carte mentale.

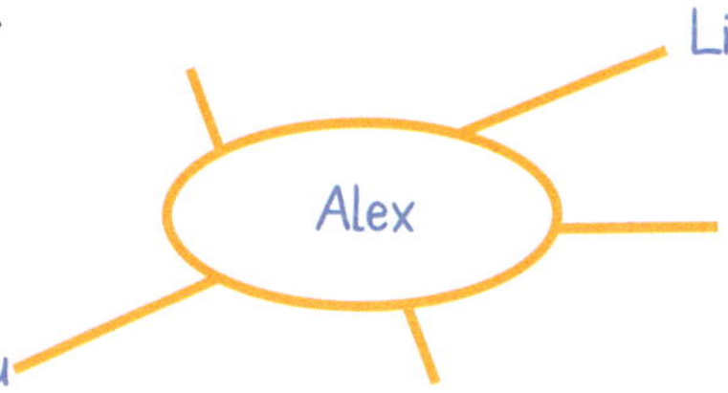

b Présentez les personnes. → S7 → CDA 27-28/3-4

G

Chat

 Coucou!

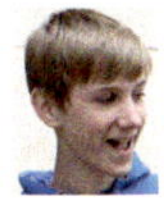 Slt!

 Ça va? Keske tu fais?

 <u>Rien</u>. On a <u>des devoirs</u> de <u>maths</u>?

 Ex 2 p 15 + <u>interro</u> <u>la semaine prochaine</u>.

 ☹ Chuis nul en maths!

 On <u>révise</u> 2m1?

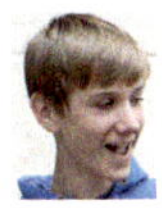 Je n'ai pas le temps.

 ???

 On prépare <u>un spectacle</u>.

 ??????

 Je suis dans <u>une compagnie de danse</u>.

 Waouh!

4 écouter L'histoire continue

CD 40

a Quatre images correspondent *(entsprechen)* à la scène. Lesquelles? *(Welche?)*

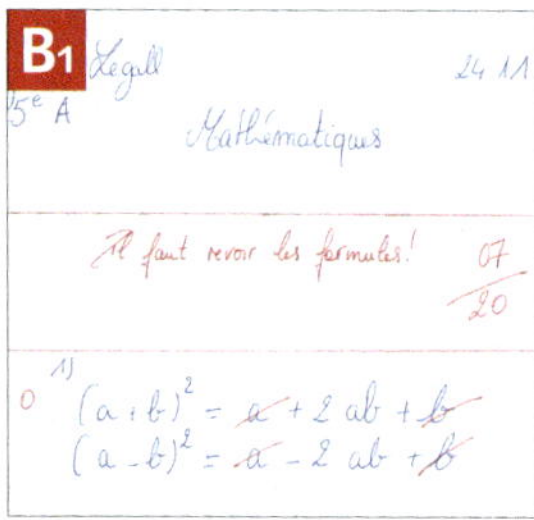

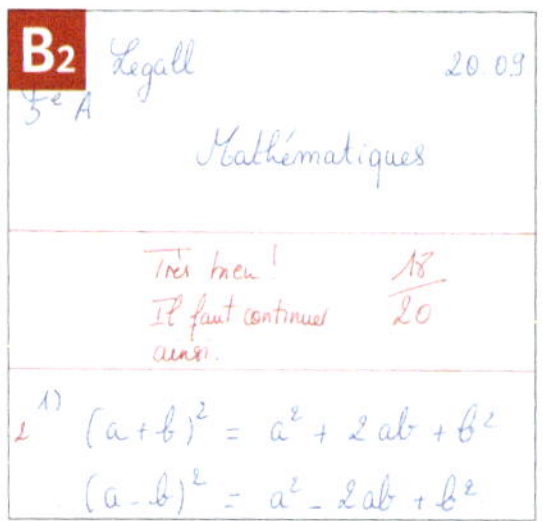

b Maintenant, racontez la scène.

5 La journée de Julie

Complétez le texte avec le bon verbe. → CDA 29/5-6

a – vont – apprend – mangent – font – est – commence –

Julie ■ en 5ᵉB au collège Honoré de Balzac. Elle ■ l'allemand et l'anglais. Le mardi, elle ■ cours d'anglais. Le cours ■ à 8 heures. A midi, les copains ■ ensemble à la cantine. Après, ils ■ du ping-pong. Puis, Malika et Julie ■ au CDI.

6 Tu viens? → G18.5

CD 41

a Ecoutez et répétez.

b Complétez les phrases avec les formes du verbe **venir**.

venir	
je **viens**	nous **venons**
tu **viens**	vous **venez**
il / elle / on **vient**	ils / elles **viennent**

Tu ■? – J'arrive tout de suite.
Vous ■? – On arrive dans dix minutes.
Je ■. – C'est bien!

Elle ■ de Berlin.
Nous ■ de Lyon.
Ils ■ de Vienne. → **S11**

→ CDA 30/7b

7 Ils viennent d'où? → G18.5

Parlez.

Exemple:
Malika vient du gymnase.

Il vient: du … / de la … / de l' … / des …

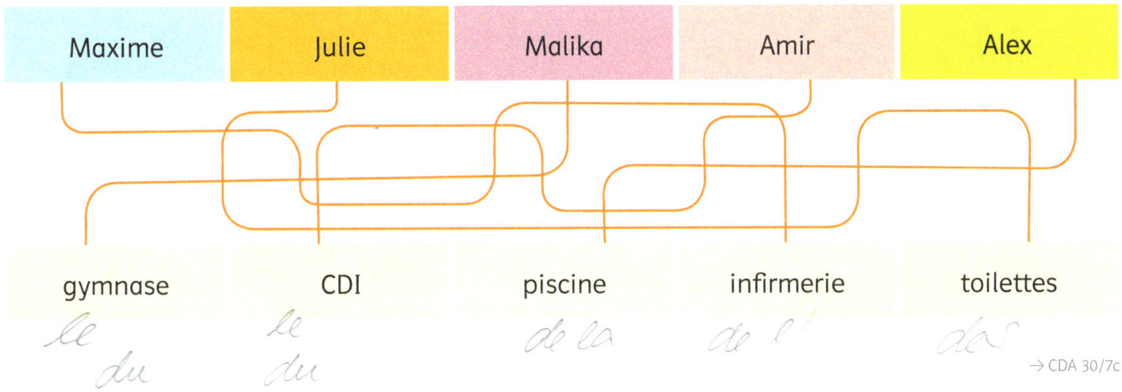

→ CDA 30/7c

8 Tout le monde est en retard

a Choisissez une personne et décrivez-la. Votre partenaire montre la personne.

Exemple:
Elle a un t-shirt orange, un pantalon …
C'est qui?

CD 42 b Ecoutez. Vrai ou faux?

Exemple:
1. Le garçon avec le t-shirt blanc vient des toilettes.
– C'est faux.

9 Vocabulaire: L'ordinateur

a Quel mot va avec quel objet?

l'écran – le clavier – la souris – la clé USB
l'ordinateur – le portable –
la tablette tactile

b Suivez les indications *(Folgt den Anweisungen)* et trouvez la surprise.

Va sur Internet.
Va sur www.klett.de.
Tape le code u7654e.
Clique sur le stylo.
Qu'est-ce que tu trouves?

→ CDA 31/8

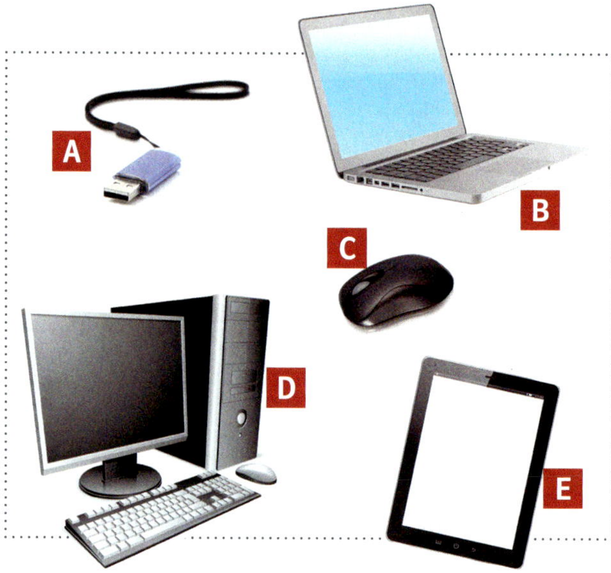

10 Vis-à-vis: Les classes au collège

*In Frankreich gehen alle Schüler nach der Grundschule auf das Collège. Die Einstiegsklasse heißt dort 6*e (sixième).

a *Madame Garnier unterrichtet Mathematik in allen Klassenstufen. Schaut euch ihren Stundenplan genau an und beantwortet die Fragen.*

– *Welche Klassenstufen gibt es im Collège?*
– *Wie ist die Reihenfolge?*
– *Wie lange dauern die Unterrichtsstunden?*

b *Vergleicht mit eurer Schule.*

Emploi du temps: Madame Garnier – Salle 90

Heures	Lundi	Mardi	Mercredi	Jeudi	Vendredi
8h30 – 9h25	6eC	/	6eC	/	/
9h30 – 10h25	4eB	6eC	/	5eD	3eA
10h40 – 11h35	/	4eB	/	/	3eA
11h40 – 12h35	/	/	3eA	/	5eD
13h30 – 14h25	4eC	4eC	/	/	/
14h30 – 15h25	/	3eA	/	4eB	/
15h40 – 16h35	5eD	/	/	4eC	6eC

Samedi – Dimanche

11 On dit: Moi et mon école

Ma classe	Je suis en 7e/ je suis en 8e.
Mes profs	Mon prof principal, c'est M. Müller. C'est mon prof d'allemand. Ma prof de maths, c'est Mme Geiser. C'est ma prof principale.
Mes matières préférées	Ma matière préférée, c'est l'EPS. Mes matières préférées sont l'allemand et l'histoire-géo. J'apprends l'anglais et le français à l'école. J'apprends le français depuis deux ans.
Ma journée à l'école	Le matin, les cours commencent à … A midi, je mange à la cantine. Aujourd'hui, on a cours jusqu'à trois heures. Mercredi, on n'a pas cours l'après-midi.

Weitere Fächer findest du in Action, S. 41, Aufgabe 1 und im Dico personnel, S. 163.

Vidéo

a Regardez le film.
Quelles sont les matières préférées d'Amir et d'Alex?

b Préparez une fiche et parlez. → CDA 31/9

12 Jeu de sons

CD 43

Ecoutez et répétez. Trouvez d'autres mots avec [ã] et [ɛ̃] et faites des phrases. → CDA 32/10

Je n'ai pas le temps d'apprendre l'allemand.
Ce n'est vraiment pas marrant.
Les chanteurs et les danseurs
mangent ensemble au restaurant.

[ã] [ɛ̃]

Mince, demain matin, il y a une interro.
Vingt sur vingt: c'est très bien.
Le matin, après le bain, j'adore les petits pains.

Notre école
→ CDA 35/16

CD 44 a *Hört euch an, wie die französischen Schüler ihre Schule präsentieren.*

b *Stellt nun eure eigene Schule vor (z.B. Räume, Lehrer, Besonderheiten …). Entwickelt einen Arbeitsplan.* → S16

c *Präsentiert euer Arbeitsergebnis.* → S14

Je vous présente …

Maintenant, je vous montre …

Voilà …

Notre présentation est terminée.

Vous avez des questions?

Ihr könnt eure Präsentation auch filmen und sie an eure französische Partnerschule schicken.

Bilan: Du kannst
- deine Schule vorstellen

→ CDA 37-39/Bilan, Auto-contrôle

1 lire Mon emploi du temps

a *Schaut euch den Stundenplan an.*
- *Wie viele Stunden haben die Schüler pro Woche?*
- *Von wann bis wann sind sie in der Schule?*
- *Welche Fächer könnt ihr verstehen?*

b *Vergleicht mit eurer Schule.*
- *Welche Fächer vermisst ihr?*

c *Vergleicht eure Ergebnisse in der Klasse.*

Heures	Lundi	Mardi	Mercredi	Jeudi	Vendredi	Samedi – Dimanche
8h30 – 9h25	allemand	histoire-géo	anglais	histoire-géo	mathématiques	
9h30 – 10h25	allemand	mathématiques	technologie	histoire-géo	mathématiques	
récréation						
10h40 – 11h35	E.P.S.	français	/	français	technologie	
11h40 – 12h35	E.P.S.	français	français	français	E.P.S.	
pause / cantine						
13h30 – 14h25	mathématiques	arts plastiques	/	S.V.T.	/	
14h30 – 15h25	anglais	allemand	/	S.V.T.	allemand	
récréation						
15h40 – 16h35	arts plastiques	éducation musicale	/	E.P.S.	vie de classe	
16h40 – 17h35	/	/	/	/	/	

2 médiation Bulletin scolaire

Erklärt das Zeugnis.
- *Vergleicht die Noten der Schülerin mit der Stellungnahme der Lehrer: In welchen Fächern ist sie gut? In welchen Fächern weniger gut?*
- *Wie ist der Klassendurchschnitt in Französisch?*

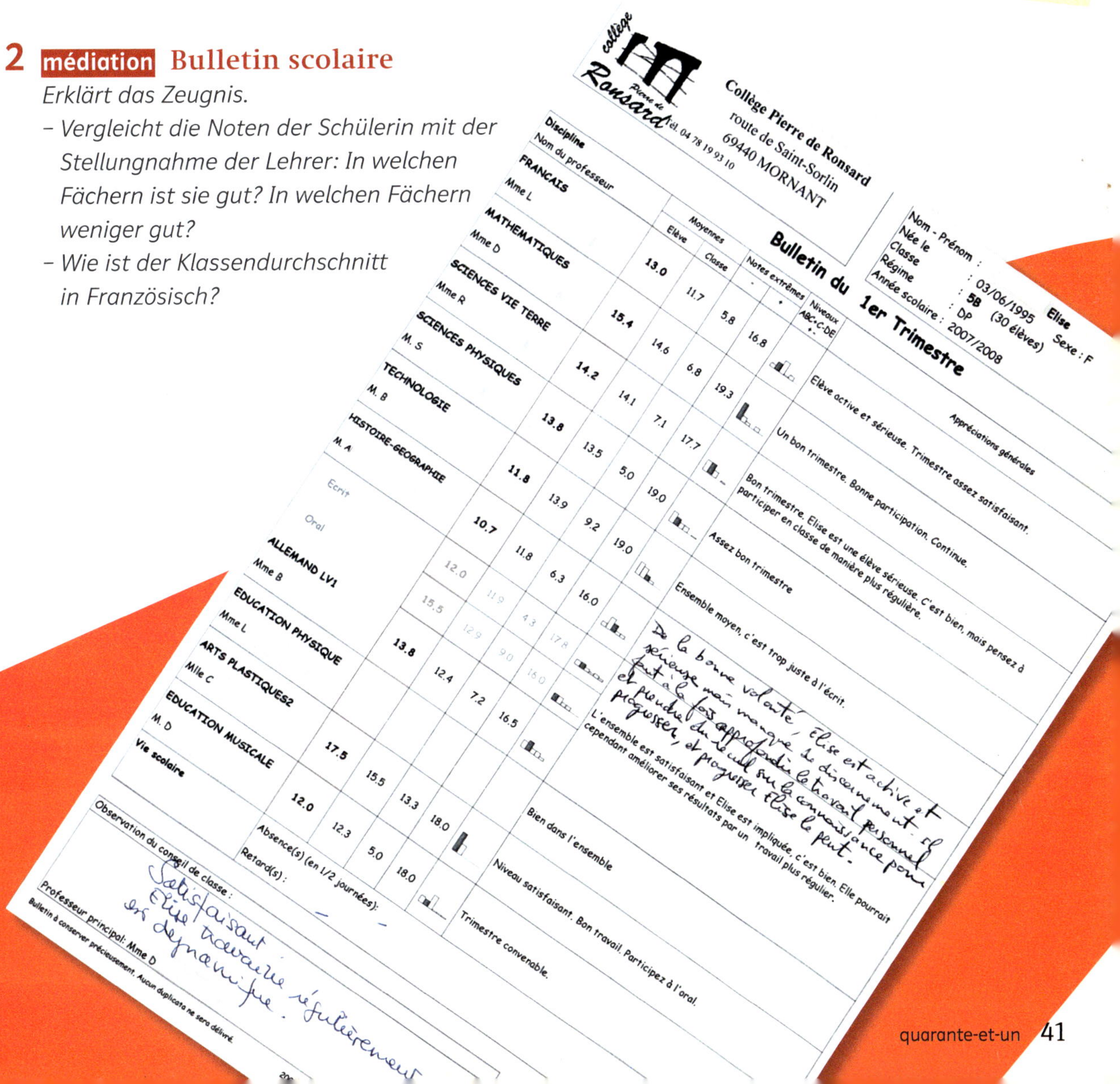
collège Pierre de Ronsard

Collège Pierre de Ronsard
route de Saint-Sorlin
69440 MORNANT
Tél. 04 78 19 93 10

Nom - Prénom : Elise
Née le : 03/06/1995 Sexe : F
Classe : 5B (30 élèves)
Régime : DP
Année scolaire : 2007/2008

Bulletin du 1er Trimestre

Discipline / Nom du professeur	Moyennes Elève	Moyennes Classe	Notes extrêmes –	Notes extrêmes +	Niveaux ABC-C-DE	Appréciations générales
FRANCAIS Mme L	13.0	11.7	5.8	16.8		Elève active et sérieuse. Trimestre assez satisfaisant.
MATHEMATIQUES Mme D	15.4	14.6	6.8	19.3		Un bon trimestre. Bonne participation. Continue.
SCIENCES VIE TERRE Mme R	14.2	14.1	7.1	17.7		Bon trimestre. Elise est une élève sérieuse. C'est bien, mais pensez à participer en classe de manière plus régulière.
SCIENCES PHYSIQUES M. S	13.8	13.5	5.0	19.0		Assez bon trimestre
TECHNOLOGIE M. B	11.8	13.9	9.2	19.0		Ensemble moyen, c'est trop juste à l'écrit.
HISTOIRE-GEOGRAPHIE M. A	10.7	11.8	6.3	16.0		De la bonne volonté, Elise est active et sérieuse mais manque de discernement. Il faut à la fois approfondir le travail personnel et prendre du recul sur la connaissance pour progresser, et progresser Elise le peut.
Ecrit	12.0	11.9	4.3	17.8		
Oral	15.5	12.9	9.0	16.0		
ALLEMAND LV1 Mme B	13.8	12.4	7.2	16.5		L'ensemble est satisfaisant et Elise est impliquée, c'est bien. Elle pourrait cependant améliorer ses résultats par un travail plus régulier.
EDUCATION PHYSIQUE Mme L						Bien dans l'ensemble
ARTS PLASTIQUES2 Mlle C	17.5	15.5	13.3	18.0		Niveau satisfaisant. Bon travail. Participez à l'oral.
EDUCATION MUSICALE M. D	12.0	12.3	5.0	18.0		Trimestre convenable.
Vie scolaire	Absence(s) (en 1/2 journées): –	Retard(s): –				

Observation du conseil de classe : Satisfaisant. Elise travaille régulièrement et dynamique.

Professeur principal: Mme D

Bulletin à conserver précieusement. Aucun duplicata ne sera délivré.

1 Les soldes

Qu'est-ce que Malika et Maxime achètent? Complétez avec l'article **un, une, des** et le nom du vêtement.

Malika achète ■ rouge, ■ bleue, ■ blanche et ■ roses.
Maxime achète ■ vert, ■ noir, ■ jaune et ■ gris.

2 Le verbe mettre → G18.5

Complétez les phrases avec les formes du verbe **mettre**.

chat

Théo:	Eh Farid, tu ■ quoi pour la fête du sport de l'école?
Farid:	Moi, je joue au foot. Alors, je ■ un t-shirt et des chaussures de champion.
Théo:	Super! Et Tom, il ■ quoi?
Farid:	Je ne sais pas. Et vous, Emma et Lina, vous ■ quoi pour danser? Une jupe?
Lina:	Non, nous ■ un pantalon! C'est plus cool!
Théo:	Et Sami et ses amis, ils ■ quoi?
Emma:	Chut, c'est une surprise!

3 Trop grand ou trop petit? → G4

Luc a un problème avec ses vêtements. Complétez les phrases.

Exemple:
Ses chaussettes sont trop petites.

- Son blouson est trop ■.
- Sa chemise est trop ■.
- Son pantalon est trop ■.
- Sa casquette est trop ■.
- Ses baskets sont trop ■.

4 Le bureau multicolore → G3

Regardez le bureau d'Achille. Complétez les phrases avec les couleurs.

Le clavier est ■.
L'écran de l'ordinateur est ■.
La souris est ■.
La clé USB est ■.
La tablette est ■.
Le portable est ■.

5 Donner, présenter, montrer → G12

Mettez les mots dans le bon ordre.

1. montre Le surveillant le collège Alex. à
2. un livre de maths donne à Maxime Amir.
3. La documentaliste Alex. le CDI à montre
4. élèves. aux Le prof les devoirs donne
5. montre Le nouveau l'emploi du temps à Malika.
6. Malika Julie. présente à le nouveau

6 Le verbe venir → G18.5

a Complétez le dialogue avec les formes du verbe **venir**.

Malika: C'est Alex, le nouveau. Il ■ de Belgique.
Julie: Salut Alex. Tu ■ de Bruxelles?
Alex: Non, je ■ de Liège. Et vous, vous ■ de Paris?
Malika: Ben oui, nous ■ de Paris.
Julie: Et nos copains, Amir et Maxime, ■ de Paris aussi.

b Complétez les filets de mots.

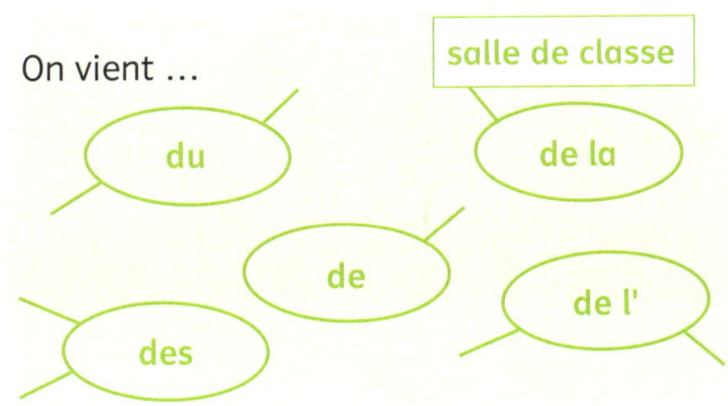

gymnase | infirmerie | CDI | Grèce | Toulouse | toilettes | cantine | salle de classe | piscine | salle de permanence | spectacle

1 écouter Compréhension de l'oral

CD 45

Sur le répondeur – Répondez aux questions et écrivez la bonne réponse dans votre cahier.

Die Lösungen findest du ab S. 208.

1. Aurélie a rendez-vous à …

A 

B 

C 

D 

2. Aurélie va téléphoner à sa mère au numéro suivant:

- a 02 89 57 14
- b 02 89 57 42
- c 02 99 57 42

3. Hugo cherche …

A 

B 

C 

2 lire Compréhension de l'écrit

Une annonce – Lisez l'annonce suivante. Répondez aux questions et écrivez vos réponses dans votre cahier.

1. Les Francofolies, c'est un festival de … ?
   a … théâtre.
   b … BD.
   c … musique.

2. Les Francofolies, c'est à la Rochelle pendant … ?
   a … 12 jours.
   b … 5 jours.
   c … 16 jours.

3. Pour avoir des places, on …?

A

… réserve sur Internet.

B

… téléphone.

C

… écrit un SMS.

3 écrire Production écrite

Une carte postale – Vous êtes à Paris et vous écrivez une carte postale à un(e) ami(e) français(e). Ecrivez la carte dans votre cahier.

- Tu es à Paris avec qui?
- Qu'est-ce que tu aimes à Paris?
- Qu'est-ce que tu n'aimes pas?
- Qu'est-ce que tu fais à Paris?

4 parler Production orale

Des questions – Posez des questions à votre partenaire. Changez les rôles.

Tipp *Zu einem Schlüsselwort kannst du mehrere Fragen stellen!*

Exemple: Tu as un frère?/Ton frère a quel âge?

Frère? Roller? Musique? Cinéma?
Sœur? Age? Jeux vidéo? Appartement? Animal?

3 Enfin, c'est le week-end!

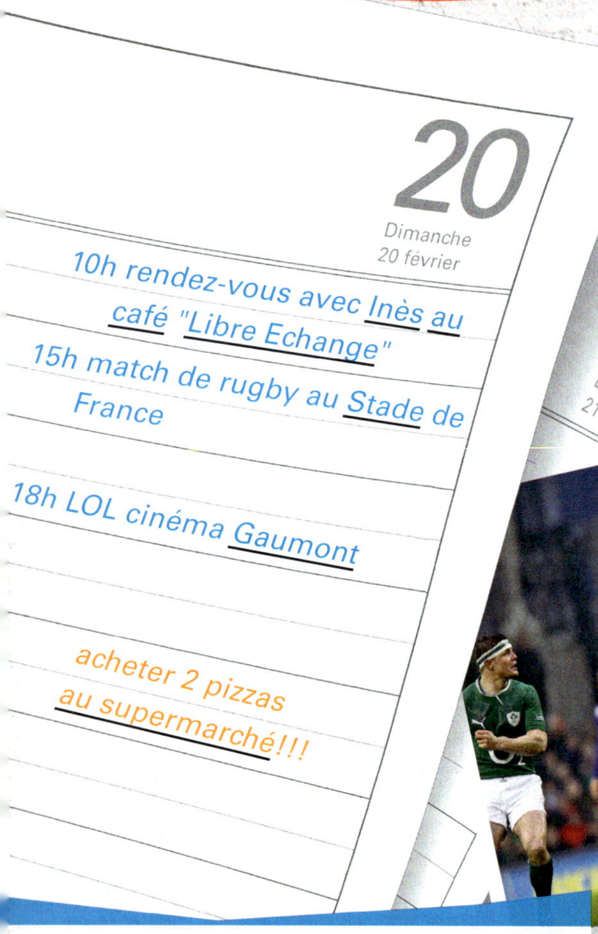

A

D

E

Am Wochenende finden viele Sportveranstaltungen statt. Rugby ist ein beliebter Sport in Frankreich. Die französischen Nationalmannschaften heißen: les Bleus (Männer) bzw. les Bleues (Frauen).

1 Vis-à-vis

Vergleicht die Öffnungszeiten (horaires d'ouvertures) *mit denen bei euch. Was fällt euch auf?*

CD 52

2 écouter C'est dimanche

Quelle scène va avec quelle photo?

Nach Lektion 3 kannst du:
- sagen, was du am Wochenende gemacht hast
- einen Verlust melden
- eine Bildgeschichte erzählen

3 regarder Qu'est-ce que tu fais ce week-end?
Vidéo

Regardez le film avec Célia et Tao.

a Que fait Tao ce week-end?

b Et que fait Célia?

4 parler Moi, je vais …
C'est le week-end. Qu'est-ce que vous faites? Avec qui? → CDA 40/1

Exemple:
- Moi, je vais au parc avec des copains. On fait du skate. Et toi?
- Moi, je vais au centre-ville avec ma sœur. On fait du shopping. → S19

1 D'abord: Qu'est-ce que tu as fait hier? → G8

CD 53

a Dimanche, 11 heures, Julie et Malika téléphonent.
Ecoutez, puis lisez le dialogue.

Malika: Allô?
Julie: Salut Malika! Ça va?
Malika: Oui.
Julie: **Tu as trouvé** un cadeau pour ta sœur, hier?
Malika: Oui, **j'ai acheté** un foulard. Et l'après-midi, **j'ai rencontré** Alex au parc. Et toi, qu'est-ce que tu **as fait**?
Julie: Rien de spécial. **J'ai fait** mes devoirs, ensuite j'ai **regardé** la télé, et après **j'ai chatté** avec une copine. **J'ai traîné**, quoi.
Malika: C'est toujours d'accord pour le ciné à 5 heures?
Julie: Oui. Maxime vient aussi.

b Regardez les verbes. Qu'est-ce que vous remarquez?
(Was stellt ihr fest?) → **S12**

c Posez des questions au passé composé.
Votre partenaire répond. → CDA 41/2

j'**ai** regardé	tu **as** regardé
j'**ai** chatté	tu **as** chatté
j'**ai fait**	tu **as fait**

Exemple:
– Qu'est-ce que **tu as fait** samedi / dimanche?
– **J'ai rencontré** Tim … Et toi?

D'abord,		regardé	un film / la télé.
Ensuite,		chatté	avec un copain / une copine.
Après,	j'ai	écouté	de la musique / un CD.
Puis,		rencontré	un copain / une copine.
		fait	du sport / de la musique.
		traîné	dans ma chambre.

Den c-Teil könnt ihr als Marktplatzgespräch durchführen. → **S18**

2 Quel cinéma!

CD 54-57

A

Dimanche 16h45, place de Clichy. Malika arrive au cinéma. Julie est déjà là.

Malika: Coucou Julie!

Julie: Salut.

Malika: Maxime n'est pas là?

Julie: Non, et il ne répond pas au téléphone. C'est bizarre.

Malika: Qu'est-ce qu'on fait? On attend?

Julie: Non, la séance commence dans cinq minutes. Il a oublié notre rendez-vous, ou quoi?

B

Dans la salle de cinéma, les filles ont trouvé trois places et elles mangent du popcorn.

Julie: Alors, tu as rencontré Alex! Raconte.

Malika: Ben, nous avons fait du roller au parc.

Julie: Ah, du roller … Et après?

Malika: Arrête, tu m'énerves …

Maxime: Salut les filles! Vous avez acheté du popcorn pour moi? C'est sympa.

Malika: Eh Maxime! Tu es en retard, dis donc!

Maxime: Oui, c'est toute une histoire. J'ai trouvé un portefeuille avec 200 euros dedans.

Julie: Ce n'est pas vrai! Et qu'est-ce que tu as fait avec?

Maxime: J'ai …

Un monsieur: Chut! S'il vous plaît! Le film commence!

Pendant la lecture:
Was könnte Maxime mit der Brieftasche gemacht haben?
Was hättet ihr getan?
→ S3

C

Après le film.

Malika: C'était super. J'ai adoré.
Maxime: Moi aussi.
Julie: Alors Maxime, ton histoire! Raconte.
Malika: Où est-ce que tu as trouvé le portefeuille?
Maxime: Dans la rue, devant mon immeuble.
Malika: Et après?
Maxime: J'ai ramassé le portefeuille.
Malika: Et après?
Julie: Tu es allé au commissariat?
Maxime: Non.
Malika: Mais Maxime! Et les 200 euros?
Maxime: Mais attendez. Pas de panique!

D

Julie: Alors, raconte.
Malika: Oui, et vite.
Maxime: Restez cool! J'ai montré le portefeuille à Antoine et on a regardé dedans.
Malika: Et alors?
Maxime: On a trouvé les papiers de madame Laval.
Julie: C'est qui?
Maxime: Notre voisine.
Julie: Ah, d'accord!
Maxime: Alors, on a fait un paquet-cadeau avec le portefeuille dedans.
Malika: Pourquoi un paquet-cadeau?
Maxime: Ça, c'est une autre histoire.
Malika: O.K. Et ensuite?
Maxime: Ben, nous avons sonné chez madame Laval. D'abord, elle a fait une drôle de tête.
Julie et *Malika:* Et après?
Maxime: Elle nous a donné 20 euros.
Julie: Cool.
Maxime: On mange des gaufres? Je vous invite.

Après la lecture:
Was könnte der Grund sein, dass Maxime und Antoine die Brieftasche im Geschenkpaket übergeben?

Erinnert ihr euch an Lektion 1?

3 A propos du texte

a Répondez aux questions.

1. Qui a rendez-vous devant le cinéma?
2. Qui est en retard?
3. Qu'est-ce que les filles mangent dans la salle de cinéma?
4. Pourquoi est-ce que le monsieur dit (sagt) «Chut»?
5. Qu'est-ce que Maxime et Antoine ont trouvé dans le portefeuille?
6. Qu'est-ce qu'ils ont fait avec le portefeuille?
7. Pourquoi est-ce que Maxime invite les filles?

b Racontez l'histoire de Maxime. Maxime a trouvé …

→ CDA 41-42/3-4

4 Madame Laval au commissariat

a Lisez.

Dimanche à midi, au commissariat.

Le policier: Bonjour madame.

Mme Laval: Bonjour, j'ai perdu mon portefeuille.

Le policier: Quand?

Mme Laval: Ce matin, vers onze heures.

Le policier: Et où?

Mme Laval: Je ne sais pas. J'ai fait mes courses au supermarché, puis à la boulangerie.

Le policier: Il est comment, votre portefeuille?

Mme Laval: Il est grand et marron.

Le policier: Et qu'est-ce qu'il y a dedans?

Mme Laval: Mes papiers, ma carte bancaire, 200 euros et des photos de mes enfants.

b Comment est le portefeuille de madame Laval? Qu'est-ce qu'il y a dedans?

5 On dit: J'ai perdu mon portefeuille

→ CDA 43/5

J'ai perdu ...	Où?	Quand?	Il / Elle est comment?
mon sac.	Dans la rue.	Hier (soir).	Il est grand / petit /
mon portable.	Dans le bus.	Le week-end dernier.	noir / marron / blanc ...
mon portefeuille.	Au supermarché.	Aujourd'hui.	
mon porte-monnaie.	Au parc.	Cet après-midi.	Elle est grande / petite /
mes clés.	A la piscine.	Vers midi.	noire / marron /
ma tablette.	Je ne sais pas.	A 6 heures.	blanche ...

CD 58

a Ecoutez et trouvez l'objet perdu.

A

B

C

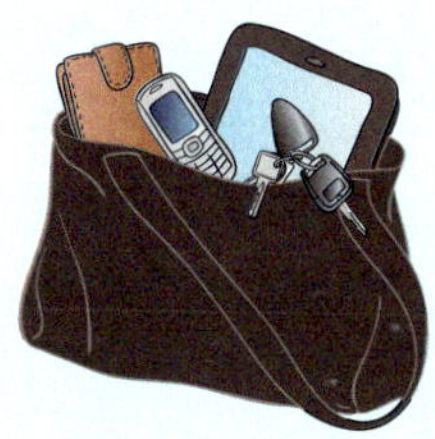

D

b Vous avez perdu quelque chose. Vous allez au commissariat de police. Jouez les scènes. → S8

→ CDA 43-44/6-7

6 Les formes du passé composé → G8

a Cherchez les formes du passé composé dans le texte pages 49 à 51 et complétez les phrases.

Malika: Il	■	■	notre rendez-vous, ou quoi?
Les filles / Elles	■	■	leurs places.
Maxime: Vous	■	■	du popcorn pour moi?
J'	■	■	un portefeuille avec 200 euros.
Julie: Où est-ce que tu	■	■	le portefeuille?
Maxime: Nous	■	■	un paquet-cadeau.
Madame Laval / Elle	■	■	une drôle de tête.

b Faites une grille avec les formes du passé composé.

j'	**ai**	trouvé
tu	**as**	…

7 Les codes du passé composé → G8

a Lisez les codes et trouvez les phrases qui correspondent.
Exemple: Code 0 : 25 – 3 – 11 – 29: Tu as regardé la télé.

Code 1: 16 – 20 – 4 – 18
Code 2: 24 – 17 – 8 – 15 ?
Code 3: 28 – 14 – 8 – 22
Code 4: 5 – 13 – 10 – 19 – 18

b Inventez des codes. Votre partenaire devine. → CDA 45/8-9

8 Ça bouge: Maintenant ou hier?

CD 59 a Préparez deux cartes.
Ecoutez bien et montrez la bonne carte.

maintenant | **hier**

b Partenaire A lit *(liest)* les phrases. Partenaire B ferme son livre et montre la carte: **maintenant** ou **hier**.

- J'écoute un CD.
- Il a traîné dans sa chambre.
- Je regarde tes photos.
- Elle a mangé une pizza.
- J'achète un t-shirt.
- J'ai regardé tes photos.
- Elle mange une pizza.
- J'ai écouté un CD.
- Il traîne dans sa chambre.
- Tu as fait un gâteau?
- Tu fais un gâteau?
- J'ai acheté un t-shirt.

c Faites des phrases pour votre partenaire.

9 Tu attends quelqu'un? → G6

a Complétez les phrases avec les formes de **attendre** ■ ou **répondre** ▲.

1. Maxime ■ le bus.
   Une dame arrive et demande: Le bus est en retard?
   Maxime ▲: Oui, j'■ depuis vingt minutes.
2. Julie et Malika ■ déjà devant la piscine.
   La caissière demande: Vous ■ quelqu'un?
   Julie et Malika ▲: Oui, nous ■ un copain.
3. Le portable de Julie sonne. Julie ▲.
4. C'est Maxime. Il dit: ■, les filles. J'arrive dans dix minutes.

CD 60 b Ecoutez et contrôlez.

→ CDA 47-48/12-13

répondre *wird genauso konjugiert wie* **attendre**

attendre
j'atten**ds**
tu atten**ds**
il / elle / on attend
nous attend**ons**
vous attend**ez**
ils / elles attend**ent**
j'ai attend**u**

10 Jeu de sons

CD 61 a Ecoutez et répétez.

b Lisez les phrases avec beaucoup d'expression.

1. Qu'est-ce qu'on fait? On attend?
2. Alors, tu as rencontré Alex? Raconte.
3. Arrête! Tu m'énerves.
4. Chut, s'il vous plaît. Le film commence.
5. C'était super! J'ai adoré.
6. On mange une gaufre? Je vous invite.

c Chaque groupe choisit un paragraphe du texte page 49 à 51. Lisez ou jouez la scène.

Une journée, deux histoires

1. Samedi matin, Florence Rigaud a acheté un magazine de mode à la maison de la presse.
2. A 9 heures et demie, elle a commandé un café au «Libre échange».
3. Tout à coup, son portable a sonné et elle a répondu.
4. Après, elle a surfé sur Internet.
5. Ensuite, elle a rangé sa tablette dans son sac et elle a payé.
6. Puis, elle a fait du shopping aux Champs-Elysées.
7. A midi, elle a mangé un sandwich.
8. Puis, elle a cherché son portable pour téléphoner à une copine. Elle a regardé partout: dans son sac, dans la poche de son manteau. Rien!

a *Seht euch die Bilder an und findet heraus, wie Florence Rigaud den Samstag verbracht hat.*

b *Lest dann den Text und sucht zu jedem Satz ein passendes Bild. Drei Bilder bleiben übrig.*
→ CDA 50/17

c *Die übrigen Bilder erzählen die Geschichte von M. Arthur. Denkt euch weitere Szenen aus, schreibt die Geschichte und tragt sie vor.*

d *Erfindet eine eigene Geschichte.*
→ S9

Wenn du im Schreibprogramm deines Computers die Sprache auf "Französisch" umstellst, kannst du die Rechtschreibung deiner Geschichte überprüfen.

Bilan: du kannst:
- eine Bildgeschichte erzählen

→ CDA 51-53/Bilan, Auto-contrôle

1 lire Affiches de cinéma

a Regardez les affiches. A votre avis, c'est quel genre de film?

une comédie **un film d'horreur** **un dessin animé** **un film fantastique** **un documentaire** **un film policier** **un drame**

b Lisez les résumés des films. → S5
Quel texte va avec quelle affiche?

c Trouvez des informations ou regardez la bande-annonce d'un film sur Internet.

1. Mitri a 15 ans et vit dans un village au Sénégal. Il joue au foot et rêve de devenir une star. Il part pour Paris, mais là son rêve devient un cauchemar.

2. Le spectateur fait un voyage dans l'océan et il accompagne les dauphins et les requins.

3. Lola n'a pas seulement des problèmes avec son petit copain, mais aussi avec sa mère.

A

B

C

D

2 parler Sondage en classe?

a Faites un sondage dans votre classe:

1. Tu vas souvent au cinéma?

souvent | pas souvent

2. Quel genre de film est-ce que tu aimes?

les films policiers | les films d'amour | les dessins animés | les documentaires | les films de science-fiction | les comédies | les films d'horreur | les films fantastiques

3. Quel est ton film préféré?
4. Quel est ton acteur préféré / Quelle est ton actrice préférée?

b Présentez les résultats de votre sondage. Exemple:

1. Trois élèves vont souvent au cinéma.
2. Quatre élèves aiment les films policiers.
3. Le film préféré de la classe, c'est …
4. L'acteur préféré / L'actrice préférée de la classe, c'est …

3 On va au cinéma?

CD 62

a écouter Ecoutez et regardez le programme de cinéma de la semaine.

- Pourquoi est-ce que Romain et Inès ne vont pas au cinéma mercredi?
- Ils vont au cinéma quel jour? Ils regardent quel film? A quelle séance?

→ S1

b lire *Inès und Romain sind 13 Jahre alt. Wie viel zahlen sie für ihre Kinokarte?*

TARIFS

Plein: 6 €

Réduit: 5 € (enfants de moins de 12 ans, étudiants et chômeurs sur présentation d'un justificatif, jeudi soir, sauf fête et veille de fête)

Majoration de 1 € pour les séances en 3D

Groupes: nous consulter à l'avance

Carte de fidélité: 11ème séance gratuite

SEMAINE DU 2 AU 8 JANVIER

			Me 02	Je 03	Ve 04	Sa 05	Di 06	Lu 07	Ma 08
LE HOBBIT	3D	VF	16h30						
	3D	VF	20h30			16h30			
	2D	VO			21h00	21h00			20h00
LA PIROGUE				20h30			20h30		
COMME UN LION			16h30			16h30			
COGAN LA MORT EN DOUCE (-12)						20h30			

Tous les films programmés en version originale sont sous-titrés en français. Ce programme peut faire l'objet de modifications. Tenez-vous informés sur notre page internet.
VO - Version originale; VF - Version française

CHEFS DE CUISINE

In dieser «Tâche» (Lernaufgabe) werdet ihr ein Rezept präsentieren oder sogar ausprobieren und ein Kochbuch für eure Klasse erstellen. Dazu werdet ihr einige bekannte französische Gerichte kennenlernen, sehen wie man Crêpes zubereitet und einige Rezepte lesen. Nützliche Wörter und Redewendungen findet ihr in der «Boîte à outils» auf S. 62/63.

typische Gerichte kennen lernen

une salade niçoise

une quiche lorraine

un croque-monsieur

une crêpe

une mousse au chocolat

un clafoutis

1. LA CUISINE FRANÇAISE

Vous connaissez ces plats *(diese Gerichte)*?
Vous connaissez d'autres spécialités?

Vidéo

2. MA RECETTE PRÉFÉRÉE

Regardez le film.
Comment est-ce qu'on prépare les crêpes?

eine Zubereitung beobachten

web

cuisiner et déguster

accueil | recettes | vidéos | contact

rechercher :

Cake aux olives

Préparation : 20 min
Cuisson : 45 min

★★☆☆

J'ai aimé | Je n'ai pas aimé

Ingrédients pour 6 personnes :

200 g de farine
200 g d'olives
150 g de gruyère râpé
4 œufs
100 ml de lait
$\frac{1}{2}$ sachet de levure chimique
100 g de beurre

Préparation de la pâte :

Mettez la farine dans un saladier. Cassez les œufs. Mélangez les œufs avec la farine. Ensuite, ajoutez le lait et le beurre fondu, puis les olives, le gruyère râpé et la levure. Versez la pâte dans un moule huilé et faites cuire 45 min au four à 180°C.

Les commentaires sur la recette

5/5fanny_1020
(avis du 27/08/2014 sur le Cake aux olives) Excellent ! Si vous n'aimez pas les olives, prenez 200 g de jambon coupé en dés.

CD 118-120

3. RECETTES DE CUISINE

a Choisissez une recette et organisez votre travail. → S4/S5

b Apportez les ustensiles *(Geräte)* et les ingrédients *(Zutaten)*. Faites attention aux quantités *(Mengen)*!

c Préparez votre recette et dites *(sagt)*, comment vous faites. → CDA 54-56/1-4

Bon appétit!
Probiert von allen Gerichten und vergebt Sternchen. Welches Gericht schmeckt euch am besten?
***C'est le top! **C'est super! *C'est bon.

Rezepte zubereiten und Arbeitsschritte beschreiben

Taboulé

★★★★

Pour 6 personnes
Temps de préparation : 15 min

Ingrédients :

- **500 g** de couscous
- **1** poivron rouge
- **1** kg de tomates
- **1** concombre
- **2** oignons frais
- **3** citrons
- **1** bouquet de persil
- **10** feuilles de menthe
- **8** cuillères à soupe d'huile d'olive
- sel, poivre

Préparation :

Mettez le couscous dans un saladier. Ajoutez 10 cl d'eau froide, le jus des citrons, le sel, le poivre et l'huile d'olive. Lavez le poivron et les tomates, épluchez le concombre et les oignons frais et coupez-les en petits dés. Coupez le persil et les feuilles de menthe. Mélangez les légumes, le persil et la menthe avec le couscous. Mettez au frigidaire pendant 3 heures.

4. NOTRE LIVRE DE CUISINE

a Ecrivez et illustrez une recette de votre plat préféré. Faites une liste de mots pour cette recette.

b Avec toutes les recettes, faites un livre de cuisine de la classe.

ein Kochbuch erstellen

Verrines de fruits

Il faut une verrine par personne.

Ingrédients :
- des fruits (poires, pommes, bananes, mandarines, pêches, melon, fraises ou raisins)
- du fromage blanc ou du yaourt nature
- un peu de sucre ou de confiture

D'abord, on coupe les fruits en petits morceaux. Dans une verrine, on met une couche de yaourt (ou de fromage blanc), puis une couche de fruits, puis une couche de confiture, etc …

On peut décorer avec une fraise ou du chocolat. C'est super bon. Après, on met les verrines au frigidaire pendant 1 heure. Soyez créatifs et inventez d'autres desserts dans des verrines.

In dieser «Boîte à outils» (Werkzeugkiste) findest du wichtige Wörter und Redemittel zu jedem «Module». Welche sind für dich persönlich wichtig? Mache eine Liste von mindestens zehn Wörtern oder Redemitteln und lerne sie auswendig.

→ CDA 57-58/Evaluation

Wortfeld Lebensmittel

LES ALIMENTS
Pour ma recette, il faut …

fruits:
des citrons
des pommes

légumes:
un poivron
des tomates
un concombre
des oignons frais
des olives

herbes et épices:
de la menthe
du persil
du poivre
du sel

dans le placard:
de la confiture
du sucre
de la farine
du couscous
de la levure chimique
de l'huile d'olive

dans le frigo:
du lait
des yaourts
du fromage blanc
du beurre
du gruyère râpé
des œufs

ON PRÉSENTE UNE RECETTE

1. **Je verse** la farine dans le saladier.

2. **Je casse** les œufs.

3. **Je mélange** les œufs et la farine.

4. **J'ajoute** l'huile, le lait, le sucre et la levure.

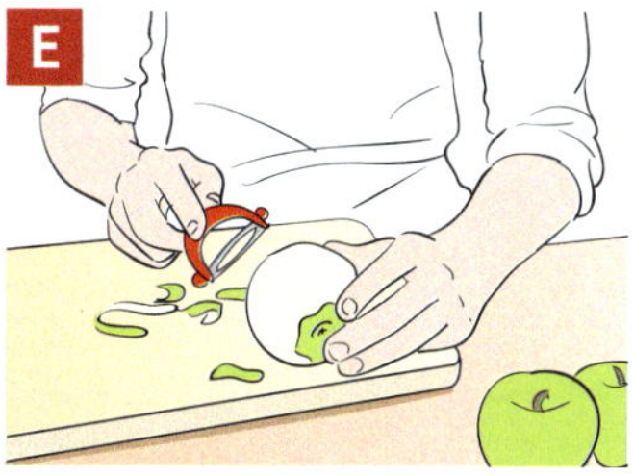

5. **J'épluche** les pommes.

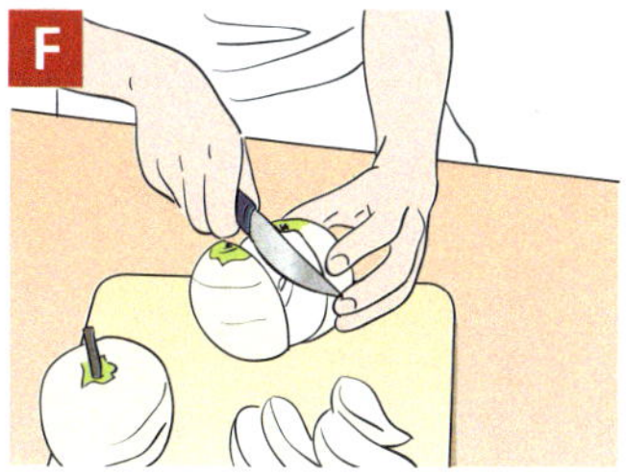

6. **Je coupe** les pommes.

7. **Je mets** la pâte puis les pommes dans le moule.

8. **Je fais cuire** au four à 180°C.

Redemittel: eine Zubereitung erklären

LES QUANTITÉS

1 kilogramme de farine
250 grammes de beurre
30 centilitres de lait
2 cuillères à soupe d'huile
1 litre d'eau
un peu de sel

Wortfeld Mengenangaben

→ •• En plus B, S. 149

4 Balades et découvertes

Les monuments romains
le Pont du Gard,
les arènes d'Arles

Les loisirs
une partie de pétanque,
une sortie en Camargue

Im Südosten Frankreichs findet man noch viele römische Spuren, z.B. Arenen und Viadukte.

1 Vis-à-vis

Kennt ihr weitere römische Monumente? In welchen Ländern?

In Südfrankreich klingt Französisch anders als in Paris.

2 écouter Un reportage à la radio

CD 69-71

Ecoutez et répondez aux questions.

1. Quels sont les produits de la région?
2. Les touristes visitent quels monuments romains?
3. Que fait le chauffeur de taxi le dimanche? → S1

→ CDA 59/1

Nach Lektion 4 kannst du:
- sagen, was du planst oder vorhast
- Fragen stellen
- über das Wetter sprechen
- deine Meinung vertreten und Lösungsvorschläge machen

3 regarder Avignon

Vidéo

Regardez le film.
Qu'est-ce qu'on peut faire à Avignon?
(Was kann man in Avignon tun?)

4 parler J'ai envie de …

Regardez les photos et la carte de la Provence et parlez.

Exemple:
– J'ai envie d'aller à … /
de faire une balade à … /
de visiter … / d'acheter … /
de regarder …

Et toi?

→ CDA 60/3-4

1 D'abord: Qu'est-ce que tu vas faire? → G10

CD 72

a C'est le dernier jour de classe avant les vacances de printemps. Ecoutez Julie et Maxime.

Julie: Qu'est-ce que **tu vas faire** pendant les vacances de printemps?
Maxime: **Je vais aller** à Avignon.
Julie: Chez tes grands-parents?
Maxime: Oui, avec Antoine.
Julie: Et qu'est-ce que **vous allez faire** là-bas?
Maxime: Je ne sais pas. **On va visiter** la ville, **on va faire** des balades ou **on va aller** à la mer. Ce n'est pas loin. Et toi? Qu'est-ce que **tu vas faire**?
Julie: Moi, **je vais aller** à Berlin chez Lisa.
Maxime: Super.

b Qu'est-ce qu'ils vont faire pendant les vacances?
Maxime va … Julie va …

c Et toi, qu'est-ce que tu vas faire pendant les vacances?
Je vais …

d *Überlegt, wie das futur composé gebildet wird, und macht ein Raster mit dem Verb* **faire**. → S12

je	vais	faire …
tu		

e Trouvez les phrases.

1. vas à Paris rester Tu ?
2. à Avignon aller Je vais .
3. faire allons Nous du camping .
4. le Pont du Gard visiter allez Vous ?
5. Elle une balade à vélo faire va .
6. vont des photos Ils prendre .

→ CDA 61/5

2 Une balade à vélo

CD 73-76

A

Pendant les vacances de printemps, Maxime et Antoine sont à Avignon chez leurs grands-parents avec leur cousin Julien.

Antoine: Qu'est-ce qu'on va faire demain?

Maxime: Une balade à vélo?

Julien: Pourquoi pas. Il va faire quel temps?

Antoine: J'ai la météo sur mon portable … 25 degrés et il va faire beau.

Maxime: Il y a une balade sympa près d'ici?

M. Roche: Regardons la carte.

Antoine: Mais papi! J'ai un GPS sur mon portable.

Maxime: Moi, je propose Arles.

Antoine: Ou Nîmes!

Julien: Eh, vous êtes peut-être des champions du vélo, mais Arles et Nîmes, c'est loin.

Mme Roche: Pourquoi est-ce que vous n'allez pas au Pont du Gard? C'est spectaculaire.

Maxime: Ça fait combien de kilomètres?

Antoine regarde sur son GPS.

Antoine: On prend les petites routes, alors … environ 35 km.

Maxime: Vous venez avec nous, papi et mamie?

Mme Roche: Non, merci. Le vélo, ce n'est pas mon truc.

M. Roche: J'ai une idée: avec mamie, nous prenons la voiture et on pique-nique ensemble au Pont du Gard.

Mme Roche: Et l'après-midi, on visite le viaduc.

Julien: Bonne idée. Alors, on va partir à 9 heures.

Maxime: Et maintenant, on fait une partie de pétanque.

M. Roche: Ah non les jeunes, d'abord il faut contrôler les VTT.

Pendant la lecture:
Regardez la carte et orientez-vous.

B

Le lendemain, à 9 heures. Les garçons prennent leurs bouteilles d'eau, leurs casques, leurs VTT, et c'est parti. Antoine et Julien sont devant. Ils avancent vite.

Maxime: Eh, pas si vite! On n'est pas au Tour de France!

Une heure après, les garçons arrivent à un croisement.

Antoine: Il commence à pleuvoir!

Maxime: Bravo, Antoine, pour la météo!

Julien: On va où, maintenant? A droite ou à gauche?

Antoine regarde sur son GPS.

Antoine: Mince. Je n'ai plus de batterie.

Julien: Mais on a la carte de papi …

Maxime: Où est-ce qu'on est?

Julien: Euh … ici … au Parc du Cosmos … et pour aller au Pont du Gard, il faut prendre la route à droite.

Maxime: J'ai chaud. C'est encore loin?

Julien: Oui.

Antoine: Alors, dépêchez-vous.

C

Les garçons pédalent comme des fous et vingt minutes plus tard …

Julien: Stop! Attendez!

Maxime: Qu'est-ce qu'il y a?

Julien: On n'est pas sur le bon chemin. Regardez, on est à Tavel.

Antoine: Alors, qu'est-ce qu'on fait? On ne va pas retourner au Parc du Cosmos, quand-même!

Maxime: Oh non, c'est galère! Je suis crevé, moi.

Antoine: Alors, on fait une pause et je vais demander le chemin à la boulangerie.

Julien: Mais regarde, elle est fermée.

Antoine: Alors, on demande aux gens là-bas.

D

A midi et demie, les garçons arrivent au Pont du Gard.

Antoine: Waouh! C'est énorme!

Julien: Regardez, papi et mamie sont là.

Les grands-parents ont <u>installé</u> le pique-nique sous <u>le pont</u>. Mais <u>avant de manger</u>, les garçons <u>plongent</u> dans l'eau.

3 A propos du texte

a Vrai ou faux?

1. Maxime et Antoine vont faire une balade à vélo avec leur grand-père.
2. Mme Roche aime les balades à vélo.
3. Le lendemain, à 10 heures, les garçons arrivent à un croisement.
4. Le portable d'Antoine n'a plus de batterie.
5. A Tavel, les jeunes demandent le chemin à des gens.
6. Les garçons arrivent au Pont du Gard, mais les grands-parents ne sont pas là.

b Corrigez les phrases fausses. → CDA 62-63/6-8

4 Ils préparent le pique-nique → G18.5

a Trouvez les formes du verbe **prendre** dans le texte, pages 67 à 69.

prendre	
je prends	nous ■
tu prends	vous prenez
il / elle / on ■	ils / elles ■

b Complétez le texte.

1. Les grands-parents ■ la voiture pour aller au supermarché.
2. *Mme Roche:* Qu'est-ce qu'on ■ pour le pique-nique, les garçons?
   Antoine: Des sandwichs et des melons.
3. *Mme Roche:* Alors, je ■ trois baguettes. Est-ce que vous ■ des petits gâteaux pour la route?
4. *Antoine:* Non. Nous ■ des bouteilles d'eau. Ça suffit!
5. *Maxime:* Tu ■ aussi des chips, mamie?

CD 77 c Ecoutez et contrôlez. → CDA 64-65/9-10

5 Qu'est-ce que vous faites? → G14

a Avant la balade, Camille téléphone avec Maxime. Complétez les questions de Camille.

Est-ce que
Où est-ce que
Qu'est-ce que
Pourquoi est-ce que
Quand est-ce que

Camille:	*Maxime:*
– ■ vous faites?	– Nous contrôlons les vélos.
– ■ vous contrôlez les vélos?	– Parce que nous allons faire une balade.
– ■ vous allez?	– On va au Pont du Gard.
– ■ c'est loin?	– Non.
– ■ vous allez partir?	– A 9 heures.

CD 78 b Ecoutez et contrôlez.

c Formez deux groupes. Regardez la photo et trouvez des questions.

→ CDA 65/11

Bei dem Track 79 handelt es sich um die gesprochene Version des Liedes.
Gesungene und Karaoke-Version dieses Liedes finden Sie hier: Lehrer-CdA 2 (623662 – Tracks 135 und 136), Lehrer-Audio-CDs 2 (623668 – CD3/Tracks 04 und 05), DUA 2 (623664)

CD 79

6 Chanson: Le soleil de Provence

Ecoutez et chantez.

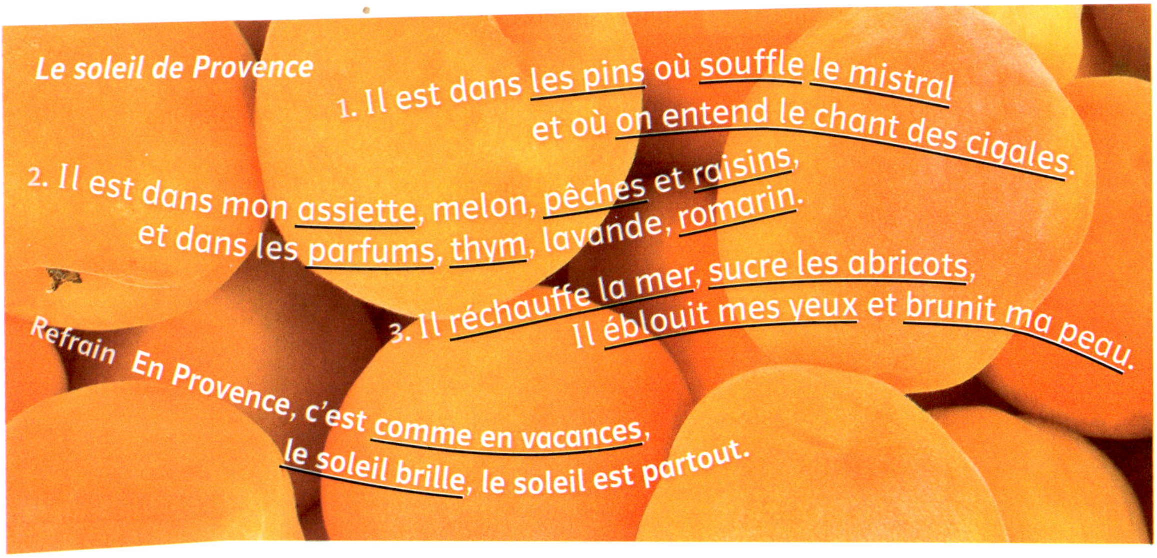

7 Ça bouge: On joue aux dés → G10

Lancez les dés et faites des phrases au futur composé.

⚀ = je
⚁ = tu
⚂ = il/elle/on
⚃ = nous
⚄ = vous
⚅ = ils/elles

Exemple:
⚄ + ⚁ = Vous allez faire du shopping.

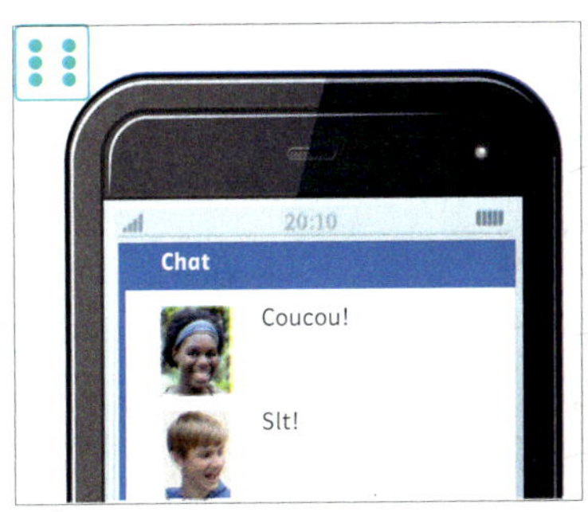

8 Vocabulaire: Il fait quel temps?

CD 80

a Ecoutez et trouvez le poème.
Exemple: A Bordeaux, … il fait chaud.

A Bordeaux, … | A Liège, … | A Marseille, … | A Narbonne-Plage, … | A Orléans, … | A Evreux, … | A Sète, … | A Troyes, … | A Saint-Malo, …

b Apprenez le poème et récitez-le en groupe.
A Bordeaux, il fait chaud, …

c Parlez. Et chez vous, il fait quel temps aujourd'hui?
Exemple: Aujourd'hui, il fait beau. → CDA 66/12

9 Jeu de sons

CD 81

Ecoutez et répétez.

[wa]

- C'est quoi ça?
- Fais voir.
- C'est à moi.

- On va à gauche ou à droite?
- Tout droit.

Grégoire arrive en voiture noire.
Il prend la troisième rue à droite.
Il a rendez-vous avec François,
soixante-trois rue du Roi.

10 On dit: On va faire une sortie

Qu'est-ce qu'on va faire demain? / le week-end prochain?	Je propose d'aller à … de visiter … de faire … On y va ensemble? Tu as envie de faire une balade à vélo / à pied / en bateau?	Bonne idée. Et après, on … C'est super. / Je suis d'accord. Je ne suis pas d'accord. Ce n'est pas mon truc. / C'est nul. Moi, je préfère … parce que …
C'est loin?	Ça fait … kilomètres.	Alors, il faut prendre le bus. Oh non, c'est trop loin / trop cher.
Il va faire quel temps?	Regarde sur ton portable.	Il va faire beau. Il va pleuvoir.
On va partir à quelle heure?	A … heures.	Oh non, c'est trop tôt. / C'est trop tard.

CD 82

a Ecoutez. Qu'est-ce qu'ils vont faire?

Scène 1

A

B

Scène 2

A

B

b Choisissez une activité pour une sortie. Faites des dialogues et trouvez un / une élève qui a choisi la même activité.

Arles

visiter les Arènes

la mer

jouer au beach-volley

faire du shopping

plonger dans l'eau

Wählt einen Ort und eine Aktivität aus. Geht durch die Klasse und sucht jemanden, der dasselbe machen möchte. → S18

c Organisez un rendez-vous.

→ CDA 66/13

Vidéo

Qu'est-ce qu'on va faire en Camargue?

→ CDA 69/18

a *Ihr wollt gemeinsam einen Tag in der Camargue verbringen. Seht euch die Karte und den Film an und lest die Prospekte.* → **S5**

b *Bildet 4-er Gruppen. Es gibt unterschiedliche Interessen in der Gruppe. Jeder wählt sich eine Rolle aus: A will faulenzen, B ist sportlich, C liebt Natur und Strand, D mag Städte und Sehenswürdigkeiten. Macht mindestens zwei Vorschläge. Findet Argumente dafür und dagegen. Versucht, eine gemeinsame Lösung zu finden.*

c *Spielt eure Diskussion der Klasse vor.*

Bilan: Du kannst

- deine Meinung vertreten und eine gemeinsame Lösung finden

→ CDA 71-73/Bilan, Auto-contrôle

Nîmes
Points panoramiques
Rhône
Arles
Camargue
Musée de la Camargue
Aigues-Mortes
Le Grau-du-Roi
Etang du Vaccarès
Phare de l'Espiguette
Musée du riz
Les Saintes-Maries-de-la-Mer
Salin-de-Giraud
Port-Saint-Louis-du-Rhône
Mart
Mer Méditerranée
Phare de Faraman
Plage de Piémanson
Plage Napoléon

Location de VTT
Au départ de la base Kayak Vert de Sylvereal, idéalement située au coeur des plus beaux parcours VTT de Camargue, nous vous proposons de nombreuses découvertes autour du Vacarès et du domaine de Mejanes, visite du chateau d'Avignon, chemin de Peccaie en petite Camargue, digue du petit rhône...

VTT
Balade en CAMARGUE
Mas de Sylvéréal
30600 SYLVEREAL
Coordonées GPS : N 43° 32' 868" - E 4° 21' 041"
✆ 06 09 56 06 - 04 66 73 57
Fax : 04 90 97 80
Internet : www.vtt-camargue.fr
KAYAK

1 médiation La magie des grottes

a *Erklärt auf Deutsch anhand der Illustration, wie Tropfsteinhöhlen entstehen.*

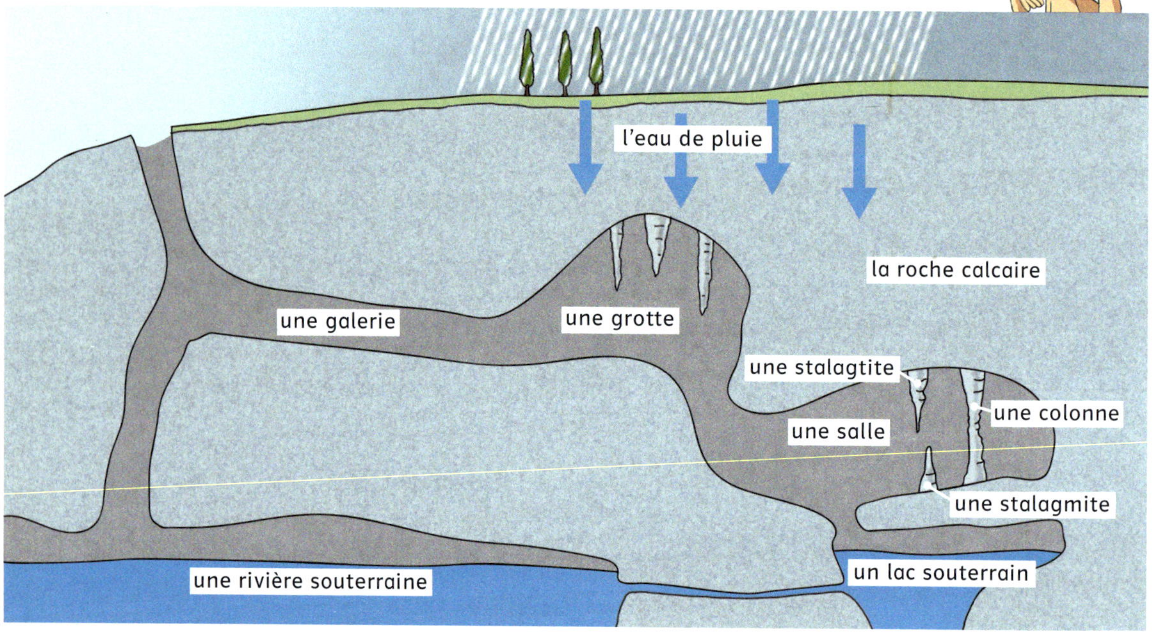

b *Was erfahrt ihr im Text über den Gouffre de Padirac?* → S5

Le Gouffre de Padirac

Dans le sud de la France, on peut visiter beaucoup de grottes spectaculaires. Elles se sont formées sous la terre pendant des millions d'années. Les grottes sont parfois très profondes, comme par exemple le Gouffre de Padirac. Pour le visiter, il faut descendre 75 m par des escaliers ou en ascenseur. La visite se fait en bateau sur la rivière souterraine, puis à pied. Le Gouffre de Padirac fait une longueur de 3 km. La température y est constante: 13 degrés en hiver comme en été. Voici le nom de quelques autres belles grottes de France: la Grotte des Demoiselles, l'Aven Armand, la Grotte de Clamouse, la Grotte de la Cocalière, la Grotte de Choranche.

c Faites une visite virtuelle dans une grotte française. Sur Internet, dans un moteur de recherche, tapez par exemple: «visite virtuelle Grotte des Demoiselles». → S13

2 écouter La météo

CD 83

Ecoutez le bulletin météo. Quelle carte correspond?

A

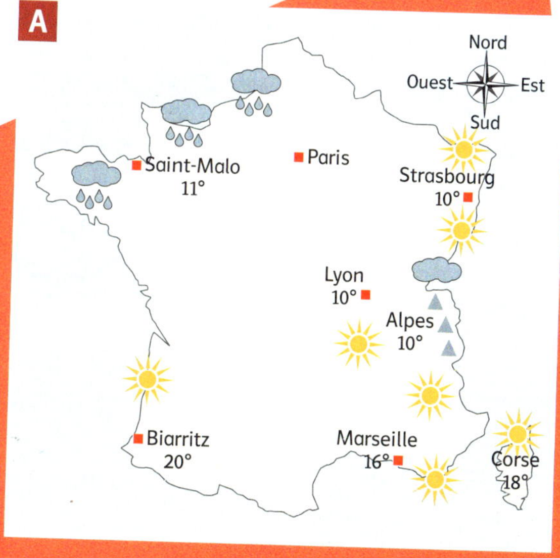

B

1 Jeu de mots

Trouvez les couples de mots.

un casque | un orage | une voiture | l'huile d'olive | un viaduc | le printemps

un vélo | le miel | l'hiver | une tempête | un pont | un sac à dos

2 Salut Paris! → G8

Complétez les phrases. Mettez les verbes au passé composé.

e-mail
à: Julie
sujet: Salut Paris!

…
A Berlin, il fait froid. Et à Paris?
Vous ■ *(faire)* quoi hier?

Bisous
Lisa

e-mail
à: Lisa
sujet: Re: Salut Paris!
envoyer

Salut Lisa,
Ici, il pleut: c'est triste! Alors, hier, rien de spécial! Moi, j'■ *(faire)* mes devoirs. Et ensuite, j'■ *(traîner)* dans ma chambre avec Malika. Nous ■ *(écouter)* de la musique. Après, nous ■ *(faire)* du shopping. Malika ■ *(acheter)* des chaussures trop classe. ☺ Maxime et Alex, ils ■ *(regarder)* la télévision et ils ■ *(manger)* des tonnes de chips!!! Et toi, tu ■ *(faire)* quoi?

Bises et tschüss!!
Julie

3 Les questions → G14

Complétez les questions avec:

Qu'est-ce que | Quand est-ce que | Est-ce que | Où est-ce que | Pourquoi est-ce que

Farid: ■ tu prépares ton sac?
Théo: Parce que je vais à la plage.
Farid: ■ tu vas à la plage?
Théo: Maintenant.
Farid: ■ tu fais un pique-nique?
Théo: Oui!
Farid: ■ tu vas pique-niquer?
Théo: Devant le skatepark.
Farid: ■ tu prends avec toi?
Théo: Je prends des sandwichs et de l'eau.

4 On prépare la fête → G10

Mettez les dominos dans le bon ordre et écrivez le texte dans votre cahier.

	Demain, nous
allez inviter des amis.	Puis, je
vont faire un spectacle de danse.	
vas apporter du coca.	Pendant la fête, Julie et Malika
vais préparer des crêpes.	Maxime
allons faire une fête.	D'abord, vous
va acheter des pizzas,	et toi, tu

5 Attendre et répondre → G6

Faites des phrases avec **attendre** ou **répondre**. Exemple: J'attends le bus.

J'	Je	Tu	Farid	Nous	Vous	Emma et Lina

attendre répondre

le bus.	au téléphone.	à l'e-mail de Lisa?	Théo devant l'école.	les vacances.	aux questions.	des amis.

6 Le verbe prendre → G6

Complétez le dialogue avec les formes du verbe **prendre**.

Mme Legrand: Encore un café, chéri?
M. Legrand: Non, merci.
Camille: Maman!
Mme Legrand: Oui, ma chérie?
Camille: Pour aller chez mamie et papi, je ■ mon maillot de bain?
Mme Legrand: Oh oui, et tu ■ aussi une casquette! Il fait chaud à Avignon.
Camille: Est-ce que nous ■ les vélos avec nous?
M. Legrand: Non, il y a des vélos chez mamie et papi.
Camille: D'accord, mais vous ■ les casques? Les casques de papi sont toujours trop grands.
M. Legrand: D'accord!
Camille: Et Maxime et Antoine, ils ■ quoi? Est-ce que Maxime ■ son ordinateur?
Mme Legrand: Oui, peut-être. Pourquoi?
Camille: Parce que j'attends des e-mails de mes copines!

1 écouter Compréhension de l'oral

CD 84

Un reportage à la radio – Répondez aux questions et écrivez vos réponses dans votre cahier.

Tipp *Sieh dir zuerst die Bilder an. Beim Hören helfen dir auch die Hintergrundgeräusche.*

1. Le reporter est à …?
   - a … La Rochelle.
   - b … Paris.
   - c … Marseille.

2. Alexis adore …?
   - a … le rock.
   - b … le rap.
   - c … la techno.

3. Le billet d'Alexis est …?
   - a … à 20 euros.
   - b … à 18 euros.
   - c … un cadeau.

2 lire Compréhension de l'écrit

Une affiche – Lisez l'affiche Handiscol' Sport du département de l'Hérault (sud de la France) et écrivez vos réponses dans votre cahier.

Tipp *Achte besonders auf die Bilder.*

* UNSS: Union Nationale du Sport Scolaire

* Hérault: département du sud de la France (34)

1. Handiscol' Sport, c'est pour les personnes…
   - **a** de 5 à 10 ans.
   - **b** de 11 à 18 ans.
   - **c** de 18 à 77 ans.

2. Handiscol' Sport, c'est …
   - **a** un mercredi par mois.
   - **b** le week-end.
   - **c** quatre mercredis par mois.

3. Comme activités, Handiscol' Sport propose …
   - **a** … du foot.
   - **b** … du rugby.
   - **c** … du ping-pong.

3 écrire Production écrite

Mon carnet de voyage – Vous êtes à Paris avec des copains et vous écrivez quelques phrases sous les photos dans votre carnet de voyage *(Reisetagebuch)*. Vous êtes où? Qu'est-ce que vous faites?

4 parler Production orale

Qu'est-ce que tu vas faire ce week-end? – Posez des questions à votre partenaire. Changez les rôles.

Exemple: – Est-ce que tu vas faire du shopping?
– Non, je vais aller à la piscine.

balade à vélo | shopping | sport | musée | copain | crêpes | piscine

5 Ça me fascine!

Frankreich bietet aufgrund seiner geografischen Vielfalt viele Möglichkeiten für unterschiedliche Aktivitäten. So ist z.B. die Küste der Normandie ideal zum Kitesurfen.

1 Vis-à-vis

Schaut euch die Fotos an. Sind diese Sportarten auch in anderen Ländern vertreten? In welchen Regionen? Welche Sportarten sind gerade bei euch aktuell?

CD 91

2 écouter Il va faire de l'escalade

a Quelle scène va avec quelle photo?

b Donnez un titre à chaque photo.

→ CDA 74-75/1-2

Nach Lektion 5 kannst du:
- sagen, was du gerne machen möchtest
- ein Bild beschreiben
- ein Programm für einen Französischtag vorstellen

3 parler Ça te fascine?

Faites un sondage dans votre classe.

→ CDA 75/3

Exemple:
- Le canyoning, ça te fascine?
- Oui, j'adore ça.
- Non, ce n'est pas mon truc.

4 regarder Au centre équestre

Vidéo

a Marie-Aude présente le centre équestre. Qu'est-ce que vous comprenez? Qu'est-ce que vous voyez?

b Echangez vos informations en allemand.

1 D'abord: Je veux faire du kitesurf → G13

CD 92 a Ecoutez.

- Qu'est-ce qu'**on peut faire** sur la Côte d'Azur?
- **On peut faire** du kitesurf, de la plongée, …
- **Je veux faire** du kitesurf. Et toi, qu'est-ce que tu veux faire?

b Choisissez un endroit *(Ort)* et trouvez des activités. Faites des dialogues.

c Les verbes **vouloir** et **pouvoir** ont les mêmes terminaisons *(dieselben Endungen)*. Complétez les formes au singulier *(im Singular)*.

vouloir	pouvoir
je ■	je **peux**
tu ■	tu ■
il / elle / on **veut**	il / elle / on ■

CD 93 d Ecoutez, puis parlez. → CDA 76/4

Erinnert ihr euch an Band 1? Wo hat Julie Sami kennen gelernt?

2 Journée «Portes ouvertes» au centre équestre

CD 94

a Ecoutez et trouvez les phrases qui correspondent à la situation. → S1

1. Julie a le moral à zéro parce qu'elle a un problème avec Malika. (a)
   elle a du stress au collège. (b)
   elle n'aime pas le copain de sa mère. (c)

2. Sami propose une visite au centre équestre. (a)
   une balade à cheval. (b)
   à Julie de rester jusqu'à lundi. (c)

3. Julie trouve l'idée géniale. (a)
   nulle. (b)

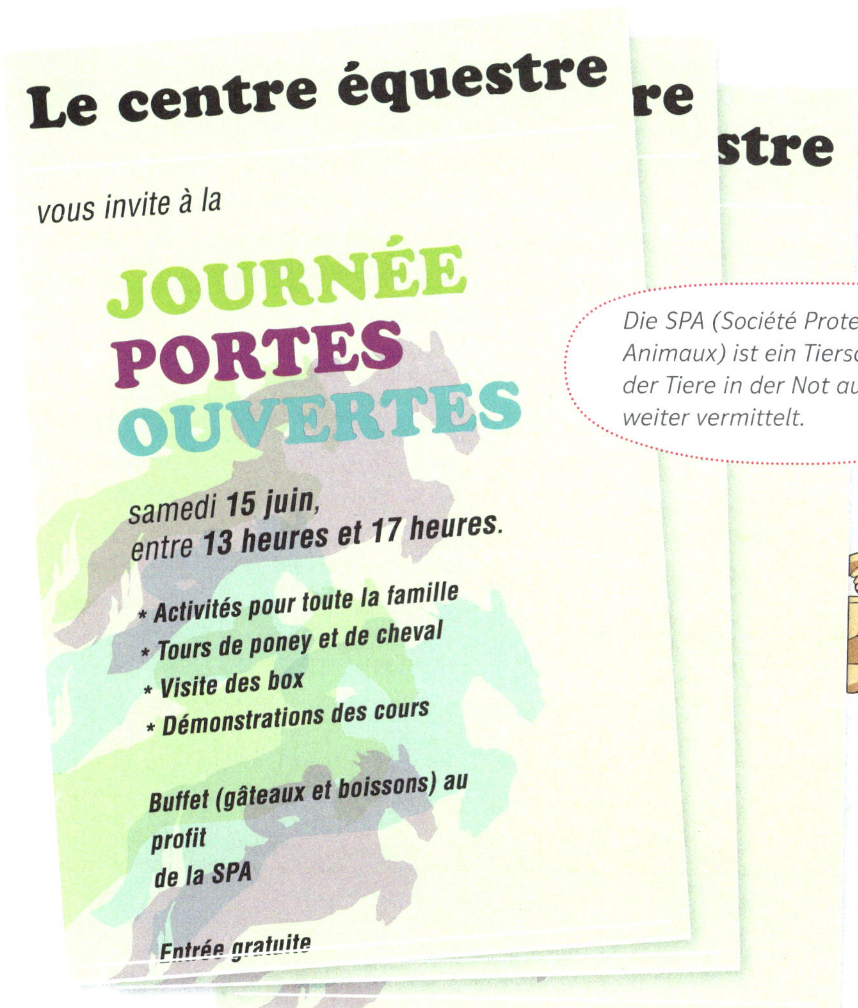

Die SPA (Société Protectrice des Animaux) ist ein Tierschutzverein, der Tiere in der Not aufnimmt und weiter vermittelt.

CD 95-98

b Lisez le texte.

A

Samedi matin, le soleil brille, quelle chance pour la journée «Portes ouvertes»! Julie et Malika arrivent vers 11 heures au centre équestre. Julie a fait un gâteau au chocolat. Malika porte son sac de couchage et la tente. A l'entrée, elles rencontrent une fille avec un petit chien.

Célia: Fanzine, ici!

Julie: Bonjour!

Célia: Bienvenue! Tu es Julie, n'est-ce pas?

Julie: Oui, euh …

Pour Julie, c'est une surprise. Elle ne connaît pas la jeune fille.

Célia: Je suis Célia, la sœur de Sami. Mon frère a plein de photos de la colo sur son portable! Alors, je connais tous ses copains!

Julie: Ah, d'accord! Voilà Malika, une copine.

Malika: Bonjour.

Célia: Sami est dans la cour. On y va?

B

Dans la cour, tout le monde est en action: Sami porte une table avec Tao, un moniteur du centre. Une dame arrive avec les boissons. C'est Maryline, la mère de Sami et Célia.

Sami fait les présentations. Puis, les filles posent leurs affaires sous une table.

Julie: On peut vous aider?

Sami: Oui, vous pouvez apporter les chaises si vous voulez.

Maryline: Et maintenant, le buffet: nous avons les boissons, les pizzas, les assiettes …

Julie: Et un gâteau au chocolat.

Maryline: Ah, c'est gentil. Merci, Julie.

Sami: J'ai collé les affiches pour la SPA.

Malika: Pour la SPA?

Célia: Oui, on vend les gâteaux et les boissons au profit de la SPA.

Tao: Regardez, on a déjà des visiteurs! Sami, tu veux faire le guide?

Sami: O.K. C'est parti.

Pendant la lecture:
Qu'est-ce que les filles apportent?
Qui est Célia?
Qui est Tao?
Qui est Maryline?
→ S3

C

L'après-midi, il y a beaucoup de visiteurs au centre équestre. Ils visitent les box et caressent Bijou et Alizé. Les enfants font des tours de poney avec Sami. L'ambiance est super.

Célia explique le travail de la SPA. Derrière le buffet, Malika et Julie n'arrêtent pas une seconde.

Père: Qu'est-ce que vous voulez boire, les enfants?

Garçon: Un jus de pomme.

Fille: Et moi, une menthe à l'eau.

Père: Alors, un jus de pomme et une menthe à l'eau, s'il vous plaît.

Malika: Célia, est-ce qu'il y a encore du jus de pomme?

Célia: Oui, dans le frigo.

Malika: Un instant, monsieur.

Le soir, tout le monde est crevé. Mais il y a encore du travail. Sami, Malika et Julie rangent le buffet. Puis, ils cherchent un endroit où ils peuvent monter la tente.

D

Pendant ce temps, Maryline et Tao s'occupent des chevaux.

Tao: Bijou est bizarre. Tu ne trouves pas?

Maryline: Oui, il n'est pas comme d'habitude.

Tao: Tu veux appeler le vétérinaire?

Maryline: Non, mais il faut surveiller Bijou.

Pour terminer la journée, tout le monde se retrouve autour de la table. Maryline a commandé des pizzas.

Célia: J'ai compté l'argent. On a gagné 300 euros pour la SPA.

Maryline: Super! Un grand merci à tous.

Tao: Les jeunes, vous voulez faire une balade à cheval demain?

Julie: Oui! Génial!

Malika: Oh, là, là!

Wenn du wissen willst, wie die Geschichte weitergeht, dann kannst du auf S. 111 weiterlesen.

3 A propos du texte

a Qui fait quoi?
Trouvez les phrases.

1. Julie	4 fait le guide pour les visiteurs. (a)
2. Sami et Tao	8 propose une balade à cheval pour dimanche. (b)
3. Julie et Malika	6 explique le travail de la SPA. (c)
4. Sami	5 vendent des boissons et des gâteaux aux visiteurs. (d)
5. Sami, Julie et Malika	7 s'occupent des chevaux. (e)
6. Célia	2 apportent une table. (f)
7. Maryline et Tao	3 rangent le buffet. (g)
8. Tao	1 apporte un gâteau au chocolat. (h)

b Trouvez une phrase / des phrases pour chaque photo.

A

B

C

D

E

F

G

H

I

c Racontez l'histoire.

→ CDA 76/5

4 Décrire une photo

CD 99

a Regardez et écoutez. Attention, il y a une erreur *(Irrtum)*. Trouvez-la.

Il y a … / On voit … / On peut voir …

	dans le fond	
à gauche	au milieu	à droite
	devant	

b Décrivez la photo.

→ CDA 77/6

5 On dit: Je peux t'aider?

Tu peux m'aider?

Je peux t'aider?

Je peux vous aider?

Oui, si tu veux.

Oui. Volontiers.

Oui, tu peux … si tu veux.

Merci, c'est gentil.

CD 100

a Ecoutez et trouvez la bonne situation.

b Faites un dialogue pour les autres images.

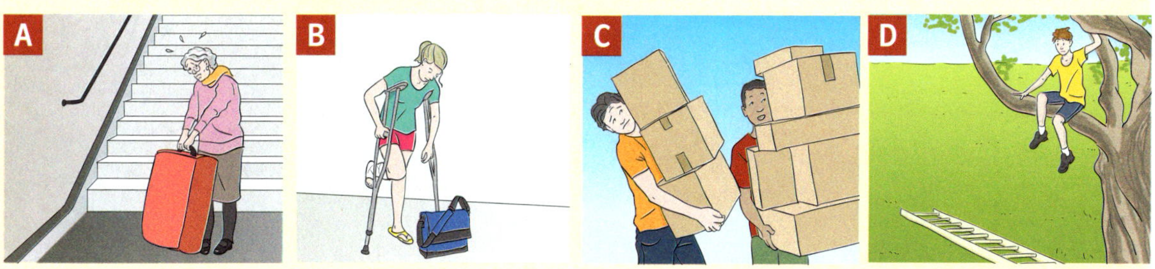

6 Ils veulent faire plein de choses → G18.5

a Lisez le dialogue et complétez la conjugaison des verbes **vouloir** et **pouvoir**. → S11

Tao: Qu'est-ce que vous **voulez faire**?
Julie et *Malika:* Nous **voulons faire** une balade à cheval. Mais Célia et Maryline **veulent rester** au centre équestre.
Tao: Alors, vous **pouvez prendre** Alizé et Blazer.

vouloir	**pouvoir**
je veux	je peux
tu …	tu …

b Complétez les dialogues avec la bonne forme des verbes **vouloir** ■ et **pouvoir** ●.

1. – Je fais une fête, samedi à 6 heures. Tu ● venir?
   – Oui. Je ● apporter quelque chose à manger?
   – Un gâteau, si tu ■.
   – D'accord.

2. – Vous ■ faire du canyoning?
   – Oui, mais nous ne ● pas. Il fait trop froid.

3. – On ● aller au ciné, si tu ■.
   – Non, je ne ● pas. Je n'ai pas le temps.

4. – Anja vient aussi à la piscine?
   – Non, elle ne ● pas. Elle a une interro demain.

5. – Les copains ■ faire du kitesurf aujourd'hui, mais ils ne ● pas parce qu'il n'y a pas de vent. → CDA 78/7

7 On organise une fête → G13

Les copains organisent une fête. Qui peut faire quoi? Distribuez les tâches *(Verteilt die Aufgaben)*. → CDA 79/8

Exemple: Max, tu peux apporter les sandwichs?

Moi, je			
Max, tu		préparer	le buffet.
Max		ranger	les affaires.
Anna		apporter	les boissons.
On	pouvoir	faire	les affiches.
Nous		acheter	des sandwichs.
Vous		prendre	des chaises.
Ils		coller	…
Carla et Sophie			

8 Vocabulaire: Au buffet

a Qu'est-ce qu'il y a sur le buffet? Regardez et parlez.

CD 101 b Ecoutez. Qu'est-ce qu'il achète?

c Faites des dialogues. → CDA 80/9

Je voudrais un verre de jus de pomme, une assiette de charcuterie et un morceau de pizza.

Et avec ça?

Vous avez des serviettes?

Ça fait combien?

Vous pouvez payer à la caisse.

CD 102

9 Jeu de sons

Ecoutez et répétez. Choisissez deux phrases et prononcez-les bien.

[ɑ̃] [ɔ̃] [ɛ̃]

L'ambiance est sympa.
Tout le monde est en action.
On fait les présentations.
Les garçons montent la tente.

On vend des boissons.
Tu as encore du jus d'orange?
Un instant, je compte l'argent.
Et maintenant, on range tout.

Notre journée «Portes ouvertes» dans la classe de français → CDA 82/14

Organisez une journée «Portes ouvertes» dans votre classe de français.

a Faites un programme.
- Formez des groupes, puis cherchez des idées pour une journée «Portes ouvertes».
- Notez vos idées et faites un programme. → **S15**

CD 103

b Présentez votre programme.
- Chaque groupe présente son programme à la classe.
- La classe choisit un programme.

c Préparez et réalisez votre journée.
- Répartissez les tâches: Qui fait quoi? Quand? → **S16**

d Rassemblez vos documents.
Gardez les documents de votre journée «Portes ouvertes» (les invitations, les affiches), faites des photos ou un petit film etc …
Vous pouvez les mettre dans le journal de l'école ou les envoyer à vos correspondants.

Idées du goupe 1

Quoi?	**Remarques**
musique	musique française technique DJ
jeux	boules
sketch ou chorégraphie	
buffet	gaufres

Le cours de français vous invite à une journée

« Portes ouvertes »

Quand?
Jeudi 20 juin, à 10 heures
Où?
Salle 102
Au programme:
musique française
sketch
gaufres
jeu de boules

Bilan: Du kannst
- ein Programm vorstellen
- einen Französischtag organisieren und durchführen

→ CDA 84-85/Bilan, Auto-contrôle

1 lire Animaux à adopter

La SPA, Société Protectrice des Animaux, s'occupe des animaux abandonnés ou maltraités et cherche des familles d'adoption pour eux.

A

B

SAUVER
PROTÉGER
AIMER

C

D

Ces personnes veulent adopter un animal. Lisez les offres d'adoption. Quel animal peut correspondre?

→ S4/S5

DOZMO
Dozmo est un petit chien très dynamique.
Il accepte les autres chiens et les chats et partage sans difficulté la vie d'enfants. Idéal pour famille qui bouge!

Département: 59 - Nord
Espèce: chien
Taille: petit
Sexe: mâle

GAUFRETTE
Gaufrette est bavarde et très gentille, mais elle est aussi très timide. Elle préfère la compagnie des adultes. Sociable avec les chats mais pas avec les chiens.

Département: 75 - Paris
Espèce: chat
Taille: moyen
Sexe: femelle

MOUSTIQUE
Moustique est un adorable petit chien. Il est un peu timide mais pas du tout agressif.
Le pauvre a traîné longtemps dans la rue. Il est très sage en voiture. Les chats semblent aussi être ses amis.

Département: 42 - Loire
Espèce: chien
Taille: moyen
Sexe: mâle

DAFFY
Daffy a été trouvé dans une poubelle, dans un sac plastique. Il est un peu foufou, il court un peu partout dans sa cage. Daffy se laisse manipuler et attraper facilement.

Département: 69 - Rhône
Espèce: lapin
Taille: petit
Sexe: mâle

2 écouter Je m'engage

CD 104

Quelle scène va avec quelle photo?

A

B

C

D

3 lire Chanson: Je veux

Lisez les paroles et trouvez quatre choses que Zaz veut ou ne veut pas.

Offrez-moi une suite au Ritz, je n'en veux pas!
Des bijoux de chez Chanel, je n'en veux pas !
Donnez-moi une limousine, j'en ferais quoi ?
Offrez-moi du personnel, j'en ferais quoi ?
Un manoir à Neufchatel, ce n'est pas pour moi.
Offrez-moi la tour Eiffel, j'en ferais quoi ?

Refrain:
Je veux d'l'amour, d'la joie, de la bonne humeur,
ce n'est pas votre argent qui f'ra mon bonheur,
moi j'veux crever la main sur le cœur.
Allons ensemble, découvrir ma liberté,
oubliez donc tous vos clichés,
bienvenue dans ma réalité.

J'en ai marre de vos bonnes manières, c'est trop pour moi !
Moi je mange avec les mains et j'suis comme ça !
J'parle fort et je suis franche, excusez-moi !
Finie l'hypocrisie moi j'me casse de là !
J'en ai marre des langues de bois !
Regardez-moi, toute manière j'vous en veux pas
et j'suis comme ça !

Scheinheiligkeit

4 écrire Camping à Avignon

a Lisez l'e-mail et répondez à M. Plassard.
Regardez le prospectus du camping.

e-mail
envoyer

Madame, Monsieur,
Nous sommes une famille de 4 personnes (2 adultes et 2 enfants de 14 et 11 ans) et nous voudrions passer deux semaines dans votre camping, du samedi 06 juillet au samedi 20 juillet.
Est-ce que vous avez encore un emplacement pour deux tentes?
Nous avons aussi un chien.
D'avance, nous vous remercions de votre réponse.
Meilleures salutations
Olivier Plassard

b Combien coûteraient les vacances pour ta famille?
Was würde ein Urlaub für deine Familie und dich kosten? → CDA 83/15

CAMPING
Delta du Rhône

tarifs	basse saison	moyenne saison 01/07 au 06/07 31/07 au 24/08	forfait haute saison 06/07 au 31/07	
par personne et par nuit	3,43 €	4,53 €	forfait 1 à 2 personnes + tente (véhicule compris) par nuit	15,86 €
par caravane (véhicule compris) ou camping-car et par nuit	3,95 €	5,05 €	forfait 1 à 2 personnes + caravane (véhicule compris) par nuit	17,91 €
par tente (véhicule compris) par nuit	3,25 €	3,95 €	forfait 1 à 2 personnes + camping-car (véhicule compris) par nuit	17,91 €
par enfant de 4 à 12 ans et par nuit	1,70 €	2,10 €	par enfant de 4 à 12 ans et par nuit	2,50 €
personne supplémentaire	–	–	personne supplémentaire	4,43 €
visiteur par jour	2,00 €	3,50 €	visiteur par jour	3,50 €
branchement électrique 6 A par nuit	3,30 €	3,70 €	branchement électrique 6 ampères par nuit	3,70 €
animal	2,00 €	2,00 €	animal	2,50 €
tarif spécial groupe nous consulter			tente supplémentaire sur même emplacement par nuit	3,60 €
taxe de séjour par personne et par nuit	0,22 €	0,22 €	taxe de séjour par personne et par nuit	0,22 €

VISITONS MARSEILLE!

In dieser «Tâche» (Lernaufgabe) werdet ihr euch einen attraktiven Rundgang durch eine Stadt ausdenken. Dazu werdet ihr anhand einer Diashow Marseille erkunden und ausgewählte Ziele kennenlernen.
Nützliche Wörter und Redewendungen findet ihr in der «Boîte à outils» auf S. 100/101.

Marseille est la deuxième plus grande ville de France avec un million d'habitants. La ville se trouve dans le sud de la France, au bord de la mer Méditerranée. Le transport maritime et le tourisme y jouent un rôle très important.

Après le travail, tout le monde est dehors pour profiter du soleil et de la mer ou pour discuter avec les copains à une terrasse de café ou jouer à la pétanque.

CD 124

1. AU BORD DE LA MÉDITERRANÉE
Regardez la photo et lisez le texte. Qu'est-ce que vous apprenez sur Marseille? Répondez en allemand.

Informationen zu einer Stadt verstehen

Vidéo

2. LES 1001 FACETTES DE MARSEILLE
a Regardez le film et prenez des notes.

b Echangez vos informations et complétez vos notes.

Informationen entnehmen und einen Stadtrundgang beschreiben

CD 125-128

3. DES BONNES RAISONS D'ALLER À MARSEILLE

a Regardez les photos et lisez les textes. → S4/S5

b Trouvez au moins trois raisons d'aller à Marseille. Qu'est-ce que vous voulez voir ou visiter? Regardez la carte page 100 et faites un parcours.

c Choisissez une ville que vous connaissez et présentez-la.

d Rassemblez vos fiches et faites un guide touristique de la classe. → CDA 86-88/1-3

LES PORTS

Le Vieux-Port de Marseille se trouve dans une baie au centre-ville. Il est en forme de U, au bout de l'avenue de la Canebière.
On peut s'y promener, puis aller au marché aux poissons. Le matin, les pêcheurs vendent du poisson frais et interpellent les visiteurs avec leur accent marseillais.

Le Grand Port est réservé aux cargos de transport et aux ferrys.

LA GASTRONOMIE

A Marseille, la pause de midi est longue. Pourquoi ne pas manger une bonne **bouillabaisse** (soupe de poisson) dans un restaurant près du Vieux-Port?
Ou une **assiette de fruits de mer**?

Et pour le dessert, vous trouverez bien un petit vendeur de **chichis**!

Découvrez aussi:
- les plages de Marseille,
- les groupes de musique,
- l'OM (L'Olympique de Marseille).

Faites une visite virtuelle sur Internet.

LES CALANQUES

Les Calanques se trouvent entre Marseille et Cassis. C'est une côte sauvage de roches calcaires, devenue **Parc national** en 2012.
On peut découvrir les Calanques en bateau ou à pied, mais pas en voiture. Il faut marcher parfois des heures pour arriver à une petite plage de sable.

Pour votre excursion, n'oubliez pas de prendre beaucoup d'eau, une casquette, des lunettes de soleil et de la crème solaire.

LE SAVON

Le savon de Marseille est un produit typique de la ville. C'est un savon traditionnel en cube. Il est soit vert (fabriqué à l'huile d'olive) soit blanc (fabriqué à l'huile de noix de coco).

On peut visiter **la savonnerie du Sérail**, une des dernières savonneries à l'ancienne. Ici, pour produire un savon, il faut 4 jours de cuisson, et 15 jours de séchage. Ce savon est très bon pour la peau: il contient 72% d'huile. Il est vendu dans les boutiques de Marseille avec ou sans parfum.

In dieser «Boîte à outils» (Werkzeugkiste) findest du wichtige Wörter und Redemittel zu jedem «Module». Welche sind für dich persönlich wichtig? Mache eine Liste von mindestens zehn Wörtern oder Redemitteln und lerne sie auswendig. → CDA 89-90/Evaluation

Wortfeld Stadtplan

einen Stadtrundgang
beschreiben

MON PARCOURS

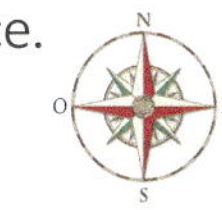

La ville	se trouve	dans le nord / le sud / l'est / l'ouest de la France. au bord de la mer. à la montagne.
Dans la ville, on peut	visiter	le port … le château … le fort … le palais … la cathédrale … le stade … la tour … le jardin … l'île de …
Il y a aussi		un aquarium … un marché aux poissons …
On peut	faire	une balade à vélo / à pied. une promenade en bateau. une visite touristique en bus.
Je propose d'	aller	au centre-ville … à la plage … au musée … à l'office du tourisme … à un concert … au restaurant / au café et manger …
Pour une journée à … (ville), je propose de visiter … / de faire … / d'aller …		

Wortfeld
Zahlen

LES GRANDS NOMBRES

100 cent
1000 mille
10.000 dix mille
100.000 cent mille
1.000.000 un million

→ ●● En plus C, S. 150

Affiche: Voisins – voisines

CD 22 a Regardez l'immeuble. Ecoutez et trouvez les scènes.

b Inventez un dialogue pour une scène. Jouez la scène devant la classe.

CD 23 c Ecoutez, puis faites des devinettes.

sur le balcon

dans le couloir

dans le salon

dans la salle de bains

dans la cuisine

au 2e étage

au rez-de-chaussée

dans la salle à manger

au 1er étage

BD: Le voyage de la 5^{e}B

a Regardez la première page de la BD.

1. Qu'est-ce qu'il y a sur l'image? Décrivez.
2. Lisez les bulles.
   Où se passe la scène? On est quel jour?
   Où va la 5^{e}B? Pour combien de jours?

b Lisez les trois premières pages de la BD.

Trouvez les personnages A-D. Ils s'appellent comment?

?

?

?

?

Alex

Béatrix

Lucille

Mourad

c Discutez en allemand. Qu'est-ce que vous avez appris *(erfahren)*?

d Répondez aux questions.

Il y a combien d'élèves dans la classe?
Qui n'aime pas la mer?
Qui est nouveau dans la classe?
Qui est triste?

e Imaginez la suite de l'histoire.

Le voyage de la 5^{e}B *gibt es als Comic. Wenn du wissen willst, wie die Geschichte weitergeht, kannst du dort die Fortsetzung lesen.*

PARIS, MARDI 15 SEPTEMBRE, 8H15.
AU COLLÈGE JACQUES PRÉVERT, TOUTES LES CLASSES COMMENCENT L'ANNÉE PAR UN VOYAGE DE TROIS JOURS À LA MER.
AUJOURD'HUI, M. RESPIRO, LE PROF DE SPORT, ET MADEMOISELLE CAILLOU, LA PROF DE SVT, PRENNENT LE CAR AVEC LES 33 ÉLÈVES DE LA 5E B.
ATTENTION À MA FILLE ! UNE ALLERGIE ET C'EST L'HÔPITAL.
LA PAUVRE !
COMMENT ? TROIS JOURS SANS PORTABLE, MAIS C'EST L'ENFER !
C'EST LA RÈGLE ! LE COLLÈGE VA METTRE UNE AFFICHE POUR INFORMER LES PARENTS, MADAME SEYDOUX !

C'EST BON ?
31, 32... 33 ! OUI, ILS SONT TOUS LÀ !
DONC, DIRECTION LA BAIE DE SOMME EN PICARDIE POUR TROIS JOURS À LA MER. AU PROGRAMME : NATURE ET SPORT !
TROIS JOURS À LA MER, TU PARLES ! LA PICARDIE, C'EST LE PÔLE NORD. ET POURQUOI PAS TROIS JOURS EN ALASKA ?
POUR MOI, TROIS JOURS SANS PORTABLE, C'EST COMME... UN ORDINATEUR SANS... WEBCAM !
IL N'EST PAS MAL DU TOUT, LE NOUVEAU !
OUI, D'ACCORD ! RESTONS ZEN ! IL VA PEUT-ÊTRE Y AVOIR DE BONNES SURPRISES EN PICARDIE.
TIENS, IL Y A DEUX PLACES, LÀ !
ÉCOUTEZ MA BOULE DE CRISTAL, LES FILLES !
LES PROBLÈMES COMMENCENT.
VOUS ÊTES ENSEMBLE... DANS UNE CHAMBRE AVEC TROIS LITS...
ET, LA NUMÉRO 3, C'EST QUI ?
MAGIE... MAGIE ! JE VOIS... ANNE-SOPHIE ! ELLE EST SYMPA, NON ?
NON ! C'EST LA CATA !

COMMENT VA LA "DREAM TEAM" ?
SUPER ! ON EST PRÊTS POUR L'AVENTURE !
MONSIEUR, ON VA AVOIR 3 JOURS SUPER FOUS !
TROIS JOURS SANS LE PRINCIPAL... C'EST LE PARADIS !
JE NE VEUX PAS DE PROBLÈMES, O.K. ? C'EST PAS ÉCRIT POLICE, LÀ !
ON N'EST PAS DES DÉLINQUANTS ! NOUS, ON EST DES ANGES...
UN PEU DE RESPECT, LES GARÇONS ! SUIVEZ L'EXEMPLE DE VOTRE COPAIN BAPTISTE...
IL EST DÉJÀ TRÈS MOTIVÉ POUR LE VTT ET LE KAYAK DE MER !
JE NE SAIS PAS POURQUOI BAPTISTE A LE BLUES.
IL EST MALADE OU QUOI, BAPTISTE ?
JE SAIS PAS !
2 HEURES PLUS TARD.
ON EST ARRIVÉS !

Prospectus: Fête des lumières à Lyon

CD 63

a Regardez les photos et trouvez les spectacles dont on parle dans le texte.

b Cherchez le site Internet de la «Fête des lumières» à Lyon et regardez les photos et les vidéos des années passées. Quel est votre spectacle préféré?

c Trouvez sur Internet des photos des lieux suivants, avec et sans illuminations: Place des Terreaux, Quais de Saône, Théâtre des Célestins, Pentes de la Croix-Rousse, Place de l'Opéra.

Le roi des dragons

Light in *centre-ville*

Et si? *Quais de Saône*

Louis XIV dans sa bulle

Le 8 décembre, c'est la Fête des lumières à Lyon. A l'origine, on fêtait la fin de l'épidémie de peste. Depuis 1852, les habitants placent des lumignons à leurs fenêtres ou sur leurs balcons pour illuminer la ville.

Aujourd'hui, cette fête est devenue un grand événement. Pendant quatre jours, des artistes projettent des spectacles de lumière sur les façades des monuments, sur les places, dans les rues, sur les collines de la ville ou le long du Rhône ou de la Saône.

Chaque année, un artiste illumine la colline de Fourvière. En 2012, Daniel Knipper a projeté des dessins inspirés de Mondrian, Picasso et Miró sur les façades des maisons.

Sur les berges du Rhône, un autre artiste a placé des tipis colorés.

En 2010, la façade classique du théâtre des Célestins a été déformée par des effets 3D. On avait l'impression que le théâtre bougeait puis se transformait en masque. Le spectacle était interactif parce que les spectateurs pouvaient influencer le changement avec leur voix.

La sarabande des animaux magnifiques

Key Frames

Dix tipis sur les berges

Perspectives *lyriques*

Magazine: «Love» du vélo

Lest den Artikel und antwortet auf Deutsch.

- Wo haben sich die Jugendlichen kennengelernt?
- Wie oft trainieren sie in der Woche?
- Wer wünscht sich zu seinem Geburtstag seit Jahren neues Zubehör?
- Wer kann eine halbe Drehung mit seinem BMX machen?

La figure

Le 180° d'Auguste

"C'est un demi-tour en BMX mais, comme ce n'est pas un simple vélo, on doit sauter pour se retourner ! Ça paraît simple mais il faut quelques semaines d'entraînement. Le jour où j'ai réussi, les autres ont applaudi en criant « yes » !"

La battle

"Pourquoi ma tribu c'est la mieux ?"

"Le BMX, c'est le sport le plus dangereux et le plus extrême parce que c'est celui qui va le plus vite ! C'est donc le plus impressionnant, tout simplement !"

"Love" du vélo

C'est en regardant le BMX à la télé que ces deux amis d'enfance, Tanguy et Jonathan, ont eu envie de rider. "On s'est posés dans un skatepark et on a rencontré un autre duo de copains, Auguste et Mohamed. Comme on était les plus jeunes, on a formé un groupe tous les quatre", explique Jonathan. Mais pour progresser, ils se sont appuyés sur l'expérience des plus âgés. "Ils nous regardent sans juger notre niveau et nous conseillent pour améliorer nos figures. "La petite bande se retrouve 2 à 4 fois par semaine et assure que chaque session est rythmée par "d'immenses parties de rigolade !"

Le matos

Le BMX de Tanguy

"Quand je l'ai eu il y a deux ans, il ne ressemblait pas à ça du tout ! J'ai tout changé : le guidon, la selle, le pédalier, les roues... À chaque anniversaire, je demande une nouvelle pièce en cadeau. Et j'ai aussi ajouté quelques autocollants pour cacher les plus grosses rayures."

Okapi 1er juin 2012
33

Merci à l'Espace Glisse Paris 18, à l'association Paris Skate Culture, Time 2 Ride, Paris Multi-Glisse et à l'ADD Academy.

CD 105

Lecture: L'aventure au bout du chemin

1. Dimanche matin, un grand soleil brille déjà au-dessus du centre équestre. Il n'y a pas un seul petit nuage dans le ciel. Fanzine réveille* les filles. Après le petit-déjeuner, Tao et Sami accompagnent les filles aux box. Elles font la connaissance des chevaux. Malika va prendre Alizé, et Julie, Blazer. Tao donne des conseils* aux filles et aide Malika à monter sur son cheval.

Julie: Comment va Bijou?

Sami: Je pense que ça va. Je vais le prendre pour la balade.

Tao: Alors, les filles, prêtes pour l'aventure?

Julie: L'aventure, non. Une balade, oui.

Tao: Je rigole!

Malika: C'est pas rigolo*. J'ai la trouille*, moi là-haut. Ça bouge.

Sami: Ne t'inquiète pas*. On va partir au pas*.

2. La balade commence dans une prairie, puis le chemin continue dans la forêt. Sami est devant avec Julie. Malika est derrière avec Tao. Les cavaliers* passent sous de grands arbres magnifiques puis sur un pont au-dessus d'une rivière. Tout à coup, le cheval de Malika s'arrête* et commence à manger de l'herbe*.

Malika: Alizé, ça suffit.

Tao: C'est toi le chef, Malika!

Malika: Oui, mais Alizé n'arrête pas de manger*.

Sami: C'est un gourmand*.

Tao: Donne-lui le signal d'avancer.

Malika: Allez, Alizé. Avance*!

Et Alizé part au pas.

réveiller – wecken

donner des conseils à qn – jdm. Ratschläge geben

rigolo – lustig

J'ai la trouille. = J'ai peur.

Ne t'inquiète pas. – Keine Sorge!

On va partir au pas. – Wir werden Schritt gehen.

les cavaliers – die Reiter

le cheval s'arrête – … bleibt stehen

manger de l'herbe – Gras fressen

il n'arrête pas de manger – er hört nicht auf zu fressen

un gourmand – ein Vielfraß

avancer - losgehen

3. Puis, ils arrivent à un carrefour. Sami et Julie traversent la route. Tout à coup, Bijou reste sur place.

Sami: Eh, Bijou!
Tao: Qu'est-ce qu'il y a?
Sami: Regarde. Il transpire* et il frappe le sol avec son sabot*.
Tao: Oh, là, là. On rentre tout de suite.
Julie: Pourquoi on rentre?
Tao: Parce que Bijou est malade. Il a peut-être des coliques.
Malika: C'est grave?
Tao: Je ne sais pas, mais je vais appeler le vétérinaire.

un carrefour = un croisement
transpirer – schwitzen
Il frappe le sol avec son sabot. – Er schlägt mit seinem Huf auf den Boden.

4. Sami descend de son cheval et marche à côté de Bijou. Il est presque midi quand les cavaliers rentrent au centre équestre. Le vétérinaire est déjà là. Il examine Bijou.

Le vétérinaire: Qu'est-ce qu'il a mangé hier?
Maryline: On a organisé une journée «Portes ouvertes». Peut-être qu'un visiteur a donné quelque chose à Bijou?
Sami: C'est franchement nul de donner à manger à un cheval.
Maryline: Pourtant, on a mis des panneaux partout.
Le vétérinaire: Ah, je vois. Il a des coliques. Alors, il ne faut pas qu'il s'allonge* et bien sûr, il ne doit rien manger*. Il faut surveiller son état*.
Le vétérinaire: Bon. Je passe demain. Vous pouvez appeler si vous avez un problème.
Maryline: Merci. A demain.

Il ne faut pas qu'il s'allonge. – Er darf sich nicht hinlegen.
Il ne doit rien manger. – Er darf nichts fressen.
surveiller son état – seinen Zustand überwachen

5. C'est déjà l'heure de partir pour Julie et Malika. Elles vont chercher leurs sacs et leur tente. Tout le monde est dans la cour pour leur dire au revoir.

Malika: Merci beaucoup. C'était un super week-end.
Maryline: Vous pouvez revenir quand vous voulez. Au centre équestre, il y a toujours plein de choses à faire.
Julie: Sami, tu nous donnes des nouvelles de Bijou* ce soir, hein?
Sami: Oui, promis*.

Tu nous donnes des nouvelles de Bijou? – Gibst du uns bitte Bescheid wegen Bijou?
promis – versprochen

6.

A propos du texte

a Trouvez un titre pour chaque paragraphe.

Exemple:
Le titre du paragraphe 1, c'est …

On prépare la balade | Alizé a faim | Bijou est malade | Des nouvelles de Bijou | A bientôt | On retourne au centre équestre

b Répondez aux questions.
1. Qui réveille les filles?
2. Comment s'appelle le cheval de Sami?
3. Pourquoi est-ce qu'Alizé s'arrête?

c Formulez au moins trois questions sur le texte.
Posez vos questions à la classe.

C'est rigolo

Quelle expression va avec quelle image?

Ce n'est pas grave. | Ce n'est pas rigolo. | Avance. | On rentre. | On a de la chance. | J'ai la trouille.

Französisch hören, sehen, lesen, ... – und verstehen!

1

Hören und verstehen im Dreischritt

Avant l'écoute (vor dem Hören):
Lies **vor dem Hören** die **Aufgabenstellung** genau durch und schau dir die **Bilder** an. Worum könnte es gehen? Stelle erste **Vermutungen** an!
Bereite ein Blatt mit folgenden **Leitfragen** vor:

Qui? (Wer spricht mit wem?)
Où? (Wo befinden sich die Personen?)
Quand? (Wann findet die Handlung statt?)
Quoi? (Worum geht es?)

Pendant l'écoute (während des Hörens):
Erstes Hören: Konzentriere dich auf die **Aufgabe**. Achte auf die **Stimmen** der Personen und auf **Hintergrundgeräusche**. Notiere dir **Schlüsselwörter**.
Zweites Hören: Überprüfe deine **Notizen** und ergänze sie.

Mein Tipp: Höre französische Radiosender.

Après l'écoute (nach dem Hören):
Ordne deine Notizen und beantworte die Fragen.

2

Ganz großes Kino: Filme sehen und verstehen

Versuche möglichst oft, **Filme im Original** anzuschauen. Du kannst z.B. im Fernsehen oder im Internet **französische Sender** wählen oder du schaust dir die **Filme zu Tous ensemble** unter dem **Code mw7bb7** an. Durch die Bilder kannst du bereits sehr viel verstehen. Je öfter du Filme anschaust, desto mehr wirst du verstehen.

3

Lesen und verstehen: unterschiedliche Textsorten

In **Tous ensemble** findest du eine Vielfalt an Texten: z. B. Geschichten, E-Mails, Blogs, Internetseiten, Prospekte, Karten und vieles mehr. Die **Textsorte** erkennst du an der äußeren Form.

Avant la lecture (vor dem Lesen):
Schau dir den **Titel** und die **Bilder** an. Formuliere erste **Vermutungen** über den **Inhalt** des Textes.

Pendant la lecture (während des Lesens):
Erstes Lesen: Versuche herauszufinden, worum es in dem Text geht. Notiere **Schlüsselwörter**, die dir Hinweise auf den Inhalt geben.
Welche Sätze sind besonders wichtig?
Wie endet die Geschichte?
Gibt es eine Pointe?
Zweites Lesen: **Überprüfe** deine Vermutungen und ergänze deine Notizen. **Vergleiche** deine Ergebnisse mit denen deiner Mitschüler.

Après la lecture (nach dem Lesen):
Bearbeite nun die Aufgaben zum Text. Dabei kann dir die Lesetechnik **scanning** helfen. S4

4

Unterschiedliche Lesetechniken nutzen

Scanning: gezielt Informationen in einem Text suchen
Beim **Scanning** erhältst du vor dem Lesen einen Auftrag und suchst gezielt nach **bestimmten Informationen** im Text (z.B. eine Uhrzeit, Preise, Namen, etc.). Die gesuchten Begriffe springen dir besser ins Auge, wenn du mit dem Finger von unten nach oben oder in Schlangenlinien über den Text gehst.

Skimming: einen Text überfliegen
Beim **Skimming** versuchst du dir rasch einen **Überblick** über den Textinhalt zu verschaffen. Dadurch kannst du feststellen, ob ein Text z.B. für einen Referat geeignet ist. Die Technik eignet sich auch, um **erste Eindrücke** von einer Geschichte zu bekommen.
Lies dabei besonders die **Überschrift**, **hervorgehobene Wörter** oder **Sätze** und **Zwischenüberschriften**.
Schau dir beigefügte **Bilder** und **Grafiken** an.

5

Keine Angst vor unbekannten Wörtern!
Du liest einen französischen Text und kennst einige Wörter nicht?
Im **Dictionnaire** (ab S. 181) sind alle Wörter aus Band 1 und 2 alphabetisch aufgelistet.
Du kannst dieses Verzeichnis wie ein erstes Lexikon benutzen. Oft kannst du die Bedeutung neuer Wörter aber auch selbst herausfinden.
Manchmal zeigen **Fotos** oder **Zeichnungen** Dinge, die im Text genannt werden.
Viele Wörter werden in deiner **Muttersprache** oder **anderen Sprachen** ähnlich geschrieben.
Manchmal hilft dir auch der **Zusammenhang**, in dem das Wort steht, weiter.
Lies dazu den Satz (und evtl. auch den vorherigen und den nächsten Satz) noch einmal genau durch.
Häufig stecken in unbekannten Wörtern **Teile von Wörtern**, die du bereits kennst.

6

Ein *filet de mots* erstellen

Wörternetze *(filets de mots)* helfen dir dabei, einen Text unter bestimmten Gesichtspunkten zu erfassen.
Schreibe zuerst das **Thema** in großen **Druckbuchstaben** in die Mitte und umrahme es.
Suche nun **Schlüsselwörter** (also Wörter, die einen wichtigen Gedanken treffend ausdrücken) im Text und notiere diese in Druckbuchstaben um den zentralen Begriff herum.
Verbinde anschließend die Schlüsselwörter durch gerade Linien mit dem zentralen Begriff.
Versuche nun, deine Gedanken mit Hilfe des *filet de mots* frei vorzutragen.

Sich ausdrücken: sprechen und schreiben

7

Eine *carte mentale* erstellen

Eine **Mindmap** *(carte mentale)* kannst du dazu einsetzen, **eigene Ideen zu ordnen**. So kannst du dich super vorbereiten, wenn du etwas vortragen oder schreiben sollst.

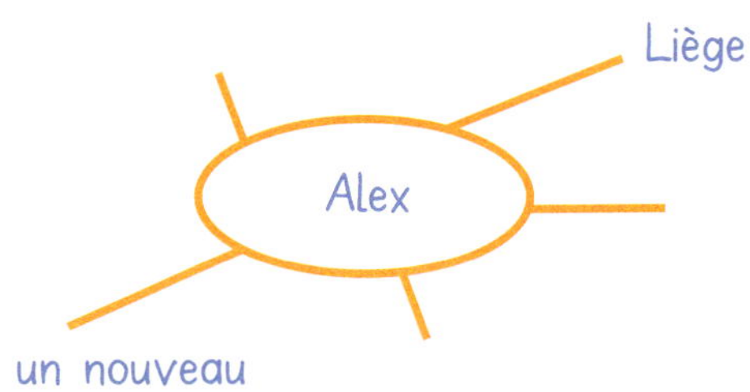

8

Rollenspiele gekonnt vortragen

Texte aus dem Buch nachspielen

- Hört den Text mehrfach an und sprecht dabei mit.
- Das **Auswendiglernen** klappt besser, wenn ihr mit einem Partner oder in der Kleingruppe übt. Setzt euch gegenüber, legt die Bücher auf eure Beine und los geht es: Lest zunächst euren Satz leise, bis ihr ihn auswendig könnt. Blickt dann eurem Partner in die Augen und sprecht den Satz laut vor, ohne ins Buch zu sehen. Wechselt euch ab, bis der ganze Text vorgetragen ist.
- Achtet beim Spielen auf eine **deutliche Aussprache**.
- Euer Vortrag kommt beim Publikum noch besser an, wenn euer Körper „mitspricht". Überlegt euch deshalb, welcher **Gesichtsausdruck** und welche **Bewegungen** euren Text lebendig werden lassen.
- Auch die **Stimme** ist wichtig: Sprecht eure Texte je nach Inhalt laut oder leise, langsam oder schnell.
- Versucht **Gefühle** wie z.B. Wut, Traurigkeit, Überraschung oder Freude auszudrücken.
- Gebt euch gegenseitig **Feedback** und **Tipps**.

Eigene Rollenspiele entwickeln

Sammelt Ideen und entwickelt Dialogtexte. Dabei helfen euch die **Redemittel** der **On dit-Kästen** in den Lektionen. Überlegt, wer welche Rolle übernimmt. Beim Vorspielen geht es nicht darum, die Sätze Wort für Wort wiederzugeben. Der Inhalt zählt. Versucht, möglichst frei zu sprechen.

9 Eine Geschichte schreiben

- Sammle zuerst **Ideen** auf einem Stichwortzettel. Du kannst dich dabei an folgenden Fragen orientieren: *Qui? Où? Quand? Comment? Pourquoi?*
- Lies noch einmal den **Arbeitsauftrag**, bevor du mit dem Schreiben beginnst. Passt er zu deinen Ideen?
- Versuche **direkt auf Französisch** zu formulieren. Orientiere dich an den Texten oder an den On dit-Kästen im Schülerbuch. Schlage nur Wörter nach, die du wirklich brauchst.
- Achte auf **unterschiedliche Satzanfänge** (Samedi matin, A neuf heures, Tout à coup,…) und Satzverbindungen (et, mais, parce que, alors, après, ensuite, d'abord).
- Überlege dir eine **Überschrift** und einen **einleitenden Satz**, damit man weiß, worum es geht.
- Lies dir den **fertigen Text** noch einmal genau durch und **überprüfe**:
  - Sind die Sätze verständlich und in der richtigen Reihenfolge angeordnet?
  - Gibt es unnötige Wiederholungen?
- Achte auch auf mögliche Fehler:
  - Ist der Text in der richtigen Zeitform geschrieben?
  - Hast du die Verben richtig konjugiert?
  - Hast du die Adjektive an die Nomen angepasst?
  - Hast du an die Plural-Endungen gedacht?
  - Ist die Rechtschreibung der Wörter richtig? Achte besonders auf Akzente, Apostrophe und Satzzeichen.

Partnerkontrolle: Tausche deinen Text mit deinem Partner/deiner Partnerin aus. Die Fehler von anderen erkennt man oft leichter. Mit den Tipps aus S14 kannst du deine Geschichte „in Form bringen“.

Qui?
Où?
Quoi?
Quand?
Comment?
Pourquoi?

Lernen mit System

10 Mon dico personnel: eigene Wortfelder anlegen

Nimm dazu ein weißes DIN-A-4-Papier und lege es quer. Wähle einen **Oberbegriff**, schreibe ihn in die Mitte und umkreise ihn. Suche dann im Lexikon auf der deutschen Seite Wörter, die zu deinem Oberbegriff passen. Schreibe die französischen Entsprechungen mit Artikel um den zentralen Begriff herum und verbinde sie durch gerade Linien mit dem Oberbegriff.

Dein Gehirn kann sich Wörter besonders gut merken, wenn du sie **vernetzt** und zusammen **mit einem Bild** lernst. Nun kannst du Bilder dazu malen oder aus Prospekten Fotos ausschneiden und dazu kleben.
Sammle deine persönlichen Wortfelder in deinem **Portfolio-Ordner**. → CdA

11 Verben lernen mit System: meine eigene Verbenkartei

Die französischen Verben können ganz schön knifflig sein. Sicherheit gewinnst du, wenn du dir deine eigene Verbenkartei anlegst.

- Schreibe dazu die **deutsche Grundform** (Infinitiv) auf die **Vorderseite** einer Karteikarte.
- Auf die **Rückseite** schreibst du oben den **französischen Infinitiv** und an den linken Rand die einzelnen **Personalformen im Präsens**. Schwierige Stellen (wie z.B. Akzente oder Veränderungen im Wortstamm) kannst du farbig hervorheben.
- Wähle **ausreichend große Karten**, dann kannst du später weitere Zeiten ergänzen.
- Füge noch einen **Beispielsatz** hinzu, z.B.: Je mets le paquet sur la table.
- **Wiederhole** bekannte Verben von Zeit zu Zeit und lege für neue Verben jeweils eine neue Karte an.
- Wenn du deine Karteikarten **alphabetisch** sortierst, hast du ein ganz persönliches Nachschlagewerk.

mettre

je mets

tu mets

il / elle / on met

nous mettons

vous mettez

ils / elles mettent

ma phrase:
Je mets le paquet sur la table.

12 Grammatik selbstständig erarbeiten

Mit Hilfe der **D'abord-Seiten** kannst du vielen grammatischen Erscheinungen auf die Schliche kommen. Schau dir die Sätze genau an und mach dir Notizen zu folgenden Fragen:
- Wozu brauche ich die neuen Formen?
- In welchen Situationen werden sie angewendet?
- Wie werden sie gebildet?
- Gibt es eine Regel?

Tausche dich mit deinem Partner/deiner Partnerin aus.
Überprüft, ob ihr zu den gleichen Ergebnissen gekommen seid.

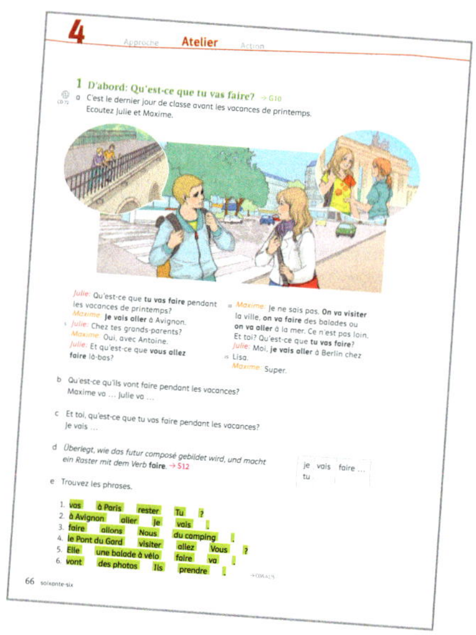
4 Approche **Atelier** Action

1 D'abord: Qu'est-ce que tu vas faire? → G10

a C'est le dernier jour de classe avant les vacances de printemps. Ecoutez Julie et Maxime.

Julie: Qu'est-ce que **tu vas faire** pendant les vacances de printemps?
Maxime: **Je vais aller** à Avignon.
Julie: Chez tes grands-parents?
Maxime: Oui, avec Antoine.
Julie: Et qu'est-ce que **vous allez faire** là-bas?
Maxime: Je ne sais pas. **On va visiter** la ville, **on va faire** des balades ou **on va aller** à la mer. Ce n'est pas loin. Et toi? Qu'est-ce que **tu vas faire**?
Julie: Moi, **je vais aller** à Berlin chez Lisa.
Maxime: Super.

b Qu'est-ce qu'ils vont faire pendant les vacances?
Maxime va … Julie va …

c Et toi, qu'est-ce que tu vas faire pendant les vacances?
Je vais …

d *Überlegt, wie das futur composé gebildet wird, und macht ein Raster mit dem Verb* **faire**. → S12

je	vais	faire …
tu		

e Trouvez les phrases.

1. vas à Paris rester Tu ?
2. à Avignon aller je vais .
3. faire allons Nous du camping .
4. le Pont du Gard visiter allez Vous ?
5. Elle une balade à vélo faire va .
6. vont des photos Ils prendre .

66 soixante-six

Den Computer im Französischunterricht nutzen

13 Im Internet nach Informationen suchen

Das Internet ist eine riesige Datenbank, in der man leicht den Überblick verlieren kann. Hier findest du einige Tipps, wie du schnell und sicher an deine gewünschten Informationen kommst. Gib ein treffendes **Stichwort** in eine französische Suchmaschine ein. Sie endet mit **.fr** (anstelle von **.de**). Oft ist es sinnvoll, eine **Kombination** von mehreren Schlüsselwörtern einzugeben (z.B. *Fête des Lumières Lyon*).

Es ist nicht sinnvoll und würde zu viel Zeit kosten, alle gefundenen Internetseiten von vorne bis hinten zu lesen. Die Lesetechniken **skimming** und **scanning** in S4 helfen dir weiter. Achte darauf, ob die Quelle **zuverlässig** ist. Bevorzuge offizielle Seiten **(sites officiels)**. Und ganz wichtig: Gib bei Informationen aus dem Internet immer die **Quelle** an!

14 Präsentation mit dem Computer

So kannst du mithilfe deines Computers deine Texte in eine tolle Form bringen:

- Wähle eine gut lesbare **Schriftart** aus.
- Beachte, dass die Schrift groß genug ist.
- Hebe Titel und wichtige Wörter hervor.
- Suche passende **Fotos** und kopiere sie in den Text.
- Bei **Bildern aus dem Internet** (images) musst du die **Quelle** angeben.
- Unter dem Button **Einfügen/Formen** kannst du **Sprechblasen** hinzufügen und so einen **Comic** erstellen.
- Du kannst auch mit einem **Präsentations-Programm** arbeiten und deine Geschichte mit **Beamer** oder **Whiteboard** vor der Klasse präsentieren.
- Wenn du in deinem **Schreibprogramm** die Sprache auf **Französisch** umstellst, kannst du deine Texte auf **Rechtschreibfehler** überprüfen.

Kooperative Unterrichtsmethoden

15 Brainstorming

Brainstorming bedeutet „**Gehirnsturm**".

- In der **ersten Phase** kommt es darauf an, möglichst viele **Ideen** zu einem Thema zu sammeln. Dazu schreibst du jedes **Stichwort** auf eine eigene **Karte** oder einen **Klebezettel**. Die Kärtchen werden nun angeheftet und thematisch sortiert. Keine Idee darf kritisiert oder ausgeschlossen werden.

- Nun schließt sich eine **Auswertungsphase** an. Ihr entscheidet gemeinsam, welche Ideen für euer Thema nützlich sind und weiter bearbeitet werden.

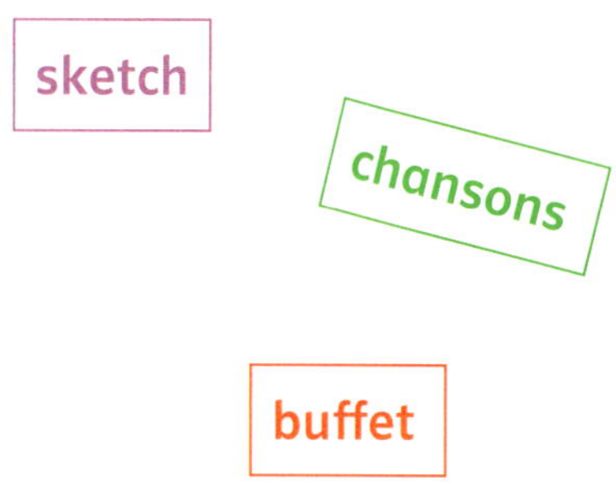

16 Einen Arbeitsplan erstellen

Wenn ihr eine größere Aufgabe in **Gruppenarbeit** erledigen sollt, ist es sinnvoll, zunächst gemeinsam einen **Arbeitsplan** zu erstellen.

- Legt zu Beginn fest, in welcher **Form** ihr euer Arbeitsergebnis präsentieren wollt, z.B. ein Film, eine Präsentation oder ein Plakat.
- Teilt die große Aufgabe dann in **kleinere Arbeitsschritte** ein und legt fest, wer welche **Teilaufgabe** übernimmt, z.B. :
  - Wer schreibt welchen Text?
  - Wer macht Fotos?
  - Wer gestaltet das Plakat?
  - Wer trägt vor?
- Überlegt euch auch einen **Zeitplan**. Plant dabei unbedingt eine **Zeitreserve** ein.
- Macht einen **Probelauf**.

17 Ein Gespräch moderieren

Um die Aufgabe eines Moderators / einer Moderatorin gut zu meistern, solltest du dich **gut vorbereiten**. Notiere dir konkrete **Fragen auf Karteikarten**.

Deine Aufgabe ist es, den Gesprächsteilnehmern das Wort zu erteilen, zu Redebeiträgen aufzufordern, den **Gesprächsverlauf** zu **steuern** und dafür zu sorgen, dass alle zum Zug kommen. In dieser Rolle solltest du keine Partei ergreifen.

18 Marktplatzgespräch

Wie auf einem Marktplatz geht ihr durch den Klassenraum, sucht euch einen Partner/eine Partnerin und sprecht miteinander.

Auf ein Zeichen eures Lehrers/eurer Lehrerin geht ihr weiter, sucht euch einen neuen Partner und führt erneut ein kleines Gespräch, z.B.:

- Qu'est-ce que tu as fait ce week-end?
- J'ai traîné dans ma chambre.

19

Kugellager

Beim Kugellager bilden alle Schüler eurer Klasse einen **Innen-** und einen **Außenkreis**. Dabei stehen (oder sitzen) sich die Schüler aus dem Innen- und dem Außenkreis jeweils **paarweise gegenüber** und sehen sich an. Jedes Schülerpaar tauscht sich kurz über das anstehende Thema aus.
Auf ein Zeichen des Lehrers/der Lehrerin rücken alle Schüler des Außenkreises z.B. um zwei Plätze nach rechts weiter und ein erneuter Austausch mit dem neuen Partner findet statt. (Dabei kann auch eine neue Frage zum Thema gestellt werden.)
Diese Wechsel können mehrfach wiederholt werden.
Am Ende können einzelne Schülerpaare ihre Dialoge vor der Klasse präsentieren.

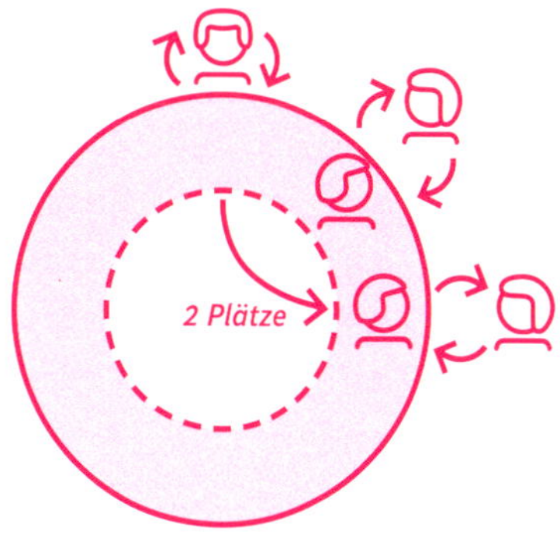

20

Gruppenpuzzle

- Zunächst bildet ihr **Stammgruppen** (A, B und C) mit je drei Mitgliedern. Jedes Mitglied übernimmt eine Aufgabe.
  Danach wird jedem Gruppenmitglied eine Zahl zugeordnet.
  Gruppe A: A1, A2, A3
  Gruppe B: B1, B2, B3
  Gruppe C: C1, C2, C3

- Danach bildet ihr **Expertengruppen**, d.h. die Schüler/innen mit der gleichen Zahl treffen sich.
  Gruppe 1: A1, B1, C1
  Gruppe 2: A2, B2, C2
  Gruppe 3: A3, B3, C3
  Tauscht euch über eure Aufgabe aus. Erarbeitet ein gemeinsames Ergebnis.

- Kehrt nun in die **Stammgruppen** zurück und stellt die Ergebnisse vor.

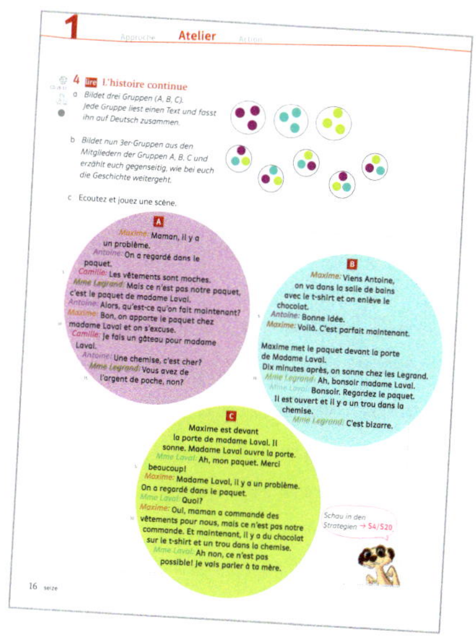

1 Approche **Atelier** Action

4 lire **L'histoire continue**

a Bildet drei Gruppen (A, B, C). Jede Gruppe liest einen Text und fasst ihn auf Deutsch zusammen.

b Bildet nun 3er-Gruppen aus den Mitgliedern der Gruppen A, B, C und erzählt euch gegenseitig, wie bei euch die Geschichte weitergeht.

c Ecoutez et jouez une scène.

A
Maxime: Maman, il y a un problème.
Antoine: On a regardé dans le paquet.
Camille: Les vêtements sont moches.
Mme Legrand: Mais ce n'est pas notre paquet, c'est le paquet de madame Laval.
Antoine: Alors, qu'est-ce qu'on fait maintenant?
Maxime: Bon, on apporte le paquet chez madame Laval et on s'excuse.
Camille: Je fais un gâteau pour madame Laval.
Antoine: Une chemise, c'est cher?
Mme Legrand: Vous avez de l'argent de poche, non?

B
Maxime: Viens Antoine, on va dans la salle de bains avec le t-shirt et on enlève le chocolat.
Antoine: Bonne idée.
Maxime: Voilà. C'est parfait maintenant.
Maxime met le paquet devant la porte de Madame Laval.
Dix minutes après, on sonne chez les Legrand.
Mme Legrand: Ah, bonsoir madame Laval.
Mme Laval: Bonsoir. Regardez le paquet. Il est ouvert et il y a un trou dans la chemise.
Mme Legrand: C'est bizarre.

C
Maxime est devant la porte de madame Laval. Il sonne. Madame Laval ouvre la porte.
Mme Laval: Ah, mon paquet. Merci beaucoup!
Maxime: Madame Laval, il y a un problème. On a regardé dans le paquet.
Mme Laval: Quoi?
Maxime: Oui, maman a commandé des vêtements pour nous, mais ce n'est pas notre commande. Et maintenant, il y a du chocolat sur le t-shirt et un trou dans la chemise.
Mme Laval: Ah non, ce n'est pas possible! Je vais parler à ta mère.

Schau in den Strategien → S4/S20

16 seize

Redemittel

21

En classe

1. On fait des groupes
- On travaille ensemble?
- D'accord.

1. Wir bilden Arbeitsgruppen
- *Arbeiten wir zusammen?*
- *Einverstanden.*

2. On s'organise
- Qui cherche des informations / des photos?
- Qui prépare le texte / les dialogues?

2. Wir organisieren uns
- *Wer sucht Informationen / Fotos?*
- *Wer bereitet den Text / die Dialoge vor?*

3. On travaille ensemble
- Tu peux m'aider?
- Je suis d'accord.
- Je ne suis pas d'accord avec toi / avec vous.
- On a encore 5 minutes.

3. Wir arbeiten zusammen
- *Kannst du mir helfen?*
- *Ich bin einverstanden.*
- *Ich bin nicht mit dir / mit euch einverstanden.*
- *Wir haben noch 5 Minuten Zeit.*

4. On contrôle
- C'est correct.
- On a oublié …
- Attention, il y a une faute.

4. Wir überprüfen
- *Das ist richtig.*
- *Wir haben … vergessen.*
- *Pass auf, da ist ein Fehler.*

5. On montre notre travail
- Voilà notre affiche / notre jeu de rôle / notre présentation.
- Nous allons présenter / vous parler de …

5. Wir zeigen unsere Arbeit
- *Das ist unser Plakat / unser Rollenspiel / unsere Präsentation.*
- *Wir werden präsentieren / über … sprechen.*

6. On évalue
- Votre présentation est intéressante / super.
- J'aime bien votre affiche. / C'était super.

6. Wir geben Rückmeldung
- *Eure Präsentation ist interessant / toll.*
- *Ich finde euer Plakat gut. / Das war klasse.*

7. On s'adresse au professeur / à la professeure
- Vous pouvez répéter, s'il vous plaît?
- Comment est-ce qu'on dit … en français?
- Comment est-ce qu'on écrit … ?
- Je n'ai pas compris.
- J'ai oublié mon cahier. Excusez-moi.
- J'ai une question.
- C'est quel exercice / quelle page?
- Je n'ai pas fait mes devoirs. Je suis désolé(e).

7. Wir wenden uns an den Lehrer / die Lehrerin
- *Können Sie bitte wiederholen?*
- *Wie sagt man … auf Französisch?*
- *Wie schreibt man …?*
- *Ich habe nicht verstanden.*
- *Ich habe mein Heft vergessen. Entschuldigung.*
- *Ich habe eine Frage.*
- *Welche Übung / Seite ist das?*
- *Ich habe meine Hausaufgaben nicht gemacht. Es tut mir leid.*

Hier kannst du die Grammatik von Band 1 und Band 2 nachschlagen. Ab Seite 140 findest du passende Übungen «Je m'entraîne» und «En plus».

Inhaltsübersicht

* für besonders leistungsstarke Gruppen

Nomen und Begleiter

G1 un copain / des copains – Nomen und Artikel

un copain ↘ ↙ **une** copine
des copains

le lit ↘ **l'**ordinateur / **l'**armoire ↓ **la** table ↙
les chaises

des gâteau**x**
des cadeau**x**

des bateau**x**
des bureau**x**

des jeu**x**

G2 mon, ton, son … – Die Possessivbegleiter

	Théo, c'est …	Emma, c'est …		Théo et Emma, ce sont …
	mon copain.	**ma** copine.	**mon‿**amie.	**mes** copains.
	ton copain.	**ta** copine.	**ton‿**amie.	**tes** copains.
	son copain.	**sa** copine.	**son‿**amie.	**ses** copains.
	notre copain / copine.			**nos** copains.
	votre copain / copine.			**vos** copains.
	leur copain / copine.			**leurs** copains.

G3 Adjektive
des casquettes bleues – Die Farbadjektive → Leçon 1

un t-shirt	des t-shirts	une casquette	des casquettes
vert		verte	
blanc		blan**che**	
noir		noir**e**	
bleu	+ **s**	bleu**e**	+ **s**
rouge		rouge	
jaune		jaune	
rose		rose	
gris	gris	gris**e**	

männlich

Singular	Plural

Le pull est vert.	Les sweats sont noir**s** et gris.

weiblich

Singular	Plural

La jupe est bleu**e**.	Les chaussures sont rouge**s**.

Zusammenfassung

männlich	weiblich
vert	vert**e**
vert**s**	vert**es**

marron und *orange* bleiben unverändert: *les jupes marron.*

→ ○ Je m'entraîne 1
● En plus 1

G4 grand / petit → Leçon 1

männlich Singular	Plural	weiblich Singular	Plural

Le t-shirt est trop grand.	Les t-shirts sont trop grands.	La casquette est trop grande.	Les casquettes sont trop grandes.

Le t-shirt est trop petit.	Les t-shirts sont trop petits.	La casquette est trop petite.	Les casquettes sont trop petites.

Zusammenfassung

grand / petit	grande / petite
grands / petits	grandes / petites

→ ○ Je m'entraîn
● En plus 2

G5 un grand chat noir – Die Stellung der Adjektive

Un **petit** chat .

Un chat **noir**.

Un **petit** chat **noir**.

Une **grande** souris .

Une souris **blanche**.

Une **grande** souris **blanche**.

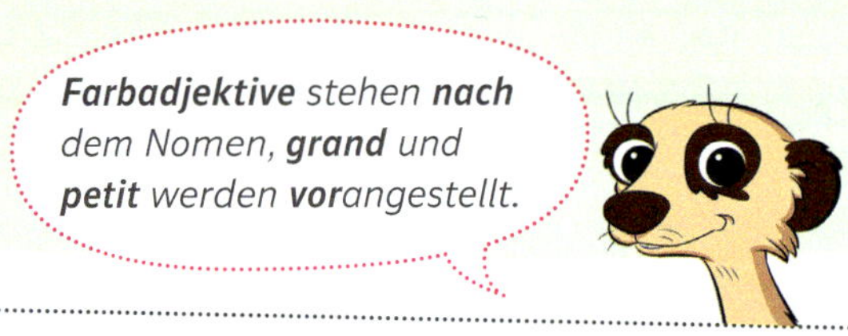

Verben und Zeiten

G6 je regarde – Das Präsens

Die Verben auf -er

	regarder	*anschauen*
Je	regarde	des photos.
Tu	regardes	
Il / Elle / On	regarde	
Nous	regardons	
Vous	regardez	
Ils / Elles	regardent	

Die Verben auf **-er** *haben alle die gleichen Endungen.*

Die Verben auf -er mit Besonderheiten

	acheter	*kaufen*
J'	achète	des t-shirts.
Tu	achètes	
Il / Elle / On	achète	
Nous	achetons	
Vous	achetez	
Ils / Elles	achètent	

	préférer	*lieber mögen*
Je	préfère	les jeans.
Tu	préfères	
Il / Elle / On	préfère	
Nous	préférons	
Vous	préférez	
Ils / Elles	préfèrent	

	commencer	*anfangen*
je	commence	
nous	commençons	
ebenso: nous	avançons	

	manger	*essen*
je	mange	
nous	mangeons	
ebenso: nous	rangeons	

Du findest diese Verben auch in der Verbtabelle → G18.

Die Verben auf -dre → Leçon 3

	attendre	warten
J'	attends	le bus.
Tu	attends	
Il / Elle / On	attend	
Nous	attendons	
Vous	attendez	
Ils / Elles	attendent	

Die Verben **répondre** *und* **vendre** *werden genauso konjugiert.*

Du findest die ***Verben*** auf **-dre** in der Verbtabelle → G18.

Unregelmäßige Verben
Du findest die unregelmäßigen Verben in der Verbtabelle. → G18.5

G7 Ecoutez. – Der Imperativ

Ecout**ons**.
Lasst uns … hören.

Wenn ihr in der Gruppe etwas gemeinsam machen wollt, verwendet ihr die Form auf **-ons**.

G8 Elle a chatté. – Das passé composé mit avoir → Leçon 3

Hier, j'	**ai**	chatt**é** avec des copains.
Tu	**as**	écout**é** de la musique?
Il / Elle / On	**a**	jou**é** au ping-pong.
Nous	**avons**	regard**é** la télé.
Vous	**avez**	mang**é** une pizza?
Ils / Elles	**ont**	**fait** un match.

Die meisten Verben bilden das **passé composé** *mit* **avoir.**

Das **passé composé** *weiterer* ***Verben*** *findest du in der Verbtabelle* → G18.

Die ***Verneinung*** *des* **passé composé** *findest du in* → G11.

Vergleiche:	**présent**	**passé composé**
	je regarde	j'**ai** regard**é**

Beachte:	**présent**	**passé composé**
	je fais	j'**ai fait**

Das ***passé composé*** *verwendest du, um über Ereignisse oder Handlungen zu sprechen, die vergangen sind.*

→ ○ Je m'entraîne 6a
● En plus 6a

*G9 Il est allé / Elle est allée au collège. – Das passé composé mit être

Einige Verben bilden das **passé composé** *mit* **être**, *z. B.:*

aller *gehen*
rester *bleiben*
arriver *ankommen*
tomber *fallen*
venir *kommen.*

Emma **est allée** au collège à vélo. Son sac **est tombé**. Alors, elle **est arrivée** en retard.

je suis allé
tu es allé
il est allé

je suis allée
tu es allée
elle est allée

on est allés
nous sommes allés
vous êtes allés
ils sont allés

on est allées
nous sommes allées
vous êtes allées
elles sont allées

– **Tu es restée** à la maison, Lina?
– Non, **je suis allée** à la piscine.
– Avec Farid et Théo?
– Non, avec Emma. **Les garçons** ne **sont** pas **venus**.

→ ●● En plus C

* für besonders leistungsstarke Gruppen

G 10 Qu'est-ce que tu vas faire demain? – Das futur composé → Leçon 4

Wenn du sagen willst, was du vorhast, verwendest du das **futur composé.**

Je	**vais**	chatter avec des copains.
Tu	**vas**	
Il / Elle / On	**va**	
Nous	**allons**	
Vous	**allez**	
Ils / Elles	**vont**	

Das **futur composé** *wird mit den Formen von* **aller** *gebildet.*

Die ***Verneinung*** *des* **futur composé** *findest du in* → G11.

→ ○ Je m'entraîne 8b
● En plus 8b

G11 Je n'aime pas le foot. – Die Verneinung → Leçon 3 / Leçon 4

		ne / n' ↓		pas ↓		
présent						
	Farid	n'	**aime**	pas		le rugby.
	Il	ne	**va**	pas		au stade.
Mais	il	ne	**veut**	pas	**rester**	à la maison.
passé composé						
	Lina	n'	**a**	pas	**trouvé**	son sac.
futur composé						
	Il	ne	**va**	pas	**faire**	beau demain.
Alors,	nous	n'	**allons**	pas	**jouer**	au foot.

→ ○ Je m'entraîne 6b, 7
● En plus 6b, 7

Satz

G12 Der Aussagesatz → Leçon 2

montrer qc **à** qn
Farid **montre** sa chambre **à** ses copains.
Emma **montre** ses devoirs **au** prof.

présenter qn **à** qn
Il **présente** Théo **à** ses parents.
Le prof **présente** le nouveau **aux** élèves.

donner qc **à** qn
Théo **donne** un cadeau **à** Farid.
Le nouveau **donne** sa photo **à la** documentaliste.

→ ○ Je m'entraîne 4
● En plus 4

G13 Tu peux venir? – Der Infinitivsatz → Leçon 5

aimer faire
J'aime danser.
Tu aimes jouer aux boules?
Elle aime chanter.

vouloir faire
Je veux apprendre le français.
Ils veulent jouer au foot.

pouvoir faire
Vous **pouvez venir** à 6 heures?
Je ne **peux** pas **attendre.**

*Die **Konjugation** von **vouloir** und **pouvoir** findest du in* → G18.5.
*Die **Verneinung** findest du in* → G11.

→ ○ Je m'entraîne 11,
● En plus 11, 12

G14 Qu'est-ce qu'il y a? – Der Fragesatz

Fragen mit est-ce que → Leçon 4

- **Est-ce que** tu as trouvé ton sac?
- **Pourquoi est-ce que** tu ne viens pas?
- **Quand est-ce que** vous allez au cinéma?
- **A quelle heure est-ce que** le film commence?

Frageformen

C'est qui? *Wer ist das?*	**C'est** Lina.	**Que fait** Lina? *Was macht Lina?*	Elle fait du shopping.
Qu'est-ce que c'est? *Was ist das?*	**C'est** une surprise.	**Pourquoi?** *Warum?*	**Parce que** Farid fait une fête.
Qu'est-ce qu'il y a? *Was ist los?*	Rien, tout va bien.	**Où est** Théo? *Wo ist Théo?*	**Il est** au cinéma.
Qu'est-ce qu'on fait? *Was machen wir?*	Je ne sais pas.	**Tu es où?** *Wo bist du?*	**Je suis** dans ma chambre.
On va au cinéma? *Gehen wir ins Kino?*	**Oui. / Non.**	**Avec qui?** *Mit wem?*	**Avec** Farid.
Quand? *Wann?*	Lundi.	**Est-ce que** tu fais une fête**?** *Machst du eine Party?*	**Oui. / Non.**
A quelle heure? *Um wie viel Uhr?*	**A** trois heures.		
Il est quelle heure? *Wie viel Uhr ist es?*	**Il est** deux heures.		

→ ○ Je m'entraîne 8, 9
● En plus 8, 9

*G15 quel/quelle – Fragebegleiter

männlich
Tu aimes **quel style** de musique?
Tu as **quels projets**?

weiblich
Tu préfères **quelle chanson**?
Tu écoutes **quelles émissions**?

→ ●● En plus A

Pronomen

*G16 Direkte Objektpronomen

	männlich	weiblich
Singular	Je mets **le jus** dans le shaker.	Je coupe **la pomme**/**l'orange**.
	Je **le** mets dans le shaker.	Je **la** coupe.
	J' apporte **le jus**.	J' épluche **la pomme**.
	Je **l'a**pporte.	Je **l'é**pluche.
Plural	Je mets **les glaçons** dans le shaker.	Je coupe **les oranges**.
	Je **les** mets dans le shaker.	Je **les** coupe.

→ ●● En plus B

Mengen

*G17 un peu de sel – Mengenangaben

Pour ma recette, il me faut ...
2 kilos **de** pommes
250 grammes **de** beurre
30 centilitres **de** lait
2 cuillères à soupe **d'**huile
1 litre **d'**eau

unbestimmte Mengen

du sucre	**beaucoup de** sucre
de la confiture	*viel Zucker*
de l'huile	**un peu de** sel
des œufs	*ein bisschen Salz*
	pas de farine
	kein Mehl

* für besonders leistungsstarke Gruppen

Die Verben im Überblick

G18 Konjugations-Tabelle

1. Verben auf *-er*

infinitif	**présent** singulier	pluriel	**impératif** singulier	pluriel	**passé composé**
chercher *suchen*	je cherche tu cherches il / elle / on cherche	nous cherchons vous cherchez ils / elles cherchent	Cherche …	Cherchons … Cherchez …	**j'ai** cherch**é**

ebenso: alle regelmäßigen Verben auf *-er*, die mit Konsonant beginnen,
z. B. regarder, parler …

écouter *hören, zuhören*	j'écoute tu écoutes il/elle/on écoute	nous écoutons vous écoutez ils / elles écoutent	Ecoute.	Ecoutons. Ecoutez.	**j'ai** écout**é**

ebenso: alle regelmäßigen Verben auf *-er*, die mit Vokal oder stummem *h* beginnen,
z. B. adorer, aimer …

2. Verben auf *-er* mit Besonderheiten

acheter *kaufen*	j'ach**è**te tu ach**è**tes il/elle/on ach**è**te	nous achetons vous achetez ils / elles ach**è**tent	Ach**è**te …	Achetons … Achetez …	**j'ai** achet**é**
préférer *vorziehen, lieber mögen*	je préf**è**re tu préf**è**res il/elle/on préf**è**re	nous préférons vous préférez ils préf**è**rent			**j'ai** préfér**é**
appeler *anrufen, rufen*	j'appe**ll**e tu appe**ll**es il/elle/on appe**ll**e	nous appelons vous appelez ils/elles appe**ll**ent			**j'ai** appel**é**

commencer *anfangen, beginnen* ebenso: **avancer**	je commence tu commences il / elle / on commence	nous commen**ç**ons vous commencez ils commencent	Commence.	Commen**ç**ons. Commencez.	**j'ai** commenc**é**
manger *essen* ebenso: **plonger**, **ranger**	je mange tu manges il / elle / on mange	nous mang**e**ons vous mangez ils mangent	Mange …	Mang**e**ons … Mangez …	**j'ai** mang**é**

3. Verben auf *-dre*

infinitif	**présent** singulier	pluriel	**impératif** singulier	pluriel	**passé composé**
attendre *warten*	j'attends tu attends il / elle / on attend	nous attendons vous attendez ils / elles attendent	Attends.	Attendons. Attendez.	**j'ai** attend**u**
répondre *antworten*	je réponds tu réponds il / elle / on répond	nous répondons vous répondez ils / elles répondent	Réponds.	Répondez.	**j'ai** répond**u**
vendre *verkaufen*	je vends tu vends il / elle / on vend	nous vendons vous vendez ils / elles vendent			**j'ai** vend**u**

→ ○ Je m'entraîne
● En plus 7

*4. Reflexive Verben

infinitif	présent singulier	 pluriel
s'appeler *heißen*	je m'appelle tu t'appelles il / elle s'appelle	nous nous appelons vous vous appelez ils / elles s'appellent
s'occuper de *sich kümmern um*	je m'occupe tu t'occupes il / elle / on s'occupe	nous nous occupons vous vous occupez ils / elles s'occupent

5. Unregelmäßige Verben

infinitif	présent singulier	 pluriel	impératif singulier	 pluriel	passé composé
avoir *haben*	j'**ai** tu **as** il / elle / on **a**	nous **avons** vous **avez** ils / elles **ont**			**j'ai eu**
être *sein*	je **suis** tu **es** il / elle / on **est**	nous **sommes** vous **êtes** ils / elles **sont**			**j'ai été**

infinitif	présent singulier	présent pluriel	impératif singulier	impératif pluriel	passé composé
faire *machen*	je fais tu fais il / elle / on fait	nous faisons vous faites ils / elles font	Fais …	Faisons … Faites …	**j'ai fait**
mettre *anziehen, setzen, stellen, legen*	je mets tu mets il / elle / on met	nous mettons vous mettez ils / elles mettent	Mets …	Mettons … Mettez …	**j'ai mis**
apprendre *lernen*	j'apprends tu apprends il / elle / on apprend	nous apprenons vous apprenez ils / elles apprennent			**j'ai appris**
prendre *nehmen*	je prends tu prends il / elle / on prend	nous prenons vous prenez ils / elles prennent	Prends …	Prenons … Prenez …	**j'ai pris**

→ ○ Je m'entraîne 3
● En plus 3

→ ○ Je m'entraîne 10
● En plus 10

infinitif	présent singulier	présent pluriel	impératif singulier	impératif pluriel	passé composé
pouvoir *können*	je peux tu peux il / elle / on peut	nous pouvons vous pouvez ils / elles peuvent			**j'ai pu**
vouloir *wollen*	je veux tu veux il / elle / on veut	nous voulons vous voulez ils / elles veulent			**j'ai voulu**

→ ○ Je m'entraîne 11, 1
● En plus 11, 12

infinitif	présent singulier	pluriel	impératif singulier	pluriel	passé composé
aller *gehen, fahren*	je vais tu vas il / elle / on va	nous allons vous allez ils / elles vont	Va …	Allons … Allez …	je **suis** allé je **suis** allée il **est** allé elle **est** allée ils **sont** allés elles **sont** allées
venir *kommen*	je viens tu viens il / elle / on vient	nous venons vous venez ils / elles viennent	Viens.	Venez.	je **suis** venu je **suis** venue il **est** venu elle **est** venue ils **sont** venus elles **sont** venues

→ ○ Je m'entraîne 5
● En plus 5

boire *trinken*	je bois tu bois il / elle / on boit	nous buvons vous buvez ils / elles boivent			**j'ai bu**
connaître *kennen*	je connais tu connais il / elle / on connaît	nous connaissons vous connaissez ils / elles connaissent			**j'ai connu**

Je m'entraîne → différenciation

1 On fait les boutiques → G3/G5

Complétez le texte avec le nom du vêtement et la couleur.

t-shirt bleu | jupe jaune | sweat-shirt rouge | baskets roses | pantalon noir | robe blanche | chemise verte | chaussures grises | pantalon noir | casquette jaune

Julie et Malika sont dans un magasin. Julie cherche des vêtements pour l'été.
Julie: Waouh, génial, la  ! Tu aimes?
Malika: Bof, pas trop. Je préfère le  . Avec un  , c'est cool.
Julie: Ouais mais pour l'été, je cherche une  , pas un  .
Malika: Et regarde la petite  , là. J'adore!
Julie: C'est vrai! Avec des  et un  , c'est trop classe!
Malika: Ou bien avec des  et une  ! Lol!

2 L'histoire continue → G3/G4

Complétez le texte.

Le paquet est là. Madame Morin regarde les vêtements. C'est la bonne commande mais il y a encore des problèmes avec la taille et la couleur des vêtements. Madame Morin écrit un e-mail.

e-mail

obj: commande N°290813-27 - Commande Stéphanie Morin [envoyer]

Madame, Monsieur,

J'ai un problème avec la commande N°290813-27. Les baskets pour ma fille sont rose* et trop petit**. Avec les vêtements pour mes fils, il y a aussi des problèmes.
Les chemises sont bleu** et trop grand**, les sweats sont blanc* et trop grand*, et les pantalons sont rouge* et trop grand*.

Meilleures salutations
Stéphanie Morin

3 Donnez votre avis → G18.5

Mettez le verbe **mettre** à la bonne forme.

Pour aller à une fête, on met quoi?

5 messages Page 1 sur 1

Pour aller à une fête, vous ■ quoi? *(mettons/mettez/mettent)*

Lucy13: Rien de spécial: je ■ un pantalon mais mes amies ■ toujours une robe. *(met/mets/mettent) (mettons/mettent/mets)*

Titounette: Moi, je ■ une jupe. Mais c'est pas trop cool pour danser ☺. *(mets/met/mettent)*

Chipie: Et les garçons, pour vos fêtes, ils ■ quoi? *(met/mettez/mettent)*

Titounette: Mon frère, il ■ souvent une chemise blanche. C'est classe! *(mets/met/mettent)*

Leo44: Moi, je suis un garçon et la chemise blanche, ce n'est pas mon truc. Mais, je ■ souvent un polo pour aller à une fête. *(mets/met/mettez)*

Répondre

○ **Je m'entraîne → différenciation**

○ 4 Une journée chez Farid → G12

Faites des phrases. Mettez le verbe proposé à la bonne forme.

1.		présenter	le chien Dodo		Emma.
2.		montrer	son skate		ami de Théo.
3.		donner	des crêpes	à /à l'/ à la/au/aux	petite sœur d'Emma.
4.		présenter	Théo		parents de Lina.
5.		donner	un ballon		chien Dodo.
6.		montrer	le ballon		copains, Théo et Farid.

○ 5 On va au cinéma? → G18.5

Complétez le texte avec les formes correctes de **venir** ■ et de **aller** ●.

Alex: Allô.
Maxime: Salut, Alex.
Alex: Ah, salut.
Maxime: Demain, je ● au cinéma avec mon frère. Tu ■ avec nous?
Alex: Pourquoi pas. C'est où?
Maxime: C'est le cinéma Pathé. Quand on ■ de la piscine, c'est le cinéma à droite.
Alex: Vous ● au cinéma à quelle heure?
Maxime: A 14 heures.
Alex: O.K., je ■. Et Amir ■ avec nous?
Maxime: Peut-être.
Alex: Et, Malika et Julie, elles ■ aussi?
Maxime: Ben non, Julie et Malika ● au CDI à 11 heures pour réviser les maths.
Alex: Pour réviser les maths!? Mince, pourquoi? Il y a une interro?
Maxime: Non, pas de panique. Alors, rendez-vous demain devant le cinéma?
Alex: O.K., super! A demain.
Maxime: Ciao!

○ 6 Pour Alex, une minute, c'est une minute! → G8/G11

a Alex est très très organisé. Faites des phrases au passé composé pour raconter sa journée.

Exemple: A 11 h, Alex a fait ses devoirs. …

11h:	faire mes devoirs
12h:	manger chez papi et mamie
13h:	jouer au foot avec Amir et Maxime
15h:	regarder un film chez Malika
17h:	écouter de la musique

b Pas pour moi!
Faites des phrases négatives.

Exemple:
Moi, dimanche, je [ai] [n'] [fait] [pas] (je n'ai pas fait) mes devoirs.

Je [mangé] [n'] [pas] [ai] chez Papi et Mamie.
Je [pas] [joué] [n'] [ai] au foot avec Amir et Maxime.
Je [n'] [pas] [regardé] [ai] un film chez Malika.
Je [écouté] [ai] [n'] [pas] de la musique.

○ 7 En retard au collège → G8/G11/G18.3

Complétez le dialogue.

Malika: Bonjour, monsieur.
Alex: Bonjour, désolé pour le retard.
Le surveillant: Un moment, s'il vous plaît. Vous êtes en retard! Pourquoi?
Alex: Parce qu'il n'y a pas de bus aujourd'hui.
Le surveillant: Il n'y a pas de bus aujourd'hui? Tiens, tiens, bizarre. Vos camarades sont là.
Malika: Oui, j'■ 15 minutes et Alex ■ 30 minutes même! *(ai attendu/a attendu/as attendu) (ai attendu/a attendu/as attendu)*
Le surveillant: Vous ■ quel bus? *(avons attendu/avez attendu/ont attendu)*
Alex: On ■ le 13. *(ai attendu/a attendu/as attendu)*
Le surveillant: Et pourquoi est-ce que vous n'avez pas téléphoné?
Malika: Mais, monsieur, j'ai téléphoné et une dame ■ : «Il n'y a pas de bus aujourd'hui!». *(ont répondu/a répondu/as répondu)*
Le surveillant: Non, non, non! Pourquoi est-ce que vous n'avez pas téléphoné ICI, au collège?
Malika: Mais, j'ai écrit un SMS à Julie mais elle ■ . *(n'ont pas répondu/n'a pas répondu/n'as pas répondu)*
Le surveillant: Vos camarades ■ pendant les cours, c'est normal! *(n'avez pas répondu/n'avons pas répondu/n'ont pas répondu)*
Malika: Ben oui, je sais, je ■ sa réponse, mais… *(n'ai pas attendu/n'a pas attendu/n'as pas attendu)*
Le surveillant: O.K., O.K., c'est bon, allez vite en cours.

○ 8 Des vacances super pour Farid! → G10/G14

a **Est-ce que** ou **Qu'est-ce que**? Complétez le dialogue.

Théo: ■ tu fais en juillet?
Farid: Je vais deux semaines dans les Alpes. C'est super cool!
Théo: Et ■ tes parents partent avec toi?
Farid: Non, ils restent à Paris. Ils travaillent.
Théo: ■ tu pars seul?
Farid: Non, je pars avec ma sœur Zoé.
Théo: ■ tu fais là-bas? Du foot?
Farid: Non, je fais du canoë et du vélo.
Théo: Et ta sœur, ■ elle fait?
Farid: Elle fait du cheval. Elle adore ça.
Théo: Et après, ■ vous rentrez à Paris?
Farid: Oui, et fin août, nous allons quatre jours en Provence avec mes grands-parents.
Théo: Cool!

b Mettez ensuite les phrases au futur proche.
Exemple: *Théo:* Qu'est-ce que tu vas faire en juillet?
Farid: Je vais aller deux semaines dans les Alpes.

○ 9 Les vacances de Farid → G14

Complétez les questions.

1. ■ Farid va en été?
2. ■ Farid va dans les Alpes?
3. ■ Farid va faire?
4. ■ Farid part seul?
5. ■ Farid et Zoé partent?

- Il va dans les Alpes.
- Parce ce qu'il fait une colo.
- Il va faire du sport.
- Non. Il part avec Zoé.
- En juillet.

Pourquoi est-ce que
Où est-ce que
Qu'est-ce que
Quand est-ce que
Est-ce que

○ Je m'entraîne → différenciation

○ 10 Julie organise le pique-nique → G18.5

Faites des phrases. Mettez le verbe à la bonne forme.

1. Moi, je
2. Toi, Malika, tu
3. Maxime
4. Amir et toi, Alex, vous
5. Nous
6. Et mes parents

prennent
prenez
prends
prenons
prends
prend

les sandwichs.
les chips.
un ballon.
les boissons.
nos vélos.
la voiture.

○ 11 Bijou est encore malade → G13/G18.5

Complétez les phrases avec pouvoir ■ et vouloir ■.

peut | peux (x2) | pouvons | pouvez | veut (x2) | veulent | veux (x2) | voulez

C'est l'été. Farid et Lina sont au centre équestre pour faire du cheval.

Farid: Tao, nous ■ prendre Alizé et Bijou pour faire une balade?

Tao: Bien sûr. Vous ■ partir tout de suite si vous ■.

Farid et *Lina:* O.K., super!

Ils partent. Farid est devant Lina.

Farid: Tu ■ aller plus vite, s'il te plaît?

Lina: Je ■ bien mais je ne ■ pas.

Farid: Tu rigoles? Quand on ■, on ■. Tu as peur?

Lina: Mais, non, je n'ai pas peur, mais Bijou est bizarre. Il ne ■ pas aller plus vite.

Farid: C'est bizarre. Il est peut-être malade. Bon, on retourne au centre.

Ils arrivent au centre et Farid explique le problème à Tao.

Une heure plus tard.

Lina: Alors comment va Bijou?

Farid: Pas très bien. Tao et Sami ■ appeler le vétérinaire mais il est en vacances.

Lina: Pas de panique, ça va aller! Tu ■ un sandwich?

Farid: Non, merci, je n'ai pas faim. J'ai trop peur pour Bijou.

○ 12 Un mail à Théo → G13/G18.5

Complétez le texte au passé composé.

e-mail

Salut Théo,

Hier, Lina et moi, nous ■ faire du cheval. *(avez voulu/ont voulu/avons voulu)* Nous ■ partir tout de suite. *(avons pu/ont pu/avez pu)* C'était super. J'■ aller vite mais Bijou ■. *(a voulu/as voulu/ai voulu) (n'ai pas voulu/n'a pas voulu/n'as pas voulu)* C'est bizarre parce que Bijou adore les balades. Tao a mis Bijou dans son box mais il ■ manger. *(n'a pas voulu/n'ai pas voulu/n'as pas voulu)* Le soir, Sami et Tao ■ appeler un vétérinaire et il ■ venir tout de suite. *(avons pu/ont pu/avez pu) (ai pu/as pu/a pu)* Aujourd'hui, Bijou va bien. C'est un cheval fragile mais je l'aime beaucoup.
A+ Farid

En plus → différenciation

1 On fait les boutiques → G3/G5

Complétez le texte avec le nom du vêtement et la couleur.

Julie et Malika sont dans un magasin. Julie cherche des vêtements pour l'été.
Julie: Waouh, génial, la  ! Tu aimes?
Malika: Bof, pas trop. Je préfère le . Avec un , c'est cool.
Julie: Ouais mais pour l'été, je cherche une , pas un .
Malika: Et regarde la petite , là. J'adore!
Julie: C'est vrai! Avec des  et un , c'est trop classe!
Malika: Ou bien avec des  et une  ! Lol!

2 L'histoire continue → G3/G4

Complétez le texte.

Le paquet est là. Madame Morin regarde les vêtements. C'est la bonne commande mais il y a encore des problèmes avec la taille et la couleur des vêtements. Madame Morin écrit un e-mail.

e-mail

obj: commande N°290813-27 - Commande Stéphanie Morin   envoyer

Madame, Monsieur,

J'ai un problème avec la commande N°290813-27.
Les baskets pour ma fille sont  et trop p■.
Avec les vêtements pour mes fils, il y a aussi des problèmes. La chemise est  et trop g■, le sweat est  et trop g■, le blouson est  et  et trop p■ et le pantalon est  et trop g■.

Meilleures salutations
Stéphanie Morin

3 Donnez votre avis → G18.5

Mettez le verbe **mettre** à la bonne forme.

Pour aller à une fête, on met quoi?

7 messages Page 1 sur 1

Pour aller à une fête, vous ■ quoi?

Lucy13: Rien de spécial: je ■ un pantalon comme d'habitude, mais mes amies ■ toujours une robe.

Titounette: Moi, je ■ une jupe. Mais c'est pas trop cool pour danser ☺.

Lucy13: Alors, pourquoi tu ne ■ pas un jean?

Titounette: Parce que c'est trop moche pour une fête!

Chipie: Et les garçons, pour vos fêtes, ils ■ quoi?

Titounette: Mon frère, il ■ souvent une chemise blanche. C'est classe!

Leo44: Moi, je suis un garçon et la chemise blanche, ce n'est pas mon truc. Mais, je ■ souvent un polo pour aller à une fête.

Répondre

● En plus → différenciation

● 4 Une journée chez Farid → G12

Faites des phrases. Mettez le verbe proposé à la bonne forme.
Exemple: 1. Lina présente Dodo à Emma

1.  présenter à  Emma.
2.  montrer à  le copain de Théo.
3.  donner à  la petite sœur d'Emma.
4.  présenter à  les parents de Lina.
5.  donner à  le chien Dodo.
6.  montrer à  les copains, Théo et Farid.

● 5 On va au cinéma? → G18.5

Complétez le texte avec les formes correctes de venir (de l'/la, du, des) ■ et de aller (à l'/la, au, aux) ●.

Alex: Allô.
Maxime: Salut, Alex.
Alex: Ah, salut.
Maxime: Demain, je ● cinéma avec mon frère. Tu ■ avec nous?
Alex: Pourquoi pas. C'est où?
Maxime: C'est le cinéma Pathé. Quand on ■ piscine, c'est le cinéma à droite.
Alex: Vous ● cinéma à quelle heure?
Maxime: A 14 heures.
Alex: O.K., je ■. Et Amir ■ avec nous?
*Maxime:*Peut-être.
Alex: Et, Malika et Julie, elles ■ aussi?
Maxime: Ben non, Julie et Malika ● CDI à 11 heures pour réviser les maths.
Alex: Pour réviser les maths!? Mince, pourquoi? Il y a une interro?
Maxime: Non, pas de panique. Alors, rendez-vous demain devant le cinéma?
Alex: O.K., super! A demain.
Maxime: Ciao!

● 6 Pour Alex, une minute, c'est une minute! → G8/G11

a Alex est très très organisé. Faites des phrases au passé composé pour raconter sa journée. Exemple: A 11 h, Alex a fait ses devoirs. …

11h: faire mes devoirs
12h: manger chez papi et mamie
13h: jouer au foot avec Amir et Maxime
15h: regarder un film chez Malika
17h: écouter de la musique
18h: chatter avec mes amis belges
19h: préparer mon sac pour l'école

b Pas pour moi! – Faites des phrases négatives.
Exemple: Moi, dimanche, je n'ai pas fait mes devoirs.

7 En retard au collège → G8/G11/G18.3

Mettez les verbes au passé composé.

Exemple: Il *(attendre)*. → Il a attendu. Il *(ne pas attendre)*. → Il n'a pas attendu.

Malika: Bonjour, monsieur.
Alex: Bonjour, désolé pour le retard.
Le surveillant: Un moment, s'il vous plaît. Vous êtes en retard! Pourquoi?
Alex: Parce qu'il n'y a pas de bus aujourd'hui.
Le surveillant: Il n'y a pas de bus aujourd'hui? Tiens, tiens, bizarre. Vos camarades sont là.
Malika: Oui, j'*(attendre)* 15 minutes et Alex *(attendre)* 30 minutes même!
Le surveillant: Vous *(attendre)* quel bus?
Alex: On *(attendre)* le 13.
Le surveillant: Et pourquoi est-ce que vous n'avez pas téléphoné?
Malika: Mais, monsieur, j'ai téléphoné et une dame *(répondre)*: «Il n'y a pas de bus aujourd'hui!».
Le surveillant: Non, non, non! Pourquoi est-ce que vous n'avez pas téléphoné ICI, au collège?
Malika: Mais, j'ai écrit un SMS à Julie mais elle *(ne pas répondre)*.
Le surveillant: Vos camarades *(ne pas répondre)* pendant les cours, c'est normal!
Malika: Ben oui, je sais, je *(ne pas attendre)* une réponse, mais…
Le surveillant: O.K., O.K., c'est bon, allez vite en cours.

8 Des vacances super pour Farid! → G10/G14

a Trouvez la bonne réponse.

1. Qu'est-ce que tu fais en juillet?
2. Et est-ce que tes parents partent avec toi?
3. Alors, tu pars seul?
4. Qu'est-ce que tu fais là-bas? Du foot?
5. Et ta sœur, qu'est-ce qu'elle fait?
6. Et après, est-ce que vous rentrez à Paris?
7. Pourquoi?
8. C'est cool!

- Parce qu'ils organisent une fête pour l'anniversaire de Papi. (a)
- Elle fait du cheval. Elle adore ça. (b)
- Non, je pars avec ma sœur Zoé. (c)
- Non, ils restent à Paris. Ils travaillent. (d)
- Oui, et fin août, nous allons quatre jours en Provence avec mes grands-parents. (e)
- Je vais deux semaines dans les Alpes. C'est super cool! (f)
- Non, je fais du canoë et du vélo. (g)

b Mettez ensuite les phrases au futur proche.

Exemple: 1. Qu'est-ce que tu vas faire en juillet?
– Je vais aller deux semaines dans les Alpes. Ça va être super cool!

9 Les vacances de Farid → G14

Complétez les questions.

1. ■ Farid va en été?
2. ■ Farid va dans les Alpes?
3. ■ Farid va faire?
4. ■ Farid part seul?
5. ■ Farid et Zoé partent?

- Il va dans les Alpes.
- Parce ce qu'il fait une colo.
- Il va faire du sport.
- Non. Il part avec Zoé.
- En juillet.

En plus → différenciation

10 Julie organise le pique-nique → G18.5

Faites des phrases. Mettez le verbe à la bonne forme.

1. Moi, je
2. Toi, Malika, tu
3. Maxime
4. Amir et toi, Alex, vous
5. Nous
6. Et mes parents

PRENDRE

- les sandwichs.
- les chips.
- un ballon.
- les boissons.
- nos vélos.
- la voiture.

11 Bijou est encore malade → G13/G18.5

Mettez les verbes à la bonne forme.

C'est l'été. Farid et Lina sont au centre équestre pour faire du cheval.
Farid: Tao, nous *(pouvoir)* prendre Alizé et Bijou pour faire une balade?
Tao: Bien sûr. Vous *(pouvoir)* partir tout de suite si vous *(vouloir)*.
Farid et *Lina:* O.K., super!
Ils partent. Farid est devant.
Farid: Tu *(pouvoir)* aller plus vite, s'il te plaît?
Lina: Je *(vouloir)* bien mais je ne *(pouvoir)* pas.
Farid: Tu rigoles? Quand on *(vouloir)*, on *(pouvoir)*. Tu as peur?
Lina: Mais, non, je n'ai pas peur, mais Bijou est bizarre. Il ne *(vouloir)* pas aller plus vite.
Farid: C'est bizarre. Il est peut-être malade. Bon, on retourne au centre.
Ils arrivent au centre et Farid explique le problème à Tao.
Une heure plus tard.
Lina: Alors comment va Bijou?
Farid: Pas très bien. Tao et Sami *(vouloir)* appeler le vétérinaire mais il est en vacances.
Lina: Pas de panique, ça va aller! Tu *(vouloir)* un sandwich?
Farid: Non, merci, je n'ai pas faim. J'ai trop peur pour Bijou.

12 Un mail à Théo → G13/G18.5

Mettez les verbes au passé composé.

e-mail

Salut Théo,

Hier, Lina et moi, nous *(vouloir)* faire du cheval. Nous *(pouvoir)* partir tout de suite. C'était super. J' *(vouloir)* aller vite mais Lina *(ne pas pouvoir)* parce que Bijou *(ne pas vouloir)*. C'est bizarre parce que Bijou adore les balades. Alors nous *(ne pas vouloir)* continuer.
Au centre équestre, les moniteurs *(vouloir)* appeler le vétérinaire mais il *(ne pas pouvoir)* venir. Tao a mis Bijou dans son box mais il *(ne pas vouloir)* manger.
Le soir, Sami et Tao *(pouvoir)* appeler un autre vétérinaire et il *(pouvoir)* venir tout de suite. Aujourd'hui, Bijou va bien. C'est un cheval fragile mais je l'aime beaucoup.
A+ Farid

…llège → G15

CD 116

…a fête

Un élève: Tu as commencé la musique à **quel âge**?
Yannick: J'ai pris mes premiers cours de guitare à 8 ans.
Un élève: Vous êtes combien de musiciens?
Yannick: On est quatre.
Un élève: Vous jouez **quel style** de musique?
Yannick: Un mélange de hip-hop et de rock.
Un élève: Vous jouez de **quels instruments**?
Yannick: De la guitare électrique, du synthé et de la batterie. Et Amélie chante. Nos chansons sont sur Internet. Tu les connais?
Un élève: Oui. Elles sont super. Tu préfères **quelle chanson**?
Yannick: Je ne sais pas. Elles sont toutes super!

b Lisez les questions avec «quel».
Qu'est-ce que vous remarquez?

c Complétez la grille.

■ **chanteur** / ■ **chanteuse**
■ **instruments** / **quelles chansons**

d Préparez une interview. Trouvez des questions avec **quel(s)** / **quelle(s)** et notez-les dans votre cahier.

J'aime le rock et le hip-hop.
Je suis fan de Soprano.
J'adore Cœur de pirate.
Je joue de la guitare.
J'aime le basket.

Nadja

e Maintenant, faites des interviews dans la classe.
Vous pouvez aussi poser d'autres questions.

Cocktails pour l'été → G16

CD 121

a Ecoutez. C'est quel cocktail?

Cocktail tropical

40 cl de jus d'ananas
3 citrons
1 orange
1 cl de sirop de menthe
5 glaçons

Cocktail exotique

40 cl de jus d'ananas
3 citrons
1 orange
1 kiwi
5 glaçons

b *Mit Objektpronomen könnt ihr Wiederholungen vermeiden. Erklärt ihre Bildung und Stellung im Satz.*

Je mets **le jus** dans le shaker.
Je **le** mets dans le shaker.
Je coupe **l'orange**.
Je **la** coupe.
Je prépare **les verres.**
Je **les** prépare.

c Améliorez *(verbessert)* le texte.

Je verse le jus d'ananas dans le shaker. Je presse les citrons et je verse le jus dans le shaker. J'ajoute le sirop de menthe et les glaçons. Je ferme le shaker et je secoue **le shaker**. Ensuite, je verse le cocktail dans un verre. Je coupe des morceaux de melon et je mets **les morceaux de melon** dans le cocktail. Voilà, mon cocktail est terminé. Je sers **le cocktail** avec une paille. Pour la décoration, je coupe une rondelle d'orange et je place **la rondelle d'orange** sur le bord du verre.

●● En plus C → facultatif

●● Le blog de Léona: Visite de Marseille → G9

*Einige Verben werden im passé composé mit **être** (und nicht mit **avoir**) gebildet. Findet diese Verben im Text.*

CD 129 a Ecoutez et lisez le blog.

web

Salut à tous!
Voici des nouvelles de Marseille!
Premier jour
Je suis allée à la plage du Prado en bus. De là, je suis partie à pied au bord de la mer, direction le Vieux-Port où j'ai retrouvé mon cousin, Thibaud. Puis, nous sommes partis sur un bateau, direction les Calanques. L'eau y est transparente et les plages sont toutes petites, mais magnifiques. A midi, nous sommes arrivés à Cassis. J'ai proposé d'aller manger quelque chose. Alors, Thibaud est entré dans sa pizzeria préférée. Il a trouvé une table pour deux personnes sur la terrasse et nous avons mangé des pizzas avec vue sur la mer. L'après-midi, nous avons plongé dans la mer. Le soir, nous sommes rentrés en bateau. De retour à Marseille, je suis montée à Notre-Dame de la Garde avec Inès, une copine de vacances. Là haut, nous avons mangé une glace, puis nous sommes retournées au Vieux-Port pour prendre le métro. Je suis rentrée à 10 heures, crevée, mais super contente.

b *Seht euch die Endungen der Partizipien an. Was stellt ihr fest? Sucht im Blog die Verben, die ihr **passé composé** mit **être** bilden, und macht eine Liste.*

Il **est allé** dans une pizzeria.
Elle est allée à la plage.
Ils **sont allés** à Cassis.
Elles sont allées à Notre-Dame de la Garde.

c **Avoir** ou **être**? Complétez.
Léona ■ allée à la plage du Prado en bus.
De là, elle ■ partie à pied au bord de la mer, direction le Vieux-Port où elle ■ retrouvé son cousin, Thibaud. Puis, ils ■ partis sur un bateau, direction les Calanques. A midi, ils ■ arrivés à Cassis. Léona ■ proposé d'aller manger quelque chose et Thibaud ■ entré dans sa pizzeria préférée. Ils ■ mangé des pizzas en terrasse avec vue sur la mer. Le soir, ils ■ rentrés en bateau. De retour à Marseille, Léona ■ montée à Notre-Dame de la Garde avec une copine de vacances. Là haut, elles ■ mangé une glace, puis elles ■ retournées au Vieux-Port pour prendre le métro. Léona ■ rentrée à 10 heures, crevée, mais super contente.

d Voilà le programme de Léona pour son deuxième jour à Marseille. Continuez son blog.

Deuxième jour
Je suis partie ...

Départ 10 heures
Direction: Grand Port en bus
Midi: restaurant avec Inès
Après-midi: savonnerie du Sérail + plage du Prado avec Inès et Thibaud
Retour: 19 heures

Lautzeichen

Vokale

[a]	m**a**d**a**me; wie das deutsche *a*.
[e]	rentr**ée**, aim**er**; geschlossenes *e*, etwa wie in *geben*.
[ɛ]	ça f**ait**, il **est**, m**e**rci; offenes *ä*, etwa wie in *Ärger*.
[i]	**i**l, l**i**vre; geschlossener als das deutsche *i*, Lippen stark spreizen.
[ɔ]	g**o**mme, al**o**rs; offenes *o*, offener als in *Loch*.
[ø]	d**eu**x, monsi**eur**; geschlossenes *ö*, etwa wie in *böse*.
[o]	phot**o**, eur**o**; geschlossenes *o*, wie in *Rose*.
[œ]	s**œu**r, n**eu**f, h**eu**re; offenes *ö*, bei kurzem Vokal, etwa wie in *Röcke*.
[ə]	l**e**, r**e**garder; der Laut liegt zwischen [œ] und [ø], näher bei [œ].
[u]	**où**; geschlossenes *u*, etwa wie in *Ufer*.
[y]	t**u**, **u**ne; ähnlich dem deutschen *ü* in *Tüte*.

Nasalvokale

[ɛ̃]	**un**, chi**en**, cop**ain**; nasales [ɛ]
[õ]	**on**, s**on**t, n**om**; nasales [o]
[ɑ̃]	d**an**s, tr**en**te; nasales [ɑ]

Die Nasalvokale haben im Deutschen keine Entsprechung.
Beachte: *un, lundi:* Neben [ɛ̃] hört man in Frankreich auch [œ̃] = nasales [œ].

Konsonanten

[f]	**f**rère; wie das deutsche *f* in *falsch*.
[v]	de**v**ant; wie das deutsche *w* in *werden*.
[s]	**s**œur, **c**'est, **ç**a, re**s**ter; stimmloses *s*, wie in *Los*; als Anlaut vor Vokal ist *s* immer stimmlos.
[z]	phra**s**e, mu**s**ique, bi**s**ous; stimmhaftes *s*, wie in *Esel*; zwischen zwei Vokalen ist *s* stimmhaft.
[ʒ]	**j**e, bon**j**our; wie *j* in *Journalist*.
[ʃ]	**ch**aussure, **ch**anter; stimmloses *sch*, wie in *schön*.
[ɲ]	Allema**gn**e; etwa wie in *Kognak*.
[ŋ]	in Wörtern aus dem Englischen, z. B. pi**ng**-pong.
[ʀ]	**r**egarder; Zäpfchen-Reibelaut; wird auch am Wortende und vor Konsonant deutlich ausgesprochen.

Die nicht erwähnten Konsonanten sind den deutschen sehr ähnlich.
Bei [p], [b], [t], [d], [k], [g] ist jedoch darauf zu achten, dass sie ohne „Hauchlaut“ gesprochen werden.

Halbkonsonanten

[j]	ca**h**ier; weicher als das deutsche *j* in *ja*.
[w]	**ou**i, t**oi**; flüchtiger [u]-Laut, gehört zum folgenden Vokal.
[ɥ]	c**ui**sine, je s**ui**s, h**ui**t; flüchtiger [y]-Laut, gehört zum folgenden Vokal.

Das Alphabet, das Buchstabieren und die Zeichensetzung

A [a]	E [ə]	I [i]	M [ɛm]	Q [ky]	U [y]	Y [igʀɛk]
B [be]	F [ɛf]	J [ʒi]	N [ɛn]	R [ɛʀ]	V [ve]	Z [zɛd]
C [se]	G [ʒe]	K [ka]	O [o]	S [ɛs]	W [dubləve]	
D [de]	H [aʃ]	L [ɛl]	P [pe]	T [te]	X [iks]	

.	le point	der Punkt
?	le point d'interrogation	das Fragezeichen
!	le point d'exclamation	das Ausrufezeichen
,	la virgule	das Komma
:	les deux points	der Doppelpunkt
« »	les guillemets [legijmɛ]	die Anführungszeichen

tour Eiffel	s'écrit	**en deux mots.**
tour	s'écrit	avec **une minuscule.**
Eiffel	s'écrit	avec **une majuscule.**
hi**p-h**op	s'écrit	avec **un trait d'union.**
l'ami	s'écrit	avec **«l» apostrophe.**
a**rr**iver	s'écrit	avec **deux «r».**
cl**é**	s'écrit	avec **«e» accent aigu.**
tr**è**s	s'écrit	avec **«e» accent grave.**
all**ô**	s'écrit	avec **«o» accent circonflexe.**
ça	s'écrit	avec **«c» cédille.**

Hinweise zum *Vocabulaire*

Das **Vocabulaire** hat drei Spalten.
Die **linke Spalte** zeigt die neuen Lernwörter in der Reihenfolge des Auftretens im Buch mit der Aussprache und Angaben zum Sprachgebrauch wie z.B. *fam.* für *familier*.

In der **mittleren Spalte** findest du die deutschen Bedeutungen des neuen französischen Lernwortes bzw. Ausdrucks. Manchmal stehen hier auch interessante Zusatzinformationen zu Wörtern *(Vis-à-vis)* oder Wortgruppen zusammengefasst in einem Kasten.

Die **rechte Spalte** hilft dir beim Lernen der Vokabeln. Sie zeigt dir in Beispielsätzen eine typische Verwendung des neuen Wortes. Du findest dort auch nützliche Tipps, Erläuterungen, Hinweise und Bilder.
Der **individuelle Wortschatz** in den Wörternetzen bietet zusätzliche Wörter zu einem Thema der Lektion.

Im französisch-deutschen *Dictionnaire* …
findest du leicht alle Wörter und Ausdrücke der Lektionstexte und Übungen in alphabetischer Reihenfolge und zwar mit Lautschrift, der deutschen Übersetzung und Angabe der Fundstelle(n).

Das deutsch-französische Wörterbuch …
führt die obligatorischen Lernwörter ebenfalls in alphabetischer Reihenfolge.

Symbole und Abkürzungen

!	Achtung! Aufgepasst!
→	Vergleiche mit …
=	Bedeutet …/Ist gleich …
↔	Ist das Gegenteil von …
[E]	Englisch
[R]	Russisch
[T]	Türkisch
✎	Achte auf die Schreibung.
👄	Achte auf die Aussprache.
fam.	*familier* (= umgangssprachlich)
frz.	französisch
ugs.	umgangssprachlich
vulg.	*vulgaire* (= vulgär)
m.	*masculin* (= maskulin)
f.	*féminin* (= feminin)
sg.	*singulier* (= Singular)
pl.	*pluriel* (= Plural)
⟨ ⟩	fakultativ

Au retour des vacances

	au retour de [ɔʀətuʀdə]	zurück aus	
2	**rentrer** [ʀɑ̃tʀe]	zurückkehren; nach Hause gehen	Tout le monde rentre après les vacances.
	à la gare [alagaʀ]	am Bahnhof	 T gar
	à l'aéroport [alaeʀɔpɔʀ]	am Flughafen	R в аэропортý
	sur l'autoroute [syʀlotoʀut]	auf der Autobahn	
3	une **chanson** [ynʃɑ̃sɔ̃]	ein Lied	
4	**en Europe** [ɑ̃nøʀɔp]	in Europa	R в Еврóпе
5	**il est allé/elle est allée** [ilɛtale/ɛlɛtale]	er/sie ist gegangen; er/sie ist gefahren; er/sie war	Il est allé au Portugal. Elle est allée en Espagne.
	il/elle a fait [il/ɛlafɛ]	er/sie hat gemacht	Il a fait de la musique. Elle a fait du surf.
6	**Tu es allé(e) où?** [tyɛaleu]	Wo bist du hingegangen/hingefahren?; Wo warst du?	
	je suis allé(e) [ʒəsɥizale]	ich bin gegangen; ich bin gefahren; ich war	Sonia: Je suis allée à la mer. Maxime: Je suis allé à Izmir.
	à la montagne [alamɔ̃taɲ]	in die Berge	
	je suis resté(e) [ʒəsɥiʀɛste]	ich bin geblieben	Sonia: Je suis restée à Berlin. Maxime: Je suis resté chez moi.
	Qu'est-ce que tu as fait? [kɛskətyafɛ]	Was hast du gemacht?	
	j'ai fait [ʒefɛ]	ich habe gemacht	J'ai fait du camping.
	j'ai visité [ʒevizite]	ich habe besichtigt	J'ai visité un musée.

1 Question de look

un **look** [ɛ̃luk]	ein Look	J'adore ton look!

Approche

une **robe** [ynʀɔb]	ein Kleid	
un **pantalon** [ɛ̃pɑ̃talɔ̃]	eine Hose	 T pantalon

	une chemise [ynʃəmiz]	ein Hemd	
	un manteau [ɛ̃mɑ̃to]	ein Mantel	T manto
	une jupe [ynʒyp]	ein Rock	
2	**les vêtements en solde** [levɛtmɑ̃ɑ̃sɔld]	reduzierte Kleidung; der Kleiderschlussverkauf	Qu'est-ce qu'il y a en solde?
	un vêtement [ɛ̃vɛtmɑ̃]	ein Kleidungsstück	
3	**acheter** [aʃte]	kaufen	**acheter** j' **achète**, tu **achètes**, il/elle/on **achète**, nous **achetons**, vous **achetez**, ils/elles **achètent**
4	**Qu'est-ce que tu achètes?** [kɛskətyaʃɛt]	Was kaufst du?	Qu'est-ce que tu fais?

Atelier

Les couleurs

gris [gʀi] / grise [gʀiz]	grau	rouge [ʀuʒ] / rouge [ʀuʒ]	rot
vert [vɛʀ] / verte [vɛʀt]	grün	jaune [ʒon] / jaune [ʒon]	gelb
blanc [blɑ̃] / blanche [blɑ̃ʃ]	weiß	rose [ʀoz] / rose [ʀoz]	rosa
noir [nwaʀ] / noire [nwaʀ]	schwarz	marron [maʀɔ̃] / marron [maʀɔ̃]	braun
bleu [blø] / bleue [blø]	blau	orange [ɔʀɑ̃ʒ] / orange [ɔʀɑ̃ʒ]	orange
violet* [vjɔlɛ] / violette [vjɔlɛt]	violett	beige* [bɛʒ] / beige [bɛʒ]	beige

* **individueller Wortschatz**

1	**une couleur** [ynkulœʀ]	eine Farbe	
	un blouson [ɛ̃bluzɔ̃]	eine Jacke; ein Blouson	R блузóн
	un sweat-shirt [ɛ̃swɛtʃɜʀt]	ein Sweatshirt	
	commander [kɔmɑ̃de]	bestellen	Qu'est-ce que tu commandes?

la taille	die (Kleider-)Größe
la quantité	die Menge; die Anzahl
bien choisir	gut auswählen
à partir de	ab; von … an
ajouter au panier	in den Warenkorb legen

2	**trop moche** [tʀomɔʃ]	potthässlich	La robe est trop moche!
	trop [tʀo]	zu viel; zu sehr	
	moche [mɔʃ]	hässlich	La robe marron est moche.
	à la maison [alamɛzõ]	zu Hause; nach Hause	Après l'école, je rentre à la maison.
	la **télé (= la télévision)** [latele(vizjõ)]	das Fernsehen; der Fernseher	Il y a un film à la télé? R телевизор T tele, televizyon
	encore [ɑ̃kɔʀ]	(immer) noch	
	Tu me soûles. [tymәsul]	Du gehst mir auf die Nerven.; Du nervst.	
	Ce n'est pas ton problème. [sәnɛpatõpʀɔblɛm]	Das ist nicht dein Problem.	
	un **problème** [ɛ̃pʀɔblɛm]	ein Problem	Tu as un problème? R проблéма
	génial [ʒenjal]	super; genial	génial = super
	une **commande** [ynkɔmɑ̃d]	eine Bestellung	→ commander
	une **basket** [ynbaskɛt]	ein Turnschuh	des baskets 
	Ils mettent le paquet sur la table.	Sie stellen das Paket auf den Tisch.	
	C'est quoi, ça? [sɛkwasa]	Was ist denn das?	
	grand/grande [gʀɑ̃/gʀɑ̃d]	groß	Le t-shirt est trop grand.
	Qu'est-ce que vous fabriquez? [kɛskәvufabʀike]	Was treibt ihr da?	
	Tu rigoles. [tyʀigɔl]	Du machst wohl Witze!	
	C'est pour qui? [sɛpuʀki]	Für wen ist das?	
	Trop la classe! [tʀolaklas]	Klasse!	
	Il met le blouson. [ilmɛlәbluzõ]	Er zieht die Jacke an.	
	un **clown** [ɛ̃klun]	ein Clown	 R клóун

Vocabulaire 1

Ça te va très bien! [satəvatʀɛbjɛ̃]	Das steht dir echt gut.	
petit/petite [pəti/pətit]	klein	Le pantalon est trop petit.
Je ne porte pas ça. [ʒənəpɔʀtpasa]	So etwas trage ich nicht.	
porter [pɔʀte]	tragen	Je ne porte pas des pantalons marron.
Je préfère les jeans. [ʒəpʀefɛʀledʒin]	Ich bevorzuge Jeans.	
préférer [prefere]	bevorzugen; lieber mögen	→ **préférer** je **préfère**, tu **préfères**, il/elle/on **préfère**, nous **préférons**, vous **préférez**, ils/elles **préfèrent**
un **jean** [ɛ̃dʒin]	eine Jeans	 [R] джинсы
une **erreur** [ynɛʀœʀ]	ein Irrtum; ein Fehler	C'est une erreur!
Je n'aime pas le rose.	Ich mag rosa nicht.	Je préfère le jaune.
Je mets la chemise. [ʒəmɛlaʃəmiz]	Ich ziehe das Hemd an.	
Fais attention. [fɛatɑ̃sjɔ̃]	Pass auf.	Faites attention!
Ne bouge pas! [nəbuʒpa]	Beweg dich nicht!; Halt still!	
bouger [buʒe]	bewegen; sich bewegen	! nous boug**e**ons
un **trou** [ɛ̃tʀu]	ein Loch	Il y a un trou dans mon t-shirt. 
Vous êtes nuls. [vuzɛtnyl]	Ihr seid doof/blöd.	
Il y a du chocolat sur le t-shirt.	Auf dem T-Shirt ist Schokolade.	J'aime le chocolat.
Vous mettez tout dans le paquet. [vumɛtetudɑ̃ləpakɛ]	Ihr legt alles ins Paket.	
fermer [fɛʀme]	schließen	On ferme le paquet.
Ni vu, ni connu. [nivynikɔny]	Keiner hat's gesehen.	
Bonsoir. [bɔ̃swaʀ]	Guten Abend.	↔ bonjour
un **enfant** [ɛ̃nɑ̃fɑ̃]	ein Kind	Bonsoir, les enfants!
Chut! [ʃyt]	Psst!; Still!	

C'est la totale! [sɛlatɔtal]	Das ist echt die Härte!; Ich fass es nicht!	

On s'excuse.	Wir entschuldigen uns.
cher/chère	teuer
Vous avez de l'argent de poche, non?	Ihr habt Taschengeld, nicht wahr?
une **salle de bains**	ein Badezimmer
On enlève le chocolat.	Wir entfernen die Schokolade.
C'est parfait.	Das ist perfekt.
Le paquet est ouvert.	Das Paket ist offen.
Mme Laval ouvre la porte.	Frau Laval öffnet die Tür.
Ce n'est pas possible.	Das ist nicht möglich./Das ist unmöglich.
Je vais parler à ta mère.	Ich werde mit deiner Mutter sprechen.

Diese Wörter und Sätze brauchst du nicht zu lernen.

6	un **mot** [ɛ̃mo]	ein Wort	
	en hiver *(m.)* [ɑ̃nivɛʀ]	im Winter	En hiver, il fait froid.
	en été *(m.)* [ɑ̃nete]	im Sommer	
9	**mettre** [mɛtʀ]	setzen; legen; stellen; *hier:* anziehen	→ **mettre** je **mets**, tu **mets**, il/elle/on **met**, nous **mettons**, vous **mettez**, ils/elles **mettent**
10	un **entraînement** [ɛ̃nɑ̃tʀɛnmɑ̃]	ein Training	Je vais à mon entraînement de rugby. T antrenman
	le **tennis** [lətenis]	Tennis	 R теннис T tenis
13	**Ça me va?** [saməva]	Steht mir das?	
	C'est la classe. [sɛlaklas]	Das ist klasse.	
	Ça va bien avec ton jean.	Das passt gut zu deiner Jeans.	
	Le rose te va très bien.	Rosa steht dir gut.	
	C'est trop chic. [sɛtʀɔʃik]	Das ist zu schick.	
	Ce n'est pas assez chic. [sənɛpaaseʃik]	Das ist nicht schick genug.	
	chic [ʃik]	schick	T şık

Mon dico personnel

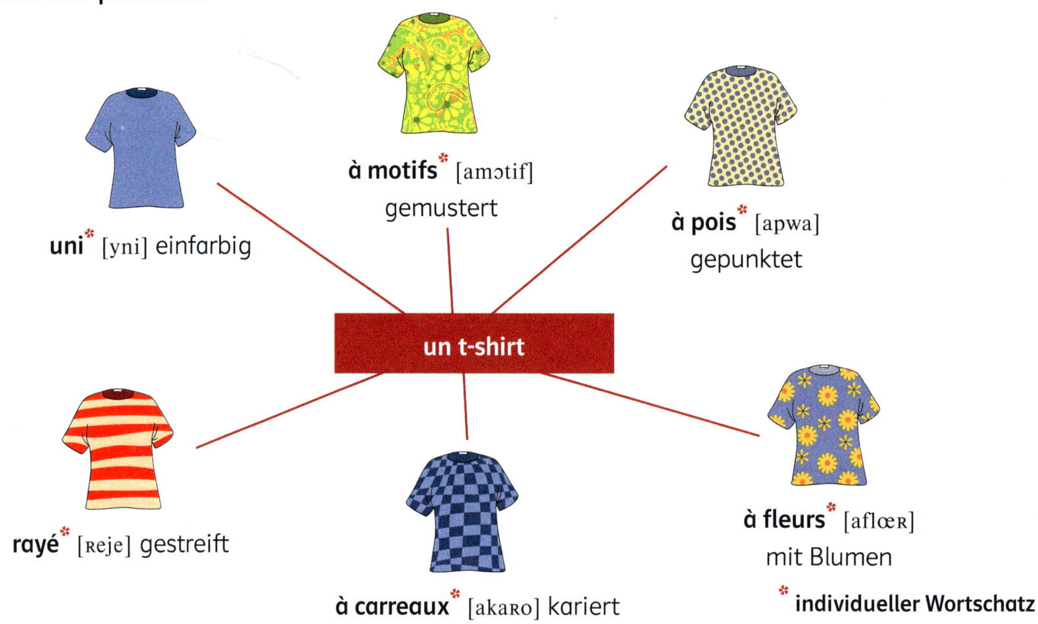

* individueller Wortschatz

En français

Wie sagst du auf Französisch, …

1. wenn dich jemand nervt?
2. dass das T-Shirt hässlich ist?
3. dass jemandem etwas sehr gut steht?
4. dass die Schuhe zu klein sind?
5. wenn du jemandem empfiehlst, eine schwarze Hose anzuziehen?

2 Bienvenue au collège

Bienvenue (à …)! [bjɛ̃vənya]	Willkommen (in …)!	

Approche

une salle de classe [ynsaldəklas]	ein Klassenzimmer	Dans la salle de classe, il y a les élèves et le prof.
une salle [ynsal]	ein Saal; ein Raum	
une classe [ynklas]	eine Klasse	R класс
un gymnase [ɛ̃ʒimnaz]	eine Turnhalle	
une cantine [ynkɑ̃tin]	eine Kantine	Tu vas à la cantine? T kantin
une infirmerie [ynɛ̃fiʀməʀi]	ein Krankenzimmer *(einer Schule)*	

	une **cour** [ynkuʀ]	ein Hof	
	un **CDI** (= un centre de documentation et d'information) [ɛ̃sedei]	ein CDI *(Dokumentations- und Informationsstelle einer Schule)*	
	les **toilettes** *(f.) (pl.)* [letwalɛt]	die Toilette	Où sont les toilettes? R туалéт T tuvalet
2	une **scène** [ynsɛn]	eine Szene	E scene
	aller avec [aleavɛk]	passen zu	La scène va avec la photo 1.

Atelier

1	**montrer** *qc* **à** *qn* [mõtʀe]	jdm. etw. zeigen	
	donner *qc* **à** *qn* [dɔne]	jdm. etw. geben	Mme Colin donne les livres aux élèves.
	quelque chose [kɛlkəʃoz]	etwas	Tu cherches quelque chose?
	quelqu'un [kɛlkɛ̃]	jemand	Tu cherches quelqu'un?
	un **surveillant/** une **surveillante** [ɛ̃syrvɛjɑ̃/ynsyrvɛjɑ̃t]	eine Aufsichtsperson	
	un **documentaliste/** une **documentaliste** [ɛ̃/yndɔkymɑ̃talist]	ein Schulbibliothekar/ eine Schulbibliothekarin	
	l'**anglais** *(m.)* [lɑ̃glɛ]	Englisch	
2	**un garçon trop discret**	ein sehr zurückhaltender Junge	
	discret/discrète [diskʀɛ/diskʀɛt]	zurückhaltend	un garçon discret/une fille discrète
	Les cours commencent dans dix minutes.	Der Unterricht beginnt in zehn Minuten.	
	un **cours** [ɛ̃kuʀ]	eine Unterrichtsstunde	
	commencer [kɔmɑ̃se]	anfangen; beginnen	→ **commencer** je **commence**, tu **commences**, il/elle/on **commence**, nous **commençons**, vous **commencez**, ils/elles **commencent**
	Julie est stressée. [ʒyliɛstʀɛse]	Julie ist gestresst.	Alex est stressé.
	une **présentation** [ynpʀesɑ̃tasjõ]	eine Präsentation; eine Vorstellung	E presentation
	l'**histoire-géo** *(f.)* [listwaʀʒeo]	Geschichte-Geografie *(Unterrichtsfach)*	
	manger [mɑ̃ʒe]	essen	! nous mang**e**ons

ensemble [ɑ̃sɑ̃bl]	zusammen	On mange ensemble?
un élève/une élève [ɛ̃nelɛv/ynelɛv]	ein Schüler/eine Schülerin	
un emploi du temps [ɛ̃nɑ̃plwadytɑ̃]	ein Stundenplan	
nonante [nonɑ̃t]	neunzig *(in Belgien/in der Schweiz)*	= quatre-vingt-dix
Comment? [kɔmɑ̃]	Wie?; Wie bitte?	
au 2e étage [odøzjɛmetaʒ]	im 2. Stock	
un étage [ɛ̃netaʒ]	eine Etage; ein Stockwerk	
le chemin [ɛ̃ʃəmɛ̃]	der Weg	Malika montre le chemin à Alex. 
la 5eA (= la cinquième A) [ləsɛ̃kjɛma]	die 5A	Je suis en 5e A.
Tu viens d'où? [tyvjɛ̃du]	Woher kommst du?	Je viens de Liège.
retrouver *qn* [ʀətʀuve]	jdn. treffen	J'ai retrouvé les copains devant le cinéma. → trouver
J'ai 16 (sur 20). [ʒesɛz(syʀvɛ̃)]	Ich habe 16 Punkte (von 20).	

Vis-à-vis
In Frankreich werden die Noten in Punkten ausgedrückt. Die beste Punktezahl, die man erreichen kann, ist 20.

Tiens! [tjɛ̃]	Schau mal!	
un nouveau [ɛ̃nuvo]	ein Neuer	! une nouvelle = eine Neue
Il/Elle vient de ... [il/ɛlvjɛ̃də]	Er/Sie kommt aus ...	
mignon/mignonne [miɲɔ̃/miɲɔn]	niedlich; gutaussehend	Il est mignon./Elle est mignonne. = Er/Sie sieht gut aus.
Il/Elle apprend l'allemand. [il/ɛlapʀɑ̃lalmɑ̃]	Er/Sie lernt Deutsch.	
l'allemand *(m.)* [lalmɑ̃]	Deutsch	T Alman(ca)
avec nous [avɛknu]	mit uns	Tu viens avec nous?
Je n'ai pas le temps. [ʒənepalətɑ̃]	Ich habe keine Zeit.	
le temps [lətɑ̃]	die Zeit	

l'**EPS** *(m.)* (= éducation physique et sportive) [lepeɛs]	Sportunterricht	
cet après-midi [sɛtapʀɛmidi]	heute Nachmittag	Cet après-midi, je reste à la maison.
Pas moi. [pamwa]	Ich nicht.	
à votre avis [avɔtʀavi]	eurer Meinung nach	A mon avis, Alex a un rendez-vous.
allumer [alyme]	einschalten	
pour chatter [puʀtʃate]	um zu chatten	
chatter [tʃate]	chatten	Elle allume son ordinateur pour chatter.
une **demande de contact** [yndəmɑ̃ddəkɔ̃takt]	eine Freundschaftsanfrage	
cliquer [klike]	klicken	
confirmer [kɔ̃fiʀme]	bestätigen	confirmer une commande
un **chat** [ɛ̃tʃat]	ein Chat	→ chatter R чат
Rien. [ʀjɛ̃]	Nichts.	Qu'est-ce que tu fais? – Rien.
les **devoirs** *(m.) (pl.)* [ledəvwaʀ]	die Hausaufgaben	Je fais mes devoirs.
les **maths** *(f.) (pl.) (fam.)* (= mathématiques) [lemat]	Mathe *(ugs.)*	les devoirs de maths T matematik
une **interro** *(fam.)* (= interrogation) [ynɛ̃tɛʀo(gasjɔ̃)]	eine Klassenarbeit	
la semaine prochaine [lasəmɛnpʀɔʃɛn]	nächste Woche	La semaine prochaine, c'est les vacances.
réviser [ʀevize]	lernen; wiederholen	On a une interro demain. On révise ensemble?
un **spectacle** [ɛ̃spɛktakl]	eine Aufführung; eine Vorführung	R спектáкль
une **compagnie de danse** [ynkɔ̃panidədɑ̃s]	eine Tanzgruppe	

Chat-/SMS-Sprache

Slt!	=	**Salut!**	Hallo!
keske ... ?	=	**qu'est-ce que ... ?**	Was ... ?
chuis	=	**je suis**	ich bin
2m1	=	**demain**	morgen

6	**venir** [vəniʀ]	kommen	**venir** je **viens**, tu **viens**, il/elle/on **vient**, nous **venons**, vous **venez**, ils/elles **viennent**
	tout de suite [tutsɥit]	sofort	
8	**C'est faux.** [sɛfo]	Das ist falsch.	
9	un **écran** [ɛ̃nekʀɑ̃]	ein Bildschirm	J'ai un ordinateur avec un grand écran. [R] экрáн [T] ekran
	le **clavier** [ləklavje]	die Tastatur	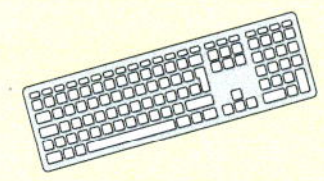 [R] клавиатýра [T] klavye
	la **souris** [lasuʀi]	die Maus	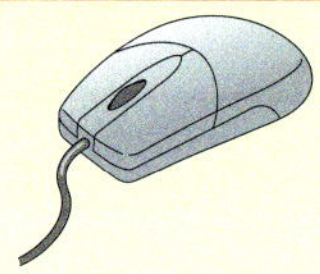
	une **clé USB** [ynkleyɛsbe]	ein USB-Stick	
	un **portable** [ɛ̃pɔʀtabl]	ein Laptop; ein Notebook	un téléphone portable un ordinateur portable portable = tragbar
	une **tablette tactile** [yntablɛttaktil]	ein Tablet; ein Notepad	
	sur Internet [syʀɛ̃tɛʀnɛt]	im Internet	Tu regardes la télé? – Non, je suis sur Internet.
	taper [tape]	tippen	
	un **code** [ɛ̃kɔd]	ein Code	[E] code [R] код
11	une **école** [ynekɔl]	eine Schule	[R] шкóла [T] okul
	un/une **prof** *(fam.)* (= professeur) [ɛ̃/ynpʀɔf(esœʀ)]	ein Lehrer/eine Lehrerin	
	le **prof principal**/la **prof principale** [ləpʀɔfpʀɛ̃sipal/lapʀɔfpʀɛ̃sipal]	der Klassenlehrer/die Klassenlehrerin	Mon prof principal, c'est M. Renaud, mon prof de maths.
	Ma matière préférée, c'est …	Mein Lieblingsfach ist …	Mes matières préférées sont …
	une **matière** [ynmatjɛʀ]	ein Unterrichtsfach	
	préféré/préférée [pʀefeʀe]	Lieblings-	Mon prof préféré, c'est M. Renaud.
	j'apprends [ʒapʀɑ̃]	ich lerne	
	le **français** [ləfʀɑ̃sɛ]	Französisch	J'apprends le français.

depuis [dəpɥi]	seit	J'apprends le français depuis deux ans.
jusqu'à trois heures [ʒyskatʀwazœʀ]	bis drei Uhr	

Mon dico personnel

- **les matières** [lematjɛʀ] die Fächer
  - les **maths**
  - l'**histoire-géographie**
  - *les **SVT** (Sciences de la vie et de la terre) [leɛsvete] Biologie und Naturkunde
  - *la **technologie** [latɛknɔlɔʒi] Technik
  - la **musique**
  - l'**EPS**
  - *les **sciences physiques** [lesjɑ̃sfizik] Naturwissenschaften
  - *les **arts plastiques** [lezaʀplastik] der Kunstunterricht
  - **les langues vivantes** [lelɑ̃gvivɑ̃t] die Fremdsprachen
    - l'**anglais**
    - le **français**
    - l'**allemand**
    - *le **russe** [ləʀys] Russisch
    - *l'**espagnol** [lɛspaɲɔl] Spanisch

* **individueller Wortschatz**

En français

Wie sagst du auf Französisch, …

1. dass du gestresst bist, weil du eine Präsentation halten musst?
2. wenn du mit jemandem zusammen zu Mittag essen willst?
3. wenn du wissen willst, wo jemand herkommt?
4. in welcher Klassenstufe du bist?
5. dass du seit zwei Jahren Französisch lernst?

3 Enfin, c'est le week-end

enfin [ɑ̃fɛ̃]	schließlich; endlich	
un **week-end** [ɛ̃wikɛnd]	ein Wochenende	Samedi et dimanche, c'est le week-end.

Approche

un **café** [ɛ̃kafe]	ein Café	
un **stade** [ɛ̃stad]	ein Stadion; ein Sportstadion	 E stadium

V Vocabulaire 3

	un **supermarché** [ɛ̃sypɛʀmaʀʃe]	ein Supermarkt	Samedi matin, nous faisons les courses au supermarché.  R супермáркет T süpermarket
3	**ce week-end** [səwikɛnd]	am Wochenende	
4	un **parc** [ɛ̃paʀk]	ein Park	E parc R парк T park
	le **centre-ville** [ləsɑ̃tʀəvil]	das Stadtzentrum	Je vais au centre-ville.

Atelier

1	**Qu'est-ce que tu as fait hier?**	Was hast du gestern gemacht?	
	hier [jɛʀ]	gestern	hier → aujourd'hui → demain
	téléphoner [telefɔne]	telefonieren	
	rencontrer *qn* [ʀɑ̃kɔ̃tʀe]	jdn. treffen	J'ai rencontré un copain.
	rien de spécial [ʀjɛ̃dəspesjal]	nichts Besonderes	
	ensuite [ɑ̃sɥit]	danach; dann	
	J'ai traîné, quoi. [ʒɛtʀɛnekwa]	Ich habe halt gechillt.	
	traîner *(fam.)* [tʀene]	herumhängen *(ugs.)*; chillen *(ugs.)*	J'ai traîné dans ma chambre.
	C'est toujours d'accord pour le ciné? [setuʒuʀdakɔʀpuʀləsine]	Und, gehen wir noch ins Kino?	
	d'abord [dabɔʀ]	zunächst; zuerst	
	puis [pɥi]	danach; dann	= ensuite
	le **sport** [ləspɔʀ]	die Sportart; (der) Sport	J'ai fait du sport. R спорт T spor
2	**Quel cinéma!** [kɛlsinema]	So ein Theater!	
	Il ne répond pas au téléphone. [ilnərepɔ̃paotelefɔn]	Er meldet sich nicht.	
	un **téléphone** [ɛ̃telefɔn]	ein Telefon	→ téléphoner
	On attend? [ɔ̃natɑ̃]	Warten wir?	
	une **séance** [yseɑ̃s]	eine Vorstellung	la séance de cinéma R сеáнс T seans
	oublier [ublije]	vergessen	J'ai oublié mes cahiers.
	Elles mangent du popcorn.	Sie essen Popcorn.	

raconter [ʀakɔ̃te]	erzählen	
Tu m'énerves! [tymenɛʀv]	Du nervst mich!	
pour moi [puʀmwa]	für mich	
Tu es en retard, dis donc! [tyɛɑ̃ʀətaʀdidɔ̃k]	Du kommst aber spät!	
être en retard [ɛtʀɑ̃ʀətaʀ]	zu spät kommen; spät dran sein	Je suis en retard. Pardon.
C'est toute une histoire. [sɛtutynistwaʀ]	Das ist eine lange Geschichte.	
une **histoire** [ynistwaʀ]	eine Geschichte	
un portefeuille avec 200 euros dedans	eine Brieftasche mit 200 Euro (drin)	
un **portefeuille** [ɛ̃pɔʀt(ə)fœj]	eine Brieftasche	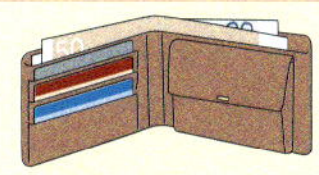 T portföy
C'était super. [setɛsypɛʀ]	Das war super.	
dans la rue [dɑ̃laʀy]	auf der Straße	
un **immeuble** [ɛ̃nimœbl]	ein Wohnhaus	
ramasser [ʀamase]	einsammeln; aufheben	J'ai ramassé le portefeuille.
un **commissariat** [ɛ̃kɔmisaʀja]	ein Polizeirevier	R комиссариáт
Attendez! [atɑ̃de]	Wartet!	Attends!
Pas de panique. [padəpanik]	Keine Panik.	
les **papiers** *(m.) Pl* [lepapje]	die Ausweispapiere; die Papiere	
un **voisin**/une **voisine** [ɛ̃vwazɛ̃/ynvwazin]	ein Nachbar/ eine Nachbarin	
C'est une autre histoire.	Das ist eine andere Geschichte.	
Elle a fait une drôle de tête. [ɛlafɛyndʀoldətɛt]	Sie hat ein komisches Gesicht gemacht.	
Elle nous a donné 20 euros.	Sie hat uns 20 Euro gegeben.	
une **gaufre** [yngofʀ]	eine Waffel	Je voudrais une gaufre.  T gofret
Je vous invite. [ʒəvuzɛ̃vit]	Ich lade euch ein.	
3 **Qui ...?** [ki]	Wer ...?	C'est qui?
4 un **policier** [ɛ̃pɔlisje]	ein Polizist	

	J'ai perdu mon portefeuille.	Ich habe meine Brieftasche verloren.	
	vers onze heures [vɛʀɔ̃zœʀ]	gegen elf Uhr	
	les **courses** *(f.) (pl.)* [lekuʀ]	die Einkäufe	J'ai fait les courses.
	Il est comment? [ilɛkɔmɑ̃]	Wie sieht er/sie/es aus?	
	une **carte bancaire** [ynkaʀtbɑ̃kɛʀ]	eine Kreditkarte	 T kredi kartı
5	un **porte-monnaie/** des **porte-monnaies** [ɛ̃pɔʀt(ə)mɔnɛ/ depɔʀt(ə)mɔnɛ]	ein Geldbeutel/ Geldbeutel	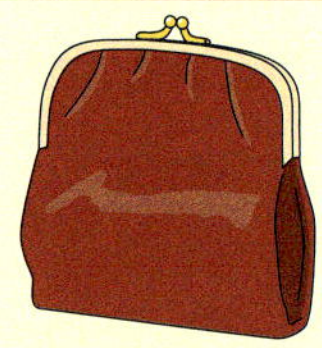 R портмоне́
	le week-end dernier [ləwikɛnddɛʀnje]	letztes Wochenende	
9	**attendre** *qn/qc* [atɑ̃dʀ]	auf jdn./etw. warten	J'attends le bus. → **attendre** j'**attends**, tu **attends**, il/elle/on **attend**, nous **attendons**, vous **attendez**, ils/elles **attendent**
	répondre à *qn* [ʀepɔ̃dʀ]	jdm. antworten	→ **répondre** je **réponds**, tu **réponds** , il/elle/ on **répond**, nous **répondons**, vous **répondez**, ils/elles **répondent**
	une **dame** [yndam]	eine Frau; eine Dame	↔ monsieur R да́ма
	demander *qc* **à** *qn* [dəmɑ̃de]	jdn. (nach) etw. fragen	La dame demande à Maxime: Le bus vient quand?
	une **caissière** [ynkɛsjɛʀ]	eine Kassiererin	R касси́рша T kasiyer
	il dit [ildi]	er sagt	Maxime dit oui.

le **week-end**

- **faire du shopping**
- **aller au parc / au cinéma /**
  ***au théâtre** [oteatʀ] ins Theater /
  ***à un concert** [aɛ̃kɔ̃sɛʀ] auf ein Konzert gehen
- **regarder la télé**
- **chatter**
- **faire du skate / du ping-pong / des jeux vidéo**
- **jouer au foot / au rugby / aux cartes**
- **aller chez un copain / une copine**
- **rencontrer des copains**
- **écouter de la musique**
- **traîner dans sa chambre**

* **individueller Wortschatz**

En français
Wie sagst du auf Französisch, …
1. dass du gestern ferngesehen hast?
2. dass die (Kino-)Vorstellung in fünf Minuten beginnt?
3. dass etwas toll war?
4. dass du deinen Geldbeutel verloren hast?
5. dass du in deinem Zimmer bist und faulenzt?
6. wenn du deine Freunde einladen möchtest?

4 Balades et découvertes

une **balade** [ynbalad]	ein Ausflug; ein Spaziergang	
une **découverte** [yndekuvɛʀt]	eine Entdeckung	

Approche

	une **partie de pétanque** [ynpaʀtidəpetɑ̃k]	eine Partie Boules	
	une **sortie** [ynsɔʀti]	ein Ausflug	
	romain/romaine [ʀɔmɛ̃/ʀɔmɛn]	römisch	T romen
	les **arènes** *(f.) (pl.)* [lezaʀɛn]	die Arena/Arenen	les arènes d'Arles 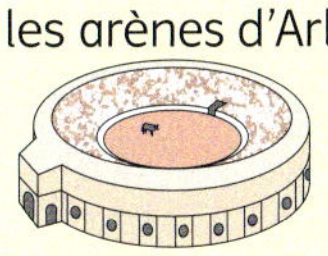 T arena
	une **spécialité** [ynspesjalite]	eine Spezialität	
	une **olive** [ynɔliv]	eine Olive	
	l'**huile d'olive** *(f.)* [lɥildɔliv]	das Olivenöl	
	la **lavande** [lalavɑ̃d]	der Lavendel	La lavande est une spécialité de Provence.  R лава́нда T lavanta
	le **miel** [ləmjɛl]	der Honig	R мёд
	un **melon** [ɛ̃məlɔ̃]	eine Melone	
2	un **reportage** [ɛ̃ʀəpɔʀtaʒ]	eine Reportage	
	la **radio** [laʀadjo]	das Radio; der Rundfunk	un reportage à la radio
	Quels sont …? [kɛlsɔ̃]	Welche sind …?	
	un **produit** [ɛ̃pʀɔdɥi]	ein Produkt; ein Erzeugnis	
	une **région** [ynʀeʒjɔ̃]	eine Gegend; eine Region	Quels sont les produits de la région?
	Que fait …? [kəfɛ]	Was macht …?	

	un chauffeur de taxi [ɛ̃ʃofœʀdətaksi]	ein Taxifahrer	Que fait le chauffeur de taxi le dimanche? T şöför
4	**avoir envie de faire** *qc* [avwaʀɑ̃vidəfɛʀ]	Lust haben, etw. zu tun	Tu as envie d'aller au centre-ville? – Non, je n'ai pas envie.

Atelier

1	**Qu'est-ce que tu vas faire?**	Was wirst du tun?	
	avant [avɑ̃]	vor *(zeitlich)*	avant / pendant / après } les vacances ↔ après
	le printemps [ləpʀɛ̃tɑ̃]	der Frühling	le printemps = der Frühling l'automne *(m.)* = der Herbst l'été *(m.)* = der Sommer l'hiver *(m.)* = der Winter
	une ville [ynvil]	eine Stadt	On va visiter la ville.
	Ce n'est pas loin.	Es ist nicht weit weg.	↔ C'est loin.
	un vélo [ɛ̃velo]	ein Fahrrad	On fait une balade à vélo?  R велосипéд
	prendre des photos [pʀɑ̃dʀdefɔto]	Fotos machen; fotografieren	Je vais prendre des photos.
2	**Pourquoi pas.** [puʀkwapa]	Warum nicht.	
	Il va faire quel temps?	Wie wird das Wetter?	Il va faire beau.
	la météo [lameteo]	der Wetterbericht; die Wettervorhersage	
	près d'ici [pʀɛdisi]	hier in der Nähe	
	une carte [ynkaʀt]	eine Karte	R кáрта
	un GPS [ɛ̃ʒepeɛs]	ein Navigationsgerät	Il regarde sur son GPS.
	proposer [pʀɔpoze]	vorschlagen	Qu'est-ce que tu proposes?
	spectaculaire [spɛktakylɛʀ]	beeindruckend; spektakulär	
	Ça fait combien de kilomètres?	Wie viele Kilometer sind das?	
	un kilomètre [ɛ̃kilɔmɛtʀ]	ein Kilometer	1 km R киломéтр T kilometre
	On prend les petites routes.	Wir nehmen die kleinen Straßen.	

une route [ynʀut]	eine Landstraße; eine Straße	
environ [ɑ̃viʀɔ̃]	etwa; ungefähr	Ça fait environ 10 km.
Ce n'est pas mon truc. [sənɛpamɔ̃tʀyk]	Das ist nicht mein Ding.	
Nous prenons la voiture.	Wir nehmen das Auto.	
une voiture [ynvwatyʀ]	ein Auto	On prend la voiture?
pique-niquer [piknike]	ein Picknick machen	
un viaduc [ɛ̃viadyk]	ein Viadukt	Le pont du Gard est un viaduc.  T viyadük
On va partir à 9 heures.	Wir werden um 9 Uhr losfahren.	
Il faut … [ilfo]	Wir müssen …	
contrôler [kɔ̃tʀole]	kontrollieren	Il faut contrôler les vélos.
un VTT (= vélo tout terrain)/ **des VTT** [ɛ̃vetete/devetete]	ein Mountainbike	! Französische Abkürzungen haben im Plural kein **-s**: des CD, des DVD, des BD, des VTT
le lendemain [ləlɑ̃dəmɛ̃]	am folgenden Tag; am Tag darauf	
Les garçons prennent leurs bouteilles d'eau.	Die Jungen nehmen ihre Wasserflaschen.	
une bouteille [ynbutɛj]	eine Flasche	une bouteille d'eau 
un casque [ɛ̃kask]	ein Sturzhelm	 T kask
C'est parti! [sɛpaʀti]	Los geht's!	
devant [dəvɑ̃]	vorn/vorne	
Ils avancent vite.	Sie kommen schnell voran.	
avancer [avɑ̃se]	vorwärts kommen; vorankommen	→ **avancer** j'**avance**, tu **avances**, il/elle/on **avance**, nous **avançons**, vous **avancez**, ils/elles **avancent**

Pas si vite! [pasivit]	Nicht so schnell!	
un **croisement** [ɛ̃kʀwazmɑ̃]	eine Kreuzung	Ils arrivent à un croisement . 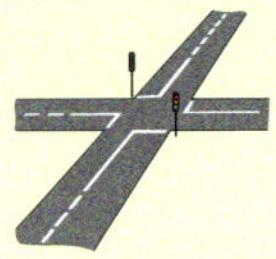
Il commence à pleuvoir.	Es fängt an zu regnen.	Il pleut.
Je n'ai plus de batterie.	Mein Akku ist leer.	
une **batterie** [ynbatʀi]	ein Akku	R батарéя T batarya
J'ai chaud. [ʒeʃo]	Mir ist heiß.; Mir ist warm.	↔ J'ai froid.
C'est encore loin?	Ist es noch weit?	Ce n'est pas loin.
Dépêchez-vous! [depeʃevu]	Beeilt euch!	Dépêche-toi!
Ils pédalent comme des fous. [ilpedalkɔmdefu]	Sie treten wie verrückt in die Pedale.	
plus tard [plytaʀ]	später	une heure plus tard
le bon chemin [ləbɔ̃ʃəmɛ̃]	der richtige Weg	On n'est pas sur le bon chemin.
retourner (à) [ʀətuʀne]	umkehren; zurückkehren (zu/nach)	Il faut retourner à Avignon.
quand même [kɑ̃mɛm]	doch; wohl	
C'est galère! *(fam.)* [sɛgalɛʀ]	Echt ätzend! *(ugs.)*	
Je suis crevé(e). [ʒəsɥikʀəve]	Ich bin fertig.; Ich bin kaputt.	Il est crevé./Elle est crevée.
une **pause** [ynpoz]	eine Pause	
demander le chemin [dəmɑ̃deləʃəmɛ̃]	nach dem Weg fragen	
La boulangerie est fermée.	Die Bäckerei ist zu/ geschlossen.	
On demande aux gens là-bas.	Wir fragen die Leute dort.	
les **gens** *(m.) (pl.)* [leʒɑ̃]	die Leute	
installer [ɛ̃stale]	aufstellen; einrichten; *hier:* vorbereiten	Ils ont installé le pique-nique sous le pont.
un **pont** [ɛ̃pɔ̃]	eine Brücke	sur le pont 
avant de manger [avɑ̃dəmɑ̃ʒe]	vor dem Essen	

	plonger [plõʒe]	tauchen	Il plonge dans l'eau. 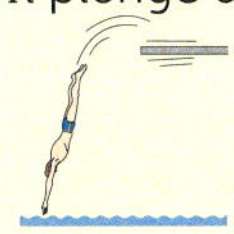
4	**prendre** [pʀɑ̃dʀ]	nehmen	Qu'est-ce qu'on prend pour le pique-nique? **prendre** je **prends**, tu **prends**, il/elle/on **prend**, nous **prenons**, vous **prenez**, ils **prennent**
	une **baguette** [ynbagɛt]	ein Baguette	On achète une baguette.  T baget
6	le **soleil** [ləsɔlɛj]	die Sonne	 R со́лнце
7	**On joue aux dés.** [õʒuode]	Wir machen ein Würfelspiel.	
8	un **orage** [ɛ̃nɔʀaʒ]	ein Gewitter	
	Il neige. [ilnɛʒ]	Es schneit.	
	Il y a du vent. [iljadyvɑ̃]	Es ist windig.	
	le **vent** [ləvɑ̃]	der Wind	 R ве́тер
	la **tempête** [latɑ̃pɛt]	der Sturm; das Unwetter	
	Il y a du soleil. [iljadysɔlɛj]	Es ist sonnig.	
10	**prochain/prochaine** [pʀɔʃɛ̃/pʀɔʃɛn]	nächster/nächste/nächstes	le week-end prochain la semaine prochaine
	proposer de faire *qc* [pʀɔpoze]	vorschlagen, etw. zu tun	Je propose d'aller à Arles.
	à pied [apje]	zu Fuß	On va au cinéma à pied, ou on prend la voiture? R пешко́м
	en bateau [ɑ̃bato]	mit dem Boot; mit dem Schiff	**en** bus/**en** métro/**en** avion 
	C'est trop loin.	Das ist zu weit.	

Il va pleuvoir. [ilvapløvwaʀ]	Es wird regnen.	Il pleut.
C'est trop tôt. [sɛtʀoto]	Das ist zu früh.	↔ C'est trop tard.

Mon dico personnel

une sortie

aller
à la mer
à la montagne
*__à la campagne__ [alakɑ̃paɲ] aufs Land
*__à un lac__ [aɛ̃lak] an einen See
*__à un parc d'attractions__ [aɛ̃paʀkdatʀaksjɔ̃] in einen Freizeitpark

visiter
une ville
un monument
*__un château__ [ɛ̃ʃato] ein Schloss
*__une grotte__ [yngʀɔt] eine Grotte ...

faire une balade
à pied
à vélo
en bateau
en roller
en VTT

prendre
le bus
*__le train__ [lətʀɛ̃] den Zug
la voiture

* **individueller Wortschatz**

En français
Wie sagst du auf Französisch, ...
1. dass du gern eine Fahrradtour machen möchtest?
2. wenn du fragen willst, was ihr morgen unternehmen werdet?
3. wenn etwas nicht dein Ding ist?
4. wenn dir heiß ist?
5. wenn du total erschöpft bist?
6. wenn du nicht einverstanden bist?
7. wenn du fragen willst, wie das Wetter heute wird?

5 Ça me fascine!

Ça me fascine! [saməfasin]	Das fasziniert mich!	Ça te fascine?
fasciner [fasine]	begeistern; faszinieren	

Approche

le char à voile [ləʃaʀavwal]	Strandsegeln	
le kitesurf [ləkaitsɜʀf]	Kitesurfen	 T kite sörf
le canyoning [ləkanjɔniŋ]	Canyoning	

	l'**escalade** *(f.)* [lɛskalad]	Klettern	
	la **slackline** [laslæklain]	Slacken; die Slackline	
4	un **centre équestre** [ɛ̃sɑ̃tʀekɛstʀ]	ein Reiterhof	

Atelier

1	**Je veux faire ...** [ʒəvøfɛʀ]	Ich möchte ... *(+Verb)*	Je veux faire du kitesurf.
	Qu'est-ce qu'on peut faire? [kɛskɔ̃pøfɛʀ]	Was kann man machen?; Was können wir machen?	
	On peut faire ... [ɔ̃pøfɛʀ]	Man kann ... *(+ Verb)*; Wir können ... *(+ Verb)*	On peut faire du kite-surf.
	vouloir [vulwaʀ]	wollen	→ **vouloir** je **veux**, tu **veux**, il/elle/on **veut**
	pouvoir [puvwaʀ]	können	→ **pouvoir** je **peux**, tu **peux**, il/elle/on **peut**
	Oui, je veux bien.	Ja, gern.	
2	une **journée portes ouvertes** [ynʒuʀnepɔʀtuvɛʀt]	ein Tag der offenen Tür	
	Julie a le moral à zéro.	Julie ist niedergeschlagen.	J'ai le moral à zéro.
	le **stress** [ləstʀɛs]	der Stress	R стресс T stres
	une **visite** [ynvizit]	eine Besichtigung; ein Besuch	
	une **balade à cheval** [ynbaladaʃəval]	ein Ausritt	
	un **cheval**/des **chevaux** [ɛ̃ʃ(ə)val/deʃ(ə)vo]	ein Pferd/Pferde	Ma sœur a un cheval. Elle adore les chevaux.
	Le soleil brille. [ləsɔlɛjbʀij]	Die Sonne scheint.	
	Quelle chance! [kɛlʃɑ̃s]	Was für ein Glück!	
	une **tente** [yntɑ̃t]	ein Zelt	

l'entrée *(f.)* [lɑ̃tʀe]	der Eingang	A l'entrée, elles rencontrent une fille. T antre
Tu es Julie, n'est-ce pas? [tyɛʒylinɛspa]	Du bist Julie, oder?	
Elle ne connaît pas la fille.	Sie kennt das Mädchen nicht.	
connaître [kɔnɛtʀ]	kennen (lernen)	→ **connaître** je **connais**, tu **connais**, il/elle/on **connaît**, nous **connaissons**, vous **connaissez**, ils/elles **connaissent**
la jeune fille [laʒœnfij]	das junge Mädchen	
Il a plein de photos.	Er hat viele Fotos.	
tous ses copains [tusekɔpɛ̃]	alle seine Freunde	Je connais tous ses copains.
Tout le monde est en action.	Alle sind beschäftigt.	
un **moniteur**/une **monitrice** [ɛ̃mɔnitœʀ/ynmɔnitʀis]	ein Betreuer/eine Betreuerin	Tao est un moniteur du centre.
une **boisson** [ynbwasõ]	ein Getränk	
Il fait les présentations.	Er stellt alle vor.	
poser [poze]	stellen; setzen; legen	Les filles posent leurs affaires sous la table.
On peut vous aider?	Können wir euch helfen?; Können wir Ihnen helfen?	
aider *qn* [ede]	jdm. helfen	Les filles aident Sami.
Vous pouvez apporter les chaises.	Ihr könnt die Stühle hertragen.; Sie können die Stühle hertragen.	
Si vous voulez. [sivuvule]	Wenn Sie wollen.; Wenn ihr wollt.	Si vous voulez, on peut vous aider.
un **buffet** [ɛ̃byfɛ]	ein Büffet	T büfe
une **assiette** [ynasjɛt]	ein Teller	Maryline a posé les assiettes sur la table.
C'est gentil. [sɛʒɑ̃ti]	Das ist nett.	
coller [kɔle]	kleben; ankleben	
une **affiche** [ynafiʃ]	ein Plakat	J'ai collé les affiches. T afiş
la **SPA** (= Société Protectrice des Animaux) [laɛspea]	der Tierschutzverein	
On vend les gâteaux.	Wir verkaufen die Kuchen.	

vendre [vɑ̃dʀ]	verkaufen	→ **vendre** je **vends**, tu **vends**, il/elle/on **vend**, nous **vendons**, vous **vendez**, ils **vendent**
au profit de [opʀɔfidə]	zugunsten	On vend les boissons au profit de la SPA. = pour
un visiteur/une visiteuse [ɛ̃vizitœʀ/ynvizitøz]	ein Besucher/eine Besucherin	→ visiter
Tu veux faire le guide? [tyvøfɛʀləgid]	Möchtest du die Führung machen?	
beaucoup de visiteurs [bokudəvizitœʀ]	viele Besucher	
un box/des box [ɛ̃bɔks/debɔks]	*hier:* eine Pferdebox	
caresser [kaʀese]	streicheln	Les visiteurs caressent les chevaux. 
un tour de poney [ɛ̃tuʀdəpɔni]	ein Ponyritt	
l'ambiance *(f.)* [lɑ̃bjɑ̃s]	die Atmosphäre; die Stimmung	L'ambiance est super!
expliquer *qc* **à** *qn* [ɛksplike]	jdm. etw. erklären	
le travail [lətʀavaj]	die Arbeit	→ travailler
derrière [dɛʀjɛʀ]	hinter	
Malika et Julie n'arrêtent pas une seconde.	Malika und Julie arbeiten pausenlos.	
arrêter [aʀete]	aufhören	
une seconde [ynsəgɔ̃d]	eine Sekunde	une seconde → une minute → une heure R секу́нда
Qu'est-ce que vous voulez boire?	Was wollt ihr trinken?; Was wollen Sie trinken?	
boire [bwaʀ]	trinken	→ une boisson → **boire** je **bois**, tu **bois**, il/elle/on **boit**, nous **buvons**, vous **buvez**, ils/elles **boivent**

un **jus de pomme** [ɛ̃ʒyd(ə)pɔm]	ein Apfelsaft	Tu veux boire un jus de pomme?
une **menthe à l'eau** [ynmɑ̃talo]	ein Minzsirup mit Wasser	Je voudrais une menthe à l'eau.
Est-ce qu'il y a encore du jus de pomme?	Ist noch Apfelsaft da?	
un **frigo** *(fam.)* [ɛ̃fʀigo]	ein Kühlschrank	
Un instant, monsieur.	Einen Moment, bitte.	
Il y a encore du travail.	Es gibt noch einiges zu tun.	
Ils cherchent un endroit où ils peuvent monter la tente.	Sie suchen eine Stelle, wo sie das Zelt aufstellen können.	
monter une tente [mɔ̃teyntɑ̃t]	ein Zelt aufstellen	
pendant ce temps [pɑ̃dɑ̃sətɑ̃]	währenddessen	
Ils s'occupent des chevaux. [ilsɔkypdeʃəvo]	Sich kümmern sich um die Pferde.	
Tu ne trouves pas? [tynətʀuvpa]	Findest du nicht?; Meinst du nicht auch?	
comme d'habitude [kɔmdabityd]	wie sonst; wie immer	Il n'est pas comme d'habitude.
Tu veux appeler le vétérinaire?	Willst du den Tierarzt anrufen?	
appeler [ap(ə)le]	rufen; anrufen	→ **appeler** j'**appelle**, tu **appelles**, il/elle/on **appelle**, nous **appelons**, vous **appelez**, ils/elles **appellent**
un **vétérinaire**/ une **vétérinaire** [ɛ̃veteʀinɛʀ/ynveteʀinɛʀ]	ein Tierarzt/ eine Tierärztin	Je vais appeler le vétérinaire.  R ветеринáр T veteriner
surveiller [syʀveje]	überwachen	
Pour terminer la journée ...	Am Ende des Tages ...	
... tout le monde se retrouve autour de la table.	... versammeln sich alle rund um den Tisch.	
autour de ... [otuʀdə]	um ... herum	

	compter [kõte]	zählen	
	l'argent *(m.)* [laʀʒɑ̃]	das Geld	Elle compte l'argent.
	gagner [gaɲe]	verdienen	On a gagné 300 euros.
	Un grand merci à tous. [ɛ̃gʀɑ̃mɛʀsiatus]	Ein großes Dankeschön an alle.	
	Vous voulez faire une balade à cheval?	Wollt ihr ausreiten?; Wollen Sie ausreiten?	
4	**décrire une photo** [dekʀiʀynfoto]	ein Foto beschreiben	
	On voit … [õvwa]	Man sieht …	
	On peut voir … [õpøvwaʀ]	Man kann … sehen.	Sur la photo on peut voir des chevaux.
	dans le fond [dɑ̃ləfõ]	im Hintergrund	
	au milieu de [omiljødə]	in der Mitte (von)	
5	**Tu peux m'aider?**	Kannst du mir helfen?	
	volontiers [vɔlõtje]	gern	
6	**vouloir** [vulwaʀ]	wollen	→ **vouloir** je **veux**, tu **veux**, il/elle/on **veut**, nous **voulons**, vous **voulez**, ils/elles **veulent**
	pouvoir [puvwaʀ]	können	→ **pouvoir** je **peux**, tu **peux**, il/elle/on **peut**, nous **pouvons**, vous **pouvez**, ils/elles **peuvent**
7	**organiser** [ɔʀganise]	organisieren	On organise une fête?
8	**un verre** [ɛ̃vɛʀ]	ein Glas	un verre de coca
	un morceau/des morceaux [ɛ̃mɔʀso/demɔʀso]	ein Stück/Stücke	un morceau de gâteau
	un cake aux olives [ɛ̃keikozɔliv]	ein Olivenkuchen	
	une assiette de charcuterie [ynasjɛtdəʃaʀkytʀi]	ein Wurstteller	
	une verrine de fruits [ynvɛʀindəfʀɥi]	ein Nachtisch im Glas mit Früchten	
	Vous pouvez payer à la caisse. [vupuvepɛjealakɛs]	Sie können an der Kasse bezahlen.	
	une serviette [ynsɛʀvjɛt]	eine Serviette	

Mon dico personnel

un buffet

une **assiette**

un **verre**

*une **fourchette**

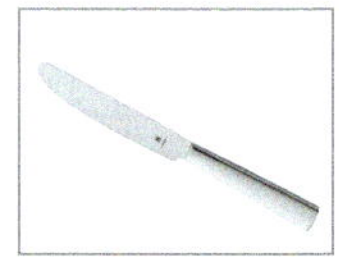

*un **couteau**

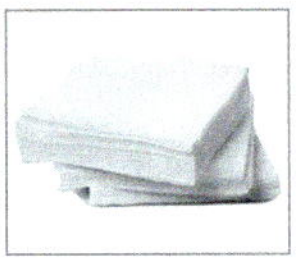

une **serviette**

*une **cuillère à café** [ynkɥijɛʀakafe] ein Kaffeelöffel

*une **cuillère à soupe** [ynkɥijɛʀasup] ein Suppenlöffel

*une **tasse** [yntas] eine Tasse

*une **carafe** [ynkaʀaf] eine Karaffe

*un **bol** [ɛ̃bɔl] eine Schale

* **individueller Wortschatz**

En français

Wie sagst du auf Französisch, …

1. wenn du etwas toll findest?
2. wenn du Klettern gehen willst?
3. wenn du eine Freundin/einen Freund um Hilfe bittest?
4. wenn du fragen willst, ob es noch Apfelsaft gibt?
5. dass du keine Zeit hast?
6. wenn du eine Gabel brauchst?

Extra 1

sur le balcon [syʀləbalkɔ̃]	auf dem Balkon
dans le couloir [dɑ̃ləkulwaʀ]	im Flur
dans la salle de bains [dɑ̃lasaldəbɛ̃]	im Badezimmer
dans la salle à manger [dɑ̃lasalamɑ̃ʒe]	im Esszimmer
au rez-de-chaussée [oʀedʃose]	im Erdgeschoss
au 1er étage [opʀəmjɛʀetaʒ]	im 1. Stock
au 2e étage [odəzjɛmetaʒ]	im 2. Stock

Extra 2

La pauvre! [lapovʀ]	Die Arme!
C'est l'enfer! [sɛlɑ̃fɛʀ]	Das ist die Hölle!
Il n'est pas mal du tout, le nouveau.	Er ist gar nicht so übel, der Neue.
Restons zen! [ʀɛstɔ̃zɛn]	Bleiben wir cool/entspannt!
C'est la cata! [sɛlakata]	Das ist die Katastrophe!
C'est pas écrit police, là! [sɛpaekʀipɔlisla]	Hier steht nicht Polizist!/Ich bin kein Polizist!
On n'est pas des délinquants! [ɔ̃nɛpadedelɛ̃kɑ̃]	Wir sind keine Kriminellen!
Suivez l'exemple de … [sɥivelɛksɑ̃pldə]	Nehmt euch ein Beispiel an …
Il est malade ou quoi? [ilɛmaladukwa]	Ist er krank, oder was?
On est arrivés. [ɔ̃nɛtaʀive]	Wir sind da.

Extra 3

la Fête des lumières [lafɛtdelymjɛʀ] das Lichterfest

- la **Saône** [lason] / le **Rhône** [ləʀon] *Flüsse durch Lyon*
  - un **quai** [ɛ̃kɛ] eine Uferstraße
  - une **berge** [ynbɛʀʒ] ein Ufer
- **Fourvière** [fuʀvjɛʀ] *Hügel in Lyon*
  - une **colline** [ynkɔlin] ein Hügel
- une **maison** [ynmɛzɔ̃] ein Haus
  - une **façade** [ynfasad] eine Fassade / eine Außenwand
  - une **fenêtre** [ynfənɛtʀ] ein Fenster
- les **spectateurs** [lesspɛktatœʀ] die Zuschauer
- **illuminer** [ilymine] beleuchten
  - **fêter** [fete] feiern
  - **projeter** [pʀɔʒəte] projizieren
  - les **lumignons** [lelymiɲɔ̃] Teelichter

Extra 5

monter sur son cheval [mõtesyʀsõʃəval]
aufsteigen

descendre du cheval [desɑ̃dʀdyʃəval]
absteigen

le cavalier/la cavalière [ləkavalje/lakavaljɛʀ]
der Reiter/die Reiterin

manger de l'herbe [mɑ̃ʒedəlɛʀb]
Gras fressen

s'arrêter [saʀɛte]
anhalten

avancer [avɑ̃se]
losgehen

le sabot [ləsabo]
der Huf

Les nombres

1	un	**13**	treize	**25**	vingt-cinq	**80**	quatre-vingts
2	deux	**14**	quatorze	**26**	vingt-six	**81**	quatre-vingt-un
3	trois	**15**	quinze	**27**	vingt-sept	**90**	quatre-vingt-dix
4	quatre	**16**	seize	**28**	vingt-huit	**91**	quatre-vingt-onze
5	cinq	**17**	dix-sept	**29**	vingt-neuf	**100**	cent
6	six	**18**	dix-huit	**30**	trente	**101**	cent-un
7	sept	**19**	dix-neuf	**31**	trente-et-un	**200**	deux-cents
8	huit	**20**	vingt	**40**	quarante	**202**	deux-cent-deux
9	neuf	**21**	vingt-et-un	**50**	cinquante	**300**	trois-cents
10	dix	**22**	vingt-deux	**60**	soixante	**400**	quatre-cents
11	onze	**23**	vingt-trois	**70**	soixante-dix	**900**	neuf-cents
12	douze	**24**	vingt-quatre	**71**	soixante-et-onze	**1000**	mille

Die Zahlen verweisen auf das erstmalige Vorkommen der Wörter, z. B. un **anniversaire** [ɛ̃nanivɛʀsɛʀ] ein Geburtstag **I 4AP** = Band **1**, Lektion **4**, Lektionsteil **Approche**.

Steht nach der Lektionsteilangabe ein Komma und eine Zahl, so erfolgt die Einführung in der betreffenden Übung, Beispiel: **allumer** [alyme] einschalten **II 2A**, 2: also Übung 2 des Lektionsteils Atelier in Band 2.
AP = Approche, **AC** = Action, **E** = Extra

Bd. I: **A** = Atelier A, **B** = Atelier B, **C** = Atelier C
Bd. II: **A** = Atelier
Fakultative Wörter stehen in Spitzklammern ⟨ ⟩.
Individueller Wortschatz *(Mon dico personnel)* ist durch einen Stern * gekennzeichnet.

Grammatische Basiswörter wie z.B. die Subjektpronomen *je, tu* … usw. werden in der folgenden Liste nicht aufgeführt.

A

à [a] auf; bei; im; in **I4A**, 1
à droite [adʀwat] (nach) rechts **I6B**, 1
à gauche [agoʃ] (nach) links **I6B**, 1
à la/**à** l'/**au**/**aux** [ala/al/o/o] in; nach; zu **I5A**, 1
à l'aéroport [alaeʀopɔʀ] am Flughafen **II0**, 2
à la gare [alagaʀ] am Bahnhof **II0**, 2
à la maison [alamɛzõ] nach Hause; zu Hause **II1A**, 2
à la montagne [alamõtaɲ] in die Berge **II0**, 6
à midi [amidi] um zwölf Uhr mittags **I5B**, 1
à pied [apje] zu Fuß **II4A**, 10
au 2e étage [odøzjɛmetaʒ] im 2. Stock **II2A**, 2
au milieu de [omiljødə] in der Mitte (von) **II5A**, 4
au profit de [opʀɔfidə] zugunsten **II5A**, 2
au retour de [oʀətuʀdə] zurück aus **II0**
A quelle heure? [akɛlœʀ] Um wie viel Uhr? **I5B**, 1
à six heures moins le quart [asizœʀmwɛ̃l(ə)kaʀ] um Viertel vor sechs **I5B**, 1
A table! [atabl] Essen kommen!; Zu Tisch! **I3C**, 1
A toi! [atwa] Du bist dran! **I4B**, 2
à votre avis [avɔtʀavi] eurer Meinung nach **II2A**, 2
Au revoir! [ɔʀ(ə)vwaʀ] Auf Wiedersehen! **I1A**, 1
Au secours! [oskuʀ] Hilfe!; Zu Hilfe! **I6B**, 1
abandonné/**abandonnée** [abɑ̃dɔne] ausgesetzt ⟨**II5AC**, 1⟩
accepter [aksɛpte] akzeptieren ⟨**II5AC**, 1⟩
accompagner [akɔ̃paɲe] begleiten ⟨**II3AC**, 1⟩
l'**accrobranche** *(m.)* [lakʀɔbʀɑ̃ʃ] der Hochseilgarten; Klettern im Hochseilgarten **I6A**, 1
acheter [aʃte] kaufen **II1AP**, 3
Qu'est-ce qu'on **achète**? [kɛskõnaʃɛt] Was kaufen wir? **I4A**, 1
un **acteur**/une **actrice** [ɛ̃naktœʀ/ynak‿tʀis] ein Schauspieler/eine Schauspielerin ⟨**II3AC**, 2⟩
les **activités** [lezaktivite] die Freizeitaktivitäten ***I3**
adopter [adopte] adoptieren ⟨**II5AC**, 1⟩
une **adoption** [ynadopsjõ] eine Adoption ⟨**II5AC**, 1⟩
adorable [adɔʀabl] äußerst hübsch ⟨**II5AC**, 1⟩
adorer [adɔʀe] (sehr) lieben; am liebsten haben; mögen **I3A**, 4
un **adulte**/une **adulte** [ɛ̃nadylt/yna‿dylt] ein Erwachsener/eine Erwachsene ⟨**II5AC**, 1⟩
un **aéroport** [ɛ̃naeʀopɔʀ] ein Flughafen **II0**, 2
à l'**aéroport** [alaeʀopɔʀ] am Flughafen **II0**, 2
les **affaires** *(f.) (pl.)* [lezafɛʀ] die Sachen **I4C**, 4
une **affiche** [ynafiʃ] ein Plakat **II5A**, 2
une **affiche** de cinéma [ynafiʃdəsi‿nema] ein Kinoplakat ⟨**II3AC**, 1⟩
Il/Elle a quel **âge**? [il/ɛlakɛlaʒ] Wie alt ist er/sie? **I2B**, 2
agressif/**agressive** [agʀesif/agʀesiv] aggressiv ⟨**II5AC**, 1⟩
aider *qn* [ede] jdm. helfen **II5A**, 2
On peut vous **aider**? Können wir euch helfen?; Können wir Ihnen helfen? **II5A**, 2
Tu peux m'**aider**? Kannst du mir helfen? **II5A**, 5
aimer [ɛme] lieben; mögen **I3A**, 4
Je t'**aime**. [ʒətɛm] Ich liebe dich. **I5A**, 2
en **Allemagne** [ɑ̃nalmaɲ] in Deutschland **I5A**, 2
l'**allemand** *(m.)* [lalmɑ̃] Deutsch **II2A**, 2
un/une prof d'**allemand** *(fam.)* [ɛ̃/yn‿pʀɔfdalmɑ̃] ein Deutschlehrer/eine Deutschlehrerin *(ugs.)* **I2B**, 2
Il/Elle apprend l'**allemand**. [il/ɛlapʀɑ̃lalmɑ̃] Er/Sie lernt Deutsch. **II2A**, 2
aller [ale] gehen; fahren **I5A**, 4
aller à la campagne [alealakɑ̃paɲ] aufs Land fahren ***II4**
aller à un concert [aleaɛ̃kõsɛʀ] auf ein Konzert gehen ***II3**
aller à un lac [aleaɛ̃lak] an einen See fahren ***II4**
aller à un parc d'attractions [alea‿ɛ̃paʀkdatʀaksjõ] in einen Freizeitpark fahren ***II4**
aller au théâtre [aleoteatʀ] ins Theater gehen ***II3**
aller avec [aleavɛk] passen zu **II2AP**, 2
il est **allé**/elle est **allée** [ilɛtale/ɛlɛtale] er/sie ist gefahren; er/sie ist gegangen; er/sie war **II0**, 5
je suis **allé(e)** [ʒəsɥizale] ich bin gegangen; ich war **II0**, 6
Tu es **allé(e)** où? [tyɛaleu] Wo bist du hingefahren?; Wo warst du? **II0**, 6
Allez! [ale] Los! **I3B**, 2
Ça **va**? [sava] Wie geht's? **I1A**, 1
Ça **va**. [sava] Es geht mir gut. **I1A**, 1
Il s'en **va**. [ilsɑ̃va] *hier:* Er (= der Sommer) ist vorbei. ⟨**II0**, 3⟩
on y **va** [õniva] wir gehen (da)hin **I5B**, 6
On y **va**? [õniva] Gehen wir (hin)? **I3A**, 1
Tout **va** bien. [tuvabjɛ̃] Alles in Ordnung.; Alles läuft gut. **I6B**, 1

Tu **vas** où? [tyvau] Wo gehst du hin? **I5A**, 1
Vous **allez** où? [vuzaleu] Wo geht ihr hin? **I5A**, 2
Allô? [alo] Hallo? *(am Telefon)* **I4A**, 1
allumer [alyme] einschalten **II2A**, 2
alors [alɔʀ] also **I2A**, 1
l'**ambiance** *(f.)* [lɑ̃bjɑ̃s] die Atmosphäre; die Stimmung **II5A**, 2
un **ami**/une **amie** [ɛ̃nami/ynami] ein Freund/eine Freundin **I3C**, 1
l'**amour** *(m.)* [lamuʀ] die Liebe ⟨**II3AC**, 2⟩
Il/Elle a huit **ans**. [il/ɛlaɥitɑ̃] Er/Sie ist acht (Jahre alt). **I2B**, 2
l'**anglais** *(m.)* [lɑ̃glɛ] Englisch **II2A**, 1
un **animal**/des **animaux** [ɛ̃nanimal/dezanimo] ein Haustier/Haustiere; ein Tier/Tiere *I2; ⟨**II5AC**, 1⟩
un **animateur**/une **animatrice** [ɛ̃nani‿matœʀ/ynanimatʀis] ein Animateur/eine Animateurin; ein Betreuer/eine Betreuerin **I6B**, 1
une **année** [ynane] ein Jahr **I4AP**, 2
un **anniversaire** [ɛ̃nanivɛʀsɛʀ] ein Geburtstag **I4AP**
Bon **anniversaire**! [bɔnanivɛʀsɛʀ] Herzlichen Glückwunsch zum Geburtstag! **I4B**, 2
Joyeux **anniversaire**. [ʒwajøza‿nivɛʀsɛʀ] Alles Gute zum Geburtstag. **I4**
Mon **anniversaire**, c'est le … Ich habe am … Geburtstag.; Mein Geburtstag ist am … **I4AP**, 3
Ton **anniversaire**, c'est quand? Wann hast du Geburtstag? **I4AP**, 3
août *(m.)* [ut] August **I4AP**, 2
un **apéritif** [ɛ̃napeʀitif] ein Aperitif **I4B**, 2
appeler [ap(ə)le] anrufen; rufen **II5A**, 2
elle s'**appelle** [ɛlsapɛl] sie heißt **I2B**, 2
je m'**appelle** [ʒəmapɛl] ich heiße **I1AP**, 3
Tu t'**appelles** comment? [tytapɛl‿kɔmɑ̃] Wie heißt du? **I1A**, 1
apporter [apɔʀte] bringen; mitbringen **I4B**, 2
apprendre [apʀɑ̃dʀ] lernen ⟨**II2A**, 12⟩
j'**apprends** [ʒapʀɑ̃] ich lerne **II2A**, 11
Il/Elle **apprend** l'allemand. [il/ɛlapʀɑ̃lalmɑ̃] Er/Sie lernt Deutsch. **II2A**, 2
après [apʀɛ] nach *(zeitlich)* **I3C**, 1; danach **I5A**, 3
l'**après-midi** *(m.)* *(f.)* [lapʀɛmidi] am Nachmittag; der Nachmittag **I5A**, 2
cet **après-midi** [sɛtapʀɛmidi] heute Nachmittag **II2A**, 2
les **arènes** *(f.)* *(pl.)* [lezaʀɛn] die Arena/Arenen **II4AP**
l'**argent** *(m.)* [laʀʒɑ̃] das Geld **II5A**, 2
une **armoire** [ynaʀmwaʀ] ein Schrank **I4C**, 1
s'**arrêter** [saʀɛte] anhalten ⟨**IIE5**⟩
arrêter [aʀete] aufhören **II5A**, 2
Arrête. [aʀɛt] Hör auf! **I2C**, 1
arriver [aʀive] ankommen; kommen **I3C**, 1
Ça **arrive** à tout le monde. [saaʀivatulmɔ̃d] Das kann jedem passieren. **I6B**, 1
On est **arrivés**. Wir sind da. ⟨**IIE2**⟩
un **arrondissement** [ɛ̃naʀɔ̃dismɑ̃] ein Stadtviertel; ein Viertel **I5AP**, 1
les **arts** plastiques *(m.)* [lezaʀplastik] der Kunstunterricht *II2; ⟨**II2AC**, 1⟩
un **artiste**/une **artiste** [ɛ̃naʀtist/ynaʀtist] ein Artist/eine Artistin; ein Künstler/eine Künstlerin **I5A**, 2
une **assiette** [ynasjɛt] ein Teller **II5A**, 2
une **assiette** de charcuterie [ynasjɛt‿dəʃaʀkytʀi] ein Wurstteller **II5A**, 8
attendre *qn/qc* [atɑ̃dʀ] auf jdn./etw. warten **II3A**, 9
Attends. [atɑ̃] Warte mal. **I4A**, 1
Attention! [atɑ̃sjɔ̃] Achtung!; Pass(t) auf! **I3B**, 2
Fais **attention**. [fɛatɑ̃sjɔ̃] Pass auf. **II1A**, 2
attraper [atʀape] einfangen ⟨**II5AC**, 1⟩
aujourd'hui [oʒuʀdɥi] heute **I3B**, 2
aussi [osi] auch **I2A**, 1
Moi **aussi**. [mwaosi] Ich auch. **I4A**, 1
une **autoroute** [ynotoʀut] eine Autobahn **II0**, 2
sur l'**autoroute** [syʀlotoʀut] auf der Autobahn **II0**, 2
autour de … [otuʀdə] um … herum **II5A**, 2
avancer [avɑ̃se] vorankommen; vorwärts kommen **II4A**, 2; losgehen ⟨**IIE5**⟩
Ils **avancent** vite. Sie kommen schnell voran. **II4A**, 2
avant [avɑ̃] vor *(zeitlich)* **II4A**, 1; vorher ⟨**II1AC**⟩
avant de manger [avɑ̃dəmɑ̃ʒe] vor dem Essen **II4A**, 2
avec [avɛk] mit **I2A**, 1
avec toi/moi [avɛktwa/mwa] mit dir/mir **I3A**, 1
avec nous [avɛknu] mit uns **II2A**, 2
Avec qui? [avɛkki] Mit wem? **I6A**, 6
à votre **avis** [avɔtʀavi] eurer Meinung nach **II2A**, 2
avoir [avwaʀ] haben **I2B**, 7
avoir envie de faire *qc* [avwaʀɑ̃videfɛʀ] Lust haben, etw. zu tun **II4AP**, 4
avoir peur [avwaʀpœʀ] Angst haben **I6B**, 1
il y **a** [ilja] es gibt **I3A**, 1
Il/Elle **a** huit ans. [il/ɛlaɥitɑ̃] Er/Sie ist acht (Jahre alt). **I2B**, 2
Il/Elle **a** quel âge? [il/ɛlakɛlaʒ] Wie alt ist er/sie? **I2B**, 2
J'**ai** 16 (sur 20). [ʒesɛz(syʀvɛ̃)] Ich habe 16 Punkte (von 20). **II2A**, 2
J'**ai** faim. [ʒefɛ̃] Ich habe Hunger. **I3C**, 1
J'**ai** soif. [ʒeswaf] Ich habe Durst. **I3C**, 1
avril *(m.)* [avʀil] April **I4AP**, 2
le 12 **avril** [ləduzavʀil] am 12. April **I4A**, 5

B

le **babyfoot** [ləbabifut] das Tischfußballspiel; der Kicker **I4B**, 2
le **badminton** [ləbadmintɔn] Badminton **I6A**, 1
une **baguette** [ynbagɛt] ein Baguette **II4A**, 4
la **baignade** [labɛɲad] Baden ⟨**II1AC**⟩
un **bain** [ɛ̃bɛ̃] ein Bad ⟨**II2A**, 12⟩
un maillot de **bain** [ɛ̃majodəbɛ̃] ein Badeanzug; eine Badehose **I5B**, 1
une **balade** [ynbalad] ein Ausflug; ein Spaziergang **II4**
une **balade** à cheval [ynbaladaʃəval] ein Ausritt **II5A**, 2

sur le **balcon** [syʀləbalkɔ̃] auf dem Balkon ⟨**IIE1**⟩
un **ballon** [ɛ̃balɔ̃] ein (großer) Ball **I2C**, 1
le **basket** [ləbaskɛt] Basketball ***I3**
une **basket** [ynbaskɛt] ein Turnschuh **II1A**, 2
un **bateau**/des **bateaux** [ɛ̃bato/debato] ein Boot/Boote; ein Schiff/Schiffe **II4A**, 10
en **bateau** [ɑ̃bato] mit dem Boot; mit dem Schiff **II4A**, 10
une **batterie** [ynbatʀi] ein Akku **II4A**, 2
Je n'ai plus de **batterie**. Mein Akku ist leer. **II4A**, 2
bavard/**bavarde** [bavaʀ/bavaʀd] redselig ⟨**II5AC**, 1⟩
Quel **bazar**! *(fam.)* [kɛlbazaʀ] Was für ein Durcheinander! *(ugs.)* **I2C**, 1
une **BD**/des **BD** [ynbede/debede] ein Comic/Comics **I4C**, 1
le **beach-volley** [ləbitʃvɔlɛ] Beachvolleyball **I6A**, 1
le **beau**-père [ləbopɛʀ] der Stiefvater ***I4**
Il fait **beau**. [ilfɛbo] Das Wetter ist schön.; Es ist schön. **I5C**, 7
quand il fait **beau** [kɑ̃tilfɛbo] wenn das Wetter schön ist **I5A**, 2
beaucoup [boku] sehr **I6B**, 1
beaucoup de visiteurs [bokudə‿vizitœʀ] viele Besucher **II5A**, 2
beige [bɛʒ] beige ***II1A** , **1**
la **belle**-mère [labɛlmɛʀ] die Stiefmutter ***I4**
une **berge** [ynbɛʀʒ] ein Ufer ⟨**IIE3**⟩
bien *(adv.)* [bjɛ̃] gut *(Adv.)* **II1A**, 13
Eh **bien**! [ebjɛ̃] Na gut. **I4B**, 2
Bienvenue (à …)! [bjɛ̃vənya] Willkommen (in …)! **II2AP**
un **billet** [ɛ̃bijɛ] eine Eintrittskarte **I5B**, 1
une **bise**/des **bisous** [ynbiz/debizu] ein Küsschen/Küsschen **I6A**, 1
bizarre [bizaʀ] komisch; merkwürdig **I5C**, 1
blanc/**blanche** [blɑ̃/blɑ̃ʃ] weiß **II1A**, 1
bleu/**bleue** [blø/blø] blau **II1A**, 1
un **blouson** [ɛ̃bluzɔ̃] ein Blouson; eine Jacke **II1A**, 1
Bof! *(fam.)* [bɔf] Ach.; Na ja. **I4A**, 1
boire [bwaʀ] trinken **II5A**, 2
une **boisson** [ynbwasɔ̃] ein Getränk **II5A**, 2
un **bol** [ɛ̃bɔl] eine Schale ***II5**
Bonne chance! [bɔnʃɑ̃s] Viel Glück! **I3B**, 2
le **bon** chemin [ləbɔ̃ʃəmɛ̃] der richtige Weg **II4A**, 2
Bon anniversaire! [bɔnanivɛʀsɛʀ] Herzlichen Glückwunsch zum Geburtstag! **I4B**, 2
Bonne idée! [bɔnide] Gute Idee! **I3A**, 1
un **bonbon** [ɛ̃bɔ̃bɔ̃] ein Bonbon **I2C**, 1
Bonjour! [bɔ̃ʒuʀ] Guten Morgen!; Guten Tag! **I1**
Bonsoir. [bɔ̃swaʀ] Guten Abend. **II1A**, 2
bouger [buʒe] bewegen; sich bewegen **II1A**, 2
Ne **bouge** pas! [nəbuʒpa] Beweg dich nicht!; Halt still! **II1A**, 2
une **boulangerie** [ynbulɑ̃ʒʀi] eine Bäckerei **I5C**, 1
La **boulangerie** est fermée. Die Bäckerei ist geschlossen. **II4A**, 2
boules [bul] *beliebtes Spiel in Frankreich* ⟨**II5AC**⟩
une **bouteille** [ynbutɛj] eine Flasche **II4A**, 2
un **box**/des **box** [ɛ̃bɔks/debɔks] *hier:* eine Pferdebox/Pferdeboxen **II5A**, 2
un **bracelet** [ɛ̃bʀaslɛ] ein Armband; ein Armreif **I5A**, 2
Bravo! [bʀavo] Bravo! **I3B**, 2
Le soleil **brille**. [ləsɔlɛjbʀij] Die Sonne scheint. ***I6**; **II5A**, 2
un **buffet** [ɛ̃byfɛ] ein Büffet **II5A**, 2
un **bulletin** scolaire [ɛ̃byltɛ̃skɔlɛʀ] ein Schulzeugnis ⟨**II2AC**, 2⟩
un **bureau**/des **bureaux** [ɛ̃byʀo/de‿byʀo] ein Schreibtisch/Schreibtische **I4C**, 1
un **bus** [ɛ̃bys] ein Bus **I4A**, 1
But! [byt] Tor! **I3B**, 2

C

ça [sa] das **I1A**, 1
Ça arrive à tout le monde. [saaʀivatulmɔ̃d] Das kann jedem passieren. **I6B**, 1
Ça fait combien? [safɛkɔ̃bjɛ̃] Wie viel kostet das? **I5C**, 1
Ça fait … [safɛ] Das macht …; Das sind … **I2A**, 1
Ça suffit! [sasyfi] Das reicht! **I2C**, 1
Ça va? [sava] Wie geht's? **I1A**, 1
Ça va. [sava] Es geht mir gut. **I1A**, 1
Et avec **ça**? [eavɛksa] Kommt noch was dazu?; Sonst noch etwas? **I5C**, 1
une **cacahuète** [ynkakawɛt] eine Erdnuss **I4B**, 2
un **cadeau**/des **cadeaux** [ɛ̃kado/deka‿do] ein Geschenk/Geschenke **I4A**, 1
un **café** [ɛ̃kafe] ein Café **II3AP**
une **cage** [ynkaʒ] ein Käfig ⟨**II5AC**, 1⟩
un **cahier** [ɛ̃kaje] ein Heft **I2AP**, 3
Vous pouvez payer à la **caisse**. [vupu‿vepɛjealakɛs] Sie können an der Kasse bezahlen **II5A**, 8
une **caissière** [ynkɛsjɛʀ] eine Kassiererin **II3A**, 9
un **cake** aux olives [ɛ̃keikozɔliv] ein Olivenkuchen **II5A**, 8
une **calculatrice** [ynkalkylatʀis] ein Taschenrechner ***I2**
aller à la **campagne** [alealakɑ̃paɲ] aufs Land fahren ***II4**
le **camping** [ləkɑ̃piŋ] Camping **I6A**, 1
Il/Elle fait du **camping**. [il/ɛlfɛdykɑ̃piŋ] Er/Sie campt.; Er/Sie zeltet. **I6A**, 1
un **canapé** [ɛ̃kanape] ein Sofa ***I4**
le **canoë** [kanɔe] das Kanu; Kanufahren **I6A**, 1
une **cantine** [ynkɑ̃tin] eine Kantine **II2AP**
le **canyoning** [ləkanjɔniŋ] Canyoning **II5AP**
une **carafe** [ynkaʀaf] eine Karaffe ***II5**
caresser [kaʀese] streicheln **II5A**, 2
à **carreaux** [akaʀo] kariert ***II1A** , **13**
une **carte** [ynkaʀt] eine Karte **II4A**, 2
une **carte** bancaire [ynkaʀtbɑ̃kɛʀ] eine Kreditkarte **II3A**, 4
un **casque** [ɛ̃kask] ein Sturzhelm **II4A**, 2
une **casquette** [ynkaskɛt] eine Baseballkappe **I2A**, 1
C'est la **cata**! [sɛlakata] Das ist die Katastrophe! ⟨**IIE2**⟩
une **cathédrale** [ynkatedʀal] ein Dom; eine Kathedrale **I5AP**, 3

Son rêve devient un **cauchemar**. [sõʀɛvdəvjɛ̃ɛ̃kɔʃmaʀ] Sein Traum wird zum Alptraum. ⟨**II3AC**, 1⟩
un **cavalier**/une **cavalière** [ɛ̃kavalje/ynkavaljɛʀ] ein Reiter/eine Reiterin ⟨**IIE5**⟩
un **CD**/des **CD** [ɛ̃sede/desede] eine CD/CDs **I4A**, 1
un **CDI** (= un centre de documentation et d'information) [ɛ̃sedei] ein CDI *(Dokumentations- und Informationsstelle einer Schule)* **II2AP**
cet après-midi [sɛtapʀɛmidi] heute Nachmittag **II2A**, 2
C'est … [sɛ] Das ist … **I1A**, 1
  C'est à moi. [sɛtamwa] Das gehört mir. ⟨**II4A**, 9⟩
  C'est à nous. [sɛtanu] Wir sind dran. **I4B**, 2
  C'est fou! [sɛfu] Das ist verrückt!; Wahnsinn! **I5A**, 2
  C'est galère! *(fam.)* [sɛgalɛʀ] Echt ätzend! *(ugs.)* **II4A**, 2
  C'est gentil. [sɛʒɑ̃ti] Das ist nett. **II5A**, 2
  C'est la classe. [sɛlaklas] Das ist klasse. **II1A**, 13
  C'est la totale! [sɛlatɔtal] Das ist echt die Härte!; Ich fass es nicht! **II1A**, 2
  C'est nul. [sɛnyl] Das ist blöd. **I3A**, 1
  C'est parti! [sɛpaʀti] Los geht's! **II4A**, 2
  C'est qui? [sɛki] Wer ist das? **I1A**, 1
  C'est quoi, ça? [sɛkwasa] Was ist denn das? **II1A**, 2
  C'est tout. [sɛtu] Das ist alles. **I5C**, 1
  C'est toute une histoire. [sɛtutynis‿twaʀ] Das ist eine lange Geschichte. **II3A**, 2
  C'était super. [setɛsypɛʀ] Das war super. **II3A**, 2
  Ce n'est pas vrai! [sənɛpavʀɛ] Das darf nicht wahr sein! **I5C**, 1
  Ce sont … [səsõ] Da sind …; Das sind … **I3C**, 1
  ce week-end [səwikɛnd] am Wochenende **II3AP**, 3
le **centre**-ville [ləsɑ̃tʀəvil] das Stadtzentrum **II3AP**, 4
  un **centre** équestre [ɛ̃sɑ̃tʀekɛstʀ] ein Reiterhof **II5AP**, 4
une **cérémonie** [ynseʀemoni] eine Zeremonie ⟨**II1AC**⟩
une **chaise** [ynʃɛz] ein Stuhl **I4C**, 1
une **chambre** [ynʃɑ̃bʀ] ein Schlafzimmer; ein Zimmer **I4B**, 2
un **champion**/une **championne** [ɛ̃ʃɑ̃pjõ/ynʃɑ̃pjɔn] ein Sieger/eine Siegerin **I3B**, 2
Bonne **chance**! [bɔnʃɑ̃s] Viel Glück! **I3B**, 2
  Quelle **chance**! [kɛlʃɑ̃s] Was für ein Glück! **II5A**, 2
une **chanson** [ynʃɑ̃sõ] ein Lied **II0**, 3
chanter [ʃɑ̃te] singen **I3B**, 2
le **char** à voile [ləʃaʀavwal] Strandsegeln **II5AP**
une assiette de **charcuterie** [ynasjɛtdə‿ʃaʀkytʀi] ein Wurstteller **II5A**, 8
un **chat** [ɛ̃ʃa] eine Katze **I2A**, 1
un **chat** [ɛ̃tʃat] ein Chat **II2A**, 2
un **château**/des **châteaux** [ɛ̃ʃato/deʃa‿to] ein Schloss/Schlösser; eine Burg/Burgen *I5; ⟨**II1AC**⟩
chatter [tʃate] chatten **II2A**, 2
  Malika **chatte** avec Julie. [malika‿tʃatavɛkʒyli] Malika chattet mit Julie. **I3A**, 1
  pour **chatter** [puʀtʃate] um zu chatten **II2A**, 2
Il fait **chaud**. [ilfɛʃo] Es ist heiß.; Es ist warm. **I6AP**, 2
  J'ai **chaud**. [ʒeʃo] Mir ist heiß.; Mir ist warm. **II4A**, 2
un **chauffeur** de taxi [ɛ̃ʃofœʀdətaksi] ein Taxifahrer **II4AP**, 2
une **chaussette** [ynʃosɛt] ein Strumpf; eine Socke **I2C**, 1
une **chaussure** [ynʃosyʀ] ein Schuh **I3B**, 1
le **chemin** [ɛ̃ʃəmɛ̃] der Weg **II2A**, 2
  demander le **chemin** [dəmɑ̃del‿əʃəmɛ̃] nach dem Weg fragen **II4A**, 2
  le bon **chemin** [ləbõʃəmɛ̃] der richtige Weg **II4A**, 2
une **chemise** [ynʃəmiz] ein Hemd **II1AP**
Ce n'est pas **cher**. [sənɛpaʃɛʀ] Das ist billig.; Das ist nicht teuer. **I5A**, 2
chercher [ʃɛʀʃe] suchen **I3B**, 2
  Tu **cherches** quelque chose? [tyʃɛʀʃkɛlkəʃoz] Suchst du etwas? **I3B**, 2
un **cheval**/des **chevaux** [ɛ̃ʃ(ə)val/deʃ(ə)vo] ein Pferd/Pferde **II5A**, 2
  une balade à **cheval** [ynbaladaʃəval] ein Ausritt **II5A**, 2
  descendre du **cheval** [desɑ̃dʀdy‿ʃəval] absteigen ⟨**IIE5**⟩
  Ils s'occupent des **chevaux**. [ilsɔkyp‿deʃəvo] Sich kümmern sich um die Pferde. **II5A**, 2
  monter sur son **cheval** [mɔ̃tesyʀsõ‿ʃəval] aufsteigen ⟨**IIE5**⟩
un **chewing-gum** [ɛ̃ʃwiŋgɔm] ein Kaugummi **I3B**, 1
chez [ʃe] bei *(Personen)*; zu **I3C**, 1
  chez moi [ʃemwa] bei mir **I5B**, 6
chic [ʃik] schick **II1A**, 13
  C'est trop **chic**. [sɛtʀɔʃik] Das ist zu schick. **II1A**, 13
  Ce n'est pas assez **chic**. [sənɛpa‿aseʃik] Das ist nicht schick genug. **II1A**, 13
un **chien** [ɛ̃ʃjɛ̃] ein Hund **I2A**, 1
les **chips** *(f.) (pl.)* [leʃips] die Chips **I4B**, 2
le **chocolat** [ləʃɔkɔla] die Schokolade **I3C**, 1
  un pain au **chocolat** [ɛ̃pɛ̃oʃɔkɔla] ein Schokoladenhörnchen **I5C**, 1
  une crêpe au **chocolat** [ynkʀɛpoʃɔ‿kɔla] eine Schokoladencrêpe **I3C**, 1
une **choréographie** [ynkɔʀeɔgʀafi] eine Choreografie ⟨**II5AC**⟩
quelque **chose** [kɛlkəʃoz] etwas **II2A**, 1
Chut! [ʃyt] Psst!; Still! **II1A**, 2
On entend le chant des **cigales**. Man hört den Gesang der Zikaden. ⟨**II4A**, 6⟩
un **cinéma** [ɛ̃sinema] ein Kino **I5B**, 1
  une affiche de **cinéma** [ynafiʃdəsi‿nema] ein Kinoplakat ⟨**II3AC**, 1⟩
  Quel **cinéma**! [kɛlsinema] So ein Theater! **II3A**, 2
cinquante [sɛ̃kɑ̃t] fünfzig **I5A**, 7
la **5**ᵉA (= la A) [ləsɛ̃kjɛma] die 5A **II2A**, 2
une **classe** [ynklas] eine Klasse **II2AP**
  une salle de **classe** [ynsaldəklas] ein Klassenzimmer **II2AP**
C'est la **classe**. [sɛlaklas] Das ist klasse. **II1A**, 13
  Il/Elle est **classe**. [il/ɛlɛklas] Er/Sie/Es ist klasse. **I4B**, 2
  Trop la **classe**! [tʀolaklas] Klasse! **II1A**, 2
le **clavier** [ləklavje] die Tastatur **II2A**, 9
une **clé** [ynkle] ein Schlüssel **I3B**, 1

un porte-clé/des porte-clés [ɛ̃pɔʀtəkle/depɔʀtəkle] ein Schlüsselanhänger/Schlüsselanhänger **I5A**, 2
une clé USB [ynkleyɛsbe] ein USB-Stick **II2A**, 9
cliquer [klike] klicken **II2A**, 2
un clown [ɛ̃klun] ein Clown **II1A**, 2
un club [ɛ̃klœb] ein Club; ein Verein **⟨II1AC⟩**
un coca [ɛ̃kɔka] eine Cola **I4B**, 2
un cochon d'Inde [ɛ̃kɔʃɔ̃dɛ̃d] ein Meerschweinchen ***I2**
un code [ɛ̃kɔd] ein Code **II2A**, 9
un collège [ɛ̃kɔlɛʒ] ein Collège **I2B**, 2
coller [kɔle] ankleben; kleben **II5A**, 2
une colline [ynkɔlin] ein Hügel **⟨IIE3⟩**
une colo(nie) [ynkolɔni] ein Ferienlager **I6A**, 1
premier jour de colo [pʀəmjeʒuʀdə‿kolo] erster Tag im Ferienlager **I6B**, 1
Ça fait combien? [safɛkɔ̃bjɛ̃] Wie viel kostet das? **I5C**, 1
une comédie [ynkɔmedi] eine Komödie **⟨II3AC, 1⟩**
une commande [ynkomɑ̃d] eine Bestellung **II1A**, 2
commander [komɑ̃de] bestellen **II1A**, 1
comme en vacances [kɔmɑ̃vakɑ̃s] wie im Urlaub **⟨II4A, 6⟩**
comme d'habitude [kɔmdabityd] wie immer; wie sonst **II5A**, 2
commencer [kɔmɑ̃se] anfangen; beginnen **II2A**, 2
Il commence à pleuvoir. Es fängt an zu regnen. **II4A**, 2
Comment? [kɔmɑ̃] Wie bitte?; Wie? **II2A**, 2
Il est comment? [ilɛkɔmɑ̃] Wie sieht er/sie/es aus? **II3A**, 4
Tu t'appelles comment? [tytapɛl‿kɔmɑ̃] Wie heißt du? **I1A**, 1
un commissariat [ɛ̃kɔmisaʀja] ein Polizeirevier **II3A**, 2
la compagnie [lakɔ̃paɲi] die Gesellschaft **⟨II5AC, 1⟩**
une compagnie de danse [ynkɔ̃pa‿ɲidədɑ̃s] eine Tanzgruppe **II2A**, 2
compter [kɔ̃te] zählen **II5A**, 2
aller à un concert [aleaɛ̃kɔ̃sɛʀ] auf ein Konzert gehen ***II3**
confirmer [kɔ̃fiʀme] bestätigen **II2A**, 2
connaître [kɔnɛtʀ] kennen (lernen) **II5A**, 2
une demande de contact [yndəmɑ̃d‿dəkɔ̃takt] eine Freundschaftsanfrage **II2A**, 2
L'histoire continue. [listwaʀkɔ̃tiny] Die Geschichte geht weiter. **I2B**, 4
contrôler [kɔ̃tʀole] kontrollieren **II4A**, 2
cool *(fam.)* [kul] cool *(ugs.)* **I2A**, 1
un copain/une copine [ɛ̃kɔpɛ̃/ynkɔpin] ein Freund/eine Freundin **I2A**, 1
un petit copain/une petite copine [ɛ̃pətikɔpɛ̃/ynpətitkɔpin] ein fester Freund/eine feste Freundin **⟨II3AC, 1⟩**
un corres/une corres *(fam.)* [ɛ̃kɔʀɛs/ynkɔʀɛs] der Brieffreund/die Brieffreundin *(ugs.)* **I5A**, 2
correspondre [kɔʀɛspɔ̃dʀ] passen **⟨II5AC, 1⟩**
sur la Côte d'Azur [syʀlakotdazyʀ] an der Côte d'Azur **I6A**, 1
un sac de couchage [ɛ̃sakdəkuʃaʒ] ein Schlafsack **I6A**, 1
Coucou! [kuku] Hallo! **I1A**, 4
une couleur [ynkulœʀ] eine Farbe **II1A**, 1
dans le couloir [dɑ̃ləkulwaʀ] im Flur; im Korridor **⟨IIE1⟩**
la coupe [lakup] der Pokal **I3C**, 1
une cour [ynkuʀ] ein Hof **II2AP**
il court [ilkuʀ] er rennt **⟨II5AC, 1⟩**
un cours [ɛ̃kuʀ] ein Kurs; eine Unterrichtsstunde **I3A**, 1
les courses *(f.) (pl.)* [lekuʀs] die Einkäufe **II3A**, 4
un couscous [ɛ̃kuskus] ein Couscous **I6A**, 1
un cousin/une cousine [ɛ̃kuzɛ̃/ynku‿zin] ein Cousin/eine Cousine **I6A**, 1
un coussin [ɛ̃kusɛ̃] ein Kissen ***I4**
un crayon [ɛ̃kʀɛjɔ̃] ein Bleistift; ein Stift **I2AP**, 3
une crêpe [ynkʀɛp] ein dünner Pfannkuchen; eine Crêpe **I3C**, 1
une crêpe au chocolat [ynkʀɛpoʃɔ‿kɔla] eine Schokoladencrêpe **I3C**, 1
une crêperie [ynkʀɛpʀi] eine Crêperie **I3C**, 1
Je suis crevé(e). [ʒəsɥikʀəve] Ich bin fertig.; Ich bin kaputt. **II4A**, 2
un croisement [ɛ̃kʀwazmɑ̃] eine Kreuzung **II4A**, 2
une cuillère à café [ynkɥijɛʀakafe] ein Kaffeelöffel ***II5**
une cuillère à soupe [ynkɥijɛʀasup] ein Suppenlöffel ***II5**
une cuisine [ynkɥizin] eine Küche **I4B**, 2

D

d'abord [dabɔʀ] zuerst; zunächst **II3A**, 1
D'accord. [dakɔʀ] Einverstanden.; O.k. **I3A**, 1
Je suis d'accord. [ʒəsɥidakɔʀ] Ich bin einverstanden. **I4A**, 1
Tu es d'accord? [tyɛdakɔʀ] Bist du einverstanden? **I4A**, 1
d'avance [davɑ̃s] im Voraus; vorher **⟨II5AC, 4⟩**
une dame [yndam] eine Dame; eine Frau **II3A**, 9
dans [dɑ̃] im; in **I3B**, 1
dans la rue [dɑ̃laʀy] auf der Straße **II3A**, 2
dans la salle à manger [dɑ̃lasala‿mɑ̃ʒe] im Esszimmer **⟨IIE1⟩**
dans la salle de bains [dɑ̃lasaldəbɛ̃] im Badezimmer **⟨IIE1⟩**
dans le couloir [dɑ̃ləkulwaʀ] im Flur; im Korridor **⟨IIE1⟩**
dans le fond [dɑ̃ləfɔ̃] im Hintergrund **II5A**, 4
la danse [ladɑ̃s] das Tanzen; der Tanz **I3AP**
une compagnie de danse [ynkɔ̃pa‿ɲidədɑ̃s] eine Tanzgruppe **II2A**, 2
danser [dɑ̃se] tanzen **I3B**, 2
un danseur/une danseuse [ɛ̃dɑ̃sœʀ/yndɑ̃søz] ein Tänzer/eine Tänzerin **⟨II2A, 12⟩**
un dauphin [ɛ̃dofɛ̃] ein Delfin **⟨II3AC, 1⟩**
de/d' [də, d] von **I2B**, 1
décembre *(m.)* [desɑ̃bʀ] Dezember **I4AP**, 2
une découverte [yndekuvɛʀt] eine Entdeckung **II4**
décrire une photo [dekʀiʀynfoto] ein Foto beschreiben **II5A**, 4
un défilé de mode [ɛ̃defiledəmɔd] eine Modenschau **⟨II1AC, 2⟩**
un degré [ɛ̃dəgʀe] ein Grad **I6AP**, 2
déjà [deʒa] schon **I4B**, 2
On n'est pas des délinquants! Wir sind keine Kriminellen! **⟨IIE2⟩**

demain [dəmɛ̃] morgen **I4A**, 1
une **demande** de contact [yndəmɑ̃d‿dəkɔ̃takt] eine Freundschaftsanfrage **II2A**, 2
demander *qc à qn* [dəmɑ̃de] jdn. (nach) etw. fragen **II3A**, 9
demander le chemin [dəmɑ̃del‿əʃəmɛ̃] nach dem Weg fragen **II4A**, 2
On **demande** aux gens là-bas. Wir fragen die Leute dort. **II4A**, 2
Dépêchez-vous! [depeʃevu] Beeilt euch! **II4A**, 2
depuis [dəpɥi] seit **II2A**, 11
le week-end **dernier** [ləwikɛnddɛʀnje] letztes Wochenende **II3A**, 5
derrière [dɛʀjɛʀ] hinter **II5A**, 2
descendre du cheval [desɑ̃dʀdyʃəval] absteigen ⟨**IIE5**⟩
Vous **désirez**? [vudeziʀe] Sie wünschen? **I5C**, 1
Désolé! [dezɔle] Es tut mir leid! *(Junge)* **I3B**, 2
un **dessin** animé [ɛ̃desɛ̃anime] ein Zeichentrickfilm ⟨**II3AC**, 1⟩
détester [detɛste] (überhaupt) nicht mögen; hassen **I3A**, 4
deux [dø] zwei **I1A**, 7
pour les **deux** [puʀledø] für beide **I5A**, 2
devant [dəvɑ̃] vor *(örtlich)* **I2B**, 2; vorn/vorne **II4A**, 2
devenir [dəv(ə)niʀ] werden ⟨**II3AC**, 1⟩
les **devoirs** *(m.) (pl.)* [ledəvwaʀ] die Hausaufgaben **II2A**, 2
difficile [difisil] schwierig **I5C**, 6
sans **difficulté** [sɑ̃difikylte] ohne Schwierigkeiten ⟨**II5AC**, 1⟩
dimanche *(m.)* [dimɑ̃ʃ] Sonntag **I3C**, 4
le **dîner** [ldine] das Abendessen ⟨**II1AC**⟩
il **dit** [ildi] er sagt **II3A**, 9
vont se **dire** oui [vɔ̃sədiʀwi] werden zueinander ja sagen ⟨**II1AC**⟩
discret/**discrète** [diskʀɛ/diskʀɛt] zurückhaltend **II2A**, 2
un garçon trop **discret** ein sehr zurückhaltender Junge **II2A**, 2
un **documentaire** [ɛ̃dɔkymɑ̃tɛʀ] ein Dokumentarfilm ⟨**II3AC**, 1⟩
un **documentaliste**/une **documentaliste** [ɛ̃/yndɔkymɑ̃talist] ein Schulbibliothekar/eine Schulbibliothekarin **II2A**, 1

donner *qc à qn* [dɔne] jdm. etw. geben **II2A**, 1
Elle nous a **donné** 20 euros. Sie hat uns 20 Euro gegeben. **II3A**, 2
un **drame** [ɛ̃dʀam] ein Drama ⟨**II3AC**, 1⟩
à **droite** [adʀwat] (nach) rechts **I6B**, 1
un **DVD**/des **DVD** [ɛ̃devede/dedevede] eine DVD/DVDs **I4A**, 1
dynamique [dinamik] dynamisch ⟨**II5AC**, 1⟩

E

l'**eau** *(f.)* [lo] das Wasser **I6B**, 1
tomber dans l'**eau** [tɔ̃bedɑ̃lo] ins Wasser fallen **I6B**, 1
une **école** [ynekɔl] eine Schule **II2A**, 11
écouter [ekute] zuhören **I6B**, 5
Ecoutez./**Ecoute**. [ekute/ekut] Hört zu./Hör zu. **I6B**, 5
un **écran** [ɛ̃nekʀɑ̃] ein Bildschirm **II2A**, 9
l'**éducation** musicale *(f.)* [ledykas‿jɔ̃mysikal] der Musikunterricht ⟨**II2AC**, 1⟩
un **effaceur** [ɛ̃nefasœʀ] ein Tintenkiller **I2AP**, 3
une **église** [ynegliz] eine Kirche **I5AP**, 4
Eh! [e] He! **I1A**, 1
Eh bien! [ebjɛ̃] Na gut. **I4B**, 2
une guitare **électrique** [yngitaʀelɛk‿tʀik] eine elektrische Gitarre **I4C**, 1
un **élève**/une **élève** [ɛ̃nelɛv/ynelɛv] ein Schüler/eine Schülerin **II2A**, 2
un **e-mail** [ɛ̃nimɛl] eine E-Mail **I3A**, 8
un **emplacement** [ɛ̃nɑ̃plasmɑ̃] ein Stellplatz ⟨**II5AC**, 4⟩
un **emploi** du temps [ɛ̃nɑ̃plwadytɑ̃] ein Stundenplan **II2A**, 2
en Allemagne [ɑ̃nalmaɲ] in Deutschland **I5A**, 2
en bateau [ɑ̃bato] mit dem Boot; mit dem Schiff **II4A**, 10
en Bretagne [ɑ̃bʀətaɲ] in der Bretagne **I6AP**, 4
en été *(m.)* [ɑ̃nete] im Sommer **II1A**, 6
en Europe [ɑ̃nøʀɔp] in Europa **II0**, 4
en France [ɑ̃fʀɑ̃s] in Frankreich **I2AP**, 2
en hiver *(m.)* [ɑ̃nivɛʀ] im Winter **II1A**, 6

encore [ɑ̃kɔʀ] (immer) noch **II1A**, 2
Tu m'**énerves**! [tymenɛʀv] Du nervst mich! **II3A**, 2
un **enfant** [ɛ̃nɑ̃fɑ̃] ein Kind **II1A**, 2
C'est l'**enfer**! [sɛlɑ̃fɛʀ] Das ist die Hölle! ⟨**IIE2**⟩
enfin [ɑ̃fɛ̃] endlich; schließlich **II3AP**
je m'**engage** [ʒəmɑ̃gaʒ] ich engagiere mich ⟨**II5AC**, 2⟩
énorme [enɔʀm] riesig **I4B**, 2
ensemble [ɑ̃sɑ̃bl] zusammen **II2A**, 2
ensuite [ɑ̃sɥit] danach; dann **II3A**, 1
On **entend** le chant des cigales. Man hört den Gesang der Zikaden. ⟨**II4A**, 6⟩
un **entraînement** [ɛ̃nɑ̃tʀɛnmɑ̃] ein Training **II1A**, 10
l'**entrée** *(f.)* [lɑ̃tʀe] der Eingang **II5A**, 2
entrer [ɑ̃tʀe] betreten; eintreten; hereinkommen **I6B**, 1
Entrez. [ɑ̃tʀe] Herein. **I6B**, 1
avoir **envie** de faire *qc* [avwaʀɑ̃vidəfɛʀ] Lust haben, etw. zu tun **II4AP**, 4
environ [ɑ̃viʀɔ̃] etwa; ungefähr **II4A**, 2
l'**EPS** *(m.)* (= éducation physique et sportive) [lepeɛs] Sportunterricht **II2A**, 2
un centre **équestre** [ɛsɑ̃tʀekɛstʀ] ein Reiterhof **II5AP**, 4
l'**équitation** *(f.)* [lekitasjɔ̃] Reiten *I3; I6A, 1
Vous faites de l'**équitation**? [vufɛt‿dəlekitasjɔ̃] Ihr reitet?/Sie reiten? **I6A**, 1
une **erreur** [ynɛʀœʀ] ein Fehler; ein Irrtum **II1A**, 2
l'**escalade** *(f.)* [lɛskalad] Klettern **II5AP**
l'**espagnol** *(m.)* [lɛspaɲɔl] Spanisch ***II2A**, 12**
une **espèce** [ynɛspɛs] eine Art ⟨**II5AC**, 1⟩
Est-ce que …? [ɛskə] *Frageformel* **I6B**, 1
et [e] und **I1AP**, 4
Et avec ça? [eavɛksa] Kommt noch was dazu?; Sonst noch etwas? **I5C**, 1
Et toi? [etwa] Und du? **I1AP**, 4
un **étage** [ɛ̃netaʒ] ein Stockwerk; eine Etage **II2A**, 2
au 2e **étage** [odøzjɛmetaʒ] im 2. Stock **II2A**, 2
au 1er **étage** [opʀəmjɛʀetaʒ] im 1. Stock ⟨**IIE1**⟩

une **étagère** [ynetaʒɛʀ] ein Regal **I4B**, 2
sur l'**étagère** [syʀletaʒɛʀ] im Regal **I4B**, 2
l'**été** *(m.)* [lete] der Sommer **I6**
en **été** *(m.)* [ɑ̃nete] im Sommer **II1A**, 6
être [ɛtʀ] sein **I4A**, 3
être en retard [ɛtʀɑ̃ʀətaʀ] spät dran sein; zu spät kommen **II3A**, 2
C'**est** … [sɛ] Das ist … **I1A**, 1
Ce **sont** … [səsɔ̃] Da sind …; Das sind … **I3C**, 1
Je **suis** d'accord. [ʒəsɥidakɔʀ] Ich bin einverstanden. **I4A**, 1
Où **sont** …? [usɔ̃] Wo sind …? **I4A**, 1
Vous **êtes** où? [vuzɛtu] Wo seid ihr? **I4A**, 1
Euh … [ø] Äh … *(Ausdruck des Zögerns)* **I4A**, 1
un **euro** [ɛ̃nøʀo] ein Euro **I2A**, 1
un portefeuille avec 200 **euros** dedans eine Brieftasche mit 200 Euro (drin) **II3A**, 2
en **Europe** [ɑ̃nøʀɔp] in Europa **II0**, 4
Suivez l'**exemple** de … Nehmt euch ein Beispiel an … ⟨**IIE2**⟩
expliquer *qc* à *qn* [ɛksplike] jdm. etw. erklären **II5A**, 2

F

Qu'est-ce que vous **fabriquez**? [kɛskəvufabʀike] Was treibt ihr da? **II1A**, 2
une **façade** [ynfasad] eine Außenwand; eine Fassade ⟨**IIE3**⟩
Ce n'est pas **facile**. [sənɛpafasil] Das ist nicht leicht. **I6A**, 1
J'ai **faim**. [ʒefɛ̃] Ich habe Hunger. **I3C**, 1
faire [fɛʀ] machen **I6A**, 3
Ça **fait** … [safɛ] Das macht …; Das sind … **I2A**, 1
Fais attention. [fɛatɑ̃sjɔ̃] Pass auf. **II1A**, 2
Fais voir. [fɛvwaʀ] Zeig mal. **I4B**, 2
Il **fait** beau. [ilfɛbo] Das Wetter ist schön.; Es ist schön. **I5C**, 7
Il **fait** chaud. [ilfɛʃo] Es ist heiß.; Es ist warm. **I6AP**, 2
Il **fait** froid. [ilfɛfʀwa] Es ist kalt. **I6AP**, 2
il/elle a **fait** [il/ɛlafɛ] er/sie hat gemacht **II0**, 5
j'ai **fait** [ʒefɛ] ich habe gemacht **II0**, 6
Lisa **fait** le numéro. Lisa wählt die Nummer. **I5C**, 1
Qu'est-ce qu'on **fait**? [kɛskɔ̃fɛ] Was machen wir?; Was tun wir? **I5B**, 1
quand il **fait** beau [kɑ̃tilfɛbo] wenn das Wetter schön ist **I5A**, 2
Il **faut** … [ilfo] Wir müssen … **II4A**, 2
une **famille** [ynfamij] eine Familie **I4B**, 1
famille qui bouge [famijkibuʒ] umtriebige Familie ⟨**II5AC**, 1⟩
fantastique [fɑ̃tastik] fantastisch; toll **I5A**, 2
fasciner [fasine] begeistern; faszinieren **II5**
Ça me **fascine**! [saməfasin] Das fasziniert mich! **II5**
un **fauteuil** [ɛ̃fotœj] ein Sessel ***I4**
C'est **faux**. [sɛfo] Das ist falsch. **II2A**, 8
femelle [fəmɛl] weiblich ⟨**II5AC**, 1⟩
une **fenêtre** [ynfənɛtʀ] ein Fenster ⟨**IIE3**⟩
La boulangerie est **fermée**. Die Bäckerei ist geschlossen. **II4A**, 2
fermer [fɛʀme] schließen **II1A**, 2
une **fête** [ynfɛt] ein Fest; eine Fete; eine Party **I4AP**, 4
la **Fête** des lumières das Lichterfest ⟨**IIE3**⟩
fêter [fete] feiern ⟨**IIE3**⟩
février *(m.)* [fevʀije] Februar **I4AP**, 2
une **fille** [ynfij] ein Mädchen **I3B**, 2; eine Tochter **I4AC**
la jeune **fille** [laʒœnfij] das junge Mädchen **II5A**, 2
un **film** [ɛ̃film] ein Film *(Kino)* **I4A**, 1
un **film** d'horreur [ɛ̃filmdɔʀœʀ] ein Horrorfilm ⟨**II3AC**, 1⟩
un **film** fantastique [ɛ̃filmfɑ̃tastik] ein Fantasyfilm ⟨**II3AC**, 1⟩
un **film** policier [ɛ̃filmpɔlisje] ein Kriminalfilm ⟨**II3AC**, 1⟩
un **fils** [ɛ̃fis] ein Sohn ***I4**
la **finale** [lafinal] das Finale **I3A**, 1
à **fleurs** [aflœʀ] mit Blumen ***II1**
dans le **fond** [dɑ̃ləfɔ̃] im Hintergrund **II5A**, 4
le **foot** [ləfut] Fußball *(als Sportart)* **I3AP**
un magazine de **foot** [ɛ̃magazindəfut] eine Fußballzeitschrift **I2A**, 1
un match de **foot** [ɛ̃matʃdəfut] ein Fußballspiel **I3A**, 1
C'est **fou**! [sɛfu] Das ist verrückt!; Wahnsinn! **I5A**, 2
foufou [fufu] verrückt ⟨**II5AC**, 1⟩
un **foulard** [ɛ̃fulaʀ] ein Halstuch; ein Schal **I5A**, 2
le **français** [ləfʀɑ̃sɛ] Französisch **II2A**, 11
en **France** [ɑ̃fʀɑ̃s] in Frankreich **I2AP**, 2
frapper [fʀape] klopfen **I6B**, 1
un **frère** [ɛ̃fʀɛʀ] ein Bruder **I2B**, 2
un **frigo** *(fam.)* [ɛ̃fʀigo] ein Kühlschrank **II5A**, 2
Il fait **froid**. [ilfɛfʀwa] Es ist kalt. **I6AP**, 2
le **fromage** [ləfʀɔmaʒ] der Käse **I5C**, 1
une verrine de **fruits** [ynvɛʀindəfʀɥi] ein Nachtisch im Glas mit Früchten **II5A**, 8

G

Gagné! [gaɲe] Gewonnen! **I4B**, 2
gagner [gaɲe] gewinnen **I4B**, 2; verdienen **II5A**, 2
C'est **galère**! *(fam.)* [sɛgalɛʀ] Echt ätzend! *(ugs.)* **II4A**, 2
un **garçon** [ɛ̃gaʀsɔ̃] ein Junge **I3B**, 2
un **garçon** trop discret ein sehr zurückhaltender Junge **II2A**, 2
une **gare** [yngaʀ] ein Bahnhof **II0**, 2
à la **gare** [alagaʀ] am Bahnhof **II0**, 2
un **gâteau**/des **gâteaux** [ɛ̃gato/degato] ein Kuchen/Kuchen **I4B**, 2
à **gauche** [agoʃ] (nach) links **I6B**, 1
une **gaufre** [yngɔfʀ] eine Waffel **II3A**, 2
génial [ʒenjal] genial; super **II1A**, 2
un **genre** [ɛ̃ʒɑ̃ʀ] eine Art ⟨**II3AC**, 1⟩
les **gens** *(m.) (pl.)* [leʒɑ̃] die Leute **II4A**, 2
gentil/**gentille** [ʒɑ̃ti/ʒɑ̃tij] nett ⟨**II5AC**, 1⟩
C'est **gentil**. [sɛʒɑ̃ti] Das ist nett. **II5A**, 2
une **glace** [ynglas] ein Spiegel ***I4**
une **gomme** [yngɔm] ein Radiergummi **I2AP**, 3

un **GPS** [ɛ̃ʒepeɛs] ein Navigationsgerät **II4A**, 2
grand/**grande** [gʀɑ̃/gʀɑ̃d] groß **II1A**, 2
la **grand-mère** [lagʀɑ̃mɛʀ] die Großmutter; die Oma **I4B**, 1
le **grand-père** [ləgʀɑ̃pɛʀ] der Großvater; der Opa **I4B**, 1
les **grands-parents** *(m.) (pl.)* [legʀɑ̃‿paʀɑ̃] die Großeltern **I4B**, 1
gris/**grise** [gʀi/gʀiz] grau **II1A**, 1
une **grotte** [yngʀɔt] eine Grotte ***II4**
un **groupe** [ɛ̃gʀup] eine Gruppe **I6B**, 1
Tu veux faire le **guide**? [tyvøfɛʀləgid] Möchtest du die Führung machen? **II5A**, 2
une **guitare** électrique [yngitaʀelɛk‿tʀik] eine elektrische Gitarre **I4C**, 1
un **gymnase** [ɛ̃ʒimnaz] eine Turnhalle **II2AP**

H

habiter [abite] wohnen **I5A**, 2
j'**habite** à [ʒabita] ich wohne in **I1AP**, 4
comme d'**habitude** [kɔmdabityd] wie immer; wie sonst **II5A**, 2
halluciner [alysine] halluzinieren; spinnen **I5A**, 2
J'**hallucine**! *(fam.)* [ʒalysin] Ich glaub, ich spinne! *(ugs.)* **I5A**, 2
un **hamburger** [ɛ̃ɑ̃buʀgœʀ] ein Hamburger ***I3**
le **handball** [ləɑ̃dbal] Handball ***I3**
manger de l'**herbe** [mɑ̃ʒedəlɛʀb] Gras fressen ⟨**IIE5**⟩
une **heure** [ynœʀ] eine Stunde **I6B**, 1
A quelle **heure**? [akɛlœʀ] Um wie viel Uhr? **I5B**, 1
à six **heures** moins le quart [asizœʀmwɛ̃l(ə)kaʀ] um Viertel vor sechs **I5B**, 1
Il est quelle **heure**? [ilɛkɛlœʀ] Wie viel Uhr ist es? **I5B**, 1
hier [jɛʀ] gestern **II3A**, 1
le **hip-hop** [ləipɔp] Hip-Hop **I3A**, 1
une **histoire** [ynistwaʀ] eine Geschichte **II3A**, 2
l'**histoire**-géo *(f.)* [listwaʀʒeo] Geschichte-Geografie *(Unterrichtsfach)* **II2A**, 2
C'est toute une **histoire**. [sɛtutynis‿twaʀ] Das ist eine lange Geschichte. **II3A**, 2
C'est une autre **histoire**. Das ist eine andere Geschichte. **II3A**, 2
L'**histoire** continue. [listwaʀkɔ̃tiny] Die Geschichte geht weiter. **I2B**, 4
en **hiver** *(m.)* [ɑ̃nivɛʀ] im Winter **II1A**, 6
l'**huile** d'olive *(f.)* [lɥildɔliv] das Olivenöl **II4AP**
huit [ɥit] acht **I1A**, 7

I

ici [isi] hier **I6A**, 1
idéal/**idéale** [ideal/ideal] ideal ⟨**II5AC**, 1⟩
une **idée** [ynide] eine Idee **I3C**, 3
Bonne **idée**! [bɔnide] Gute Idee! **I3A**, 1
Il pleut. [ilplø] Es regnet. **I5B**, 1
Il fait beau. [ilfɛbo] Das Wetter ist schön.; Es ist schön. **I5C**, 7
il y a [ilja] es gibt **I3A**, 1
illuminer [ilymine] beleuchten ⟨**IIE3**⟩
un **immeuble** [ɛ̃nimœbl] ein Wohnhaus **II3A**, 2
une **infirmerie** [ynɛ̃fiʀməʀi] ein Krankenzimmer *(einer Schule)* **II2AP**
installer [ɛ̃stale] aufstellen; einrichten; *hier:* vorbereiten **II4A**, 2
Un **instant**, monsieur. Einen Moment, bitte. **I5A**, 2
sur **Internet** [syʀɛ̃tɛʀnɛt] im Internet **II2A**, 9
une **interro** *(fam.)* (= interrogation) [ynɛ̃teʀo(gasjɔ̃)] eine Klassenarbeit **II2A**, 2
une **invitation** [ynɛ̃vitasjɔ̃] eine Einladung ⟨**II1AC**⟩
inviter [ɛ̃vite] einladen **I6A**, 1
Je vous **invite**. [ʒəvuzɛ̃vit] Ich lade euch ein. **II3A**, 2

J

le **jambon** [ləʒɑ̃bɔ̃] der Schinken **I5C**, 1
janvier *(m.)* [ʒɑ̃vje] Januar **I4AP**, 2
jaune [ʒon] gelb **II1A**, 1
un **jean** [ɛ̃dʒin] eine Jeans **II1A**, 2
un **jeu** de sons [ɛ̃ʒødəsɔ̃] ein Spiel mit Lauten ⟨**II1A**, 12⟩
un **jeu** vidéo/des **jeux** vidéo [ɛ̃ʒøvideo/deʒøvideo] ein Videospiel/Videospiele **I4A**, 1
jeudi *(m.)* [ʒødi] Donnerstag **I3C**, 4
un **jeune**/une **jeune**/des **jeunes** [ɛ̃ʒœn/ynʒœn/deʒœn] ein Jugendlicher/eine Jugendliche/Jugendliche **I6B**, 1
la **jeune** fille [laʒœnfij] das junge Mädchen **II5A**, 2
jongler [ʒɔ̃gle] jonglieren **I5A**, 2
jouer [ʒwe] spielen **I3B**, 2
On **joue** aux dés. [ɔ̃ʒuode] Wir machen ein Würfelspiel. **II4A**, 7
un **jour** [ɛ̃ʒuʀ] ein Tag **I3C**, 4
premier **jour** de colo [pʀəmjeʒuʀdə‿kolo] erster Tag im Ferienlager **I6B**, 1
une **journée** [ynʒuʀne] ein Tag *(im Verlauf)* **I5B**, 1
une **journée** portes ouvertes [yn‿ʒuʀnepɔʀtuvɛʀt] ein Tag der offenen Tür **II5A**, 2
Joyeux anniversaire. [ʒwajøzanivɛʀsɛʀ] Alles Gute zum Geburtstag. **I4**
le **judo** [ləʒydo] Judo ***I3**
juillet *(m.)* [ʒɥijɛ] Juli **I4AP**, 2
juin *(m.)* [ʒɥɛ̃] Juni **I4AP**, 2
une **jupe** [ynʒyp] ein Rock **II1AP**
un **jus** [ɛ̃ʒy] ein Saft **I4B**, 2
un **jus** d'orange [ɛ̃ʒydɔʀɑ̃ʒ] ein Orangensaft **I4B**, 2
un **jus** de pomme [ɛ̃ʒyd(ə)pɔm] ein Apfelsaft **II5A**, 2
jusqu'à trois heures [ʒyskatʀwazœʀ] bis drei Uhr **II2A**, 11

K

un **kilomètre** [ɛ̃kilɔmɛtʀ] ein Kilometer **II4A**, 2
Ça fait combien de **kilomètres**? Wie viele Kilometer sind das? **II4A**, 2
le **kitesurf** [ləkaitsœʀf] Kitesurfen **II5AP**

L

là [la] da; dort **I2B**, 2
là-bas [laba] dort; dorthin **I4A**, 1

un **lac** [ɛ̃lak] ein See **⟨II1AC⟩**
aller à un **lac** [aleaɛ̃lak] an einen See fahren ***II4**
une **lampe** [ynlɑ̃p] eine Lampe ***I4**
un **lapin** [ɛ̃lapɛ̃] ein Kaninchen **⟨II5AC**, 1⟩
la **lavande** [lalavɑ̃d] der Lavendel **II4AP**
le, **la**, **l'** [lə,la, l] der, die, das **I2B**, 1
un **lecteur** MP3 [ɛ̃lɛktœʀɛmpetʀwa] ein MP3-Player ***I2**
le **lendemain** [ləlɑ̃dəmɛ̃] am folgenden Tag; am Tag darauf **II4A**, 2
leur/**leurs** [lœʀ/lœʀ] ihr/ihre **I6B**, 1
un rouge à **lèvres** [ɛ̃ʀuʒalɛvʀ] ein Lippenstift **I4B**, 2
un **lit** [ɛ̃li] ein Bett **I4C**, 1
un **livre** [ɛ̃livʀ] ein Buch **I2AP**, 3
loin [lwɛ̃] weit **II4A**, 1
C'est encore **loin**? Ist es noch weit? **II4A**, 2
C'est trop **loin**. Das ist zu weit. **II4A**, 10
Ce n'est pas **loin**. Es ist nicht weit weg. **II4A**, 1
les **loisirs** *(m.) (pl.)* [lelwaziʀ] die Freizeit; die Freizeitaktivitäten **I3**
longtemps [lɔ̃tɑ̃] lange **⟨II5AC**, 1⟩
un **look** [ɛ̃luk] ein Look **II1**
la Fête des **lumières** das Lichterfest **⟨IIE3⟩**
un **lumignon** [ɛ̃lymiɲɔ̃] ein Teelicht **⟨IIE3⟩**
lundi *(m.)* [lɛ̃di] Montag **I3C**, 4

M

madame (Mme) [madam] Frau … *(Anrede)* **I1A**, 1
mademoiselle [madmwazɛl] Fräulein … *(Anrede)* **I5A**, 2
un **magazine** de foot [ɛ̃magazindəfut] eine Fußballzeitschrift **I2A**, 1
mai *(m.)* [mɛ] Mai **I4AP**, 2
un **maillot** de bain [ɛ̃majodəbɛ̃] ein Badeanzug; eine Badehose **I5B**, 1
maintenant [mɛ̃tnɑ̃] jetzt **I3B**, 2
une **mairie** [ynmeʀi] ein Bürgermeisteramt; ein Rathaus **⟨II1AC⟩**
mais [mɛ] aber **I2A**, 1
une **maison** [ynmɛzɔ̃] ein Haus **⟨IIE3⟩**
à la **maison** [alamɛzɔ̃] nach Hause; zu Hause **II1A**, 2
une **maison** de la presse [ynmɛzɔ̃də‿lapʀɛs] ein Zeitschriften- und Schreibwarengeschäft **⟨II3AC⟩**
Il n'est pas **mal** du tout, le nouveau. Er ist gar nicht so übel, der Neue. **⟨IIE2⟩**
Il est **malade**, ou quoi? Ist er krank, oder was? **⟨IIE2⟩**
mâle [mal] männlich **⟨II5AC**, 1⟩
maltraité/**maltraitée** [maltʀete] misshandelt **⟨II5AC**, 1⟩
maman [mamɑ̃] Mama; Mami **I3C**, 1
mamie *(fam.)* [mami] Oma *(ugs.)*; Omi *(ugs.)* **I4B**, 2
manger [mɑ̃ʒe] essen **II2A**, 2
manger de l'herbe [mɑ̃ʒedəlɛʀb] Gras fressen **⟨IIE5⟩**
Elles **mangent** du popcorn. Sie essen Popcorn. **II3A**, 2
Il se laisse **manipuler** facilement. [il‿səlɛsmanipulefasilmɑ̃] Er ist einfach im Umgang. **⟨II5AC**, 1⟩
un **manteau**/des **manteaux** [ɛ̃mɑ̃to/demɑ̃to] ein Mantel/Mäntel **II1AP**
un **marché** [ɛ̃maʀʃe] ein Markt ***I5**
mardi *(m.)* [maʀdi] Dienstag **I3C**, 4
un **mariage** [ɛ̃maʀjaʒ] eine Hochzeit **⟨II1AC⟩**
Ce n'est vraiment pas **marrant**. [sə‿nɛvʀɛmɑ̃pamaʀɑ̃] Das ist echt nicht witzig. **⟨II2A**, 12⟩
J'en ai **marre**. *(fam.)* [ʒɑ̃nemaʀ] Ich habe die Nase voll. *(ugs.)* **I2C**, 1
marron [maʀɔ̃] braun **II1A**, 1
mars *(m.)* [maʀs] März **I4AP**, 2
un **match** de foot [ɛ̃matʃdəfut] ein Fußballspiel **I3A**, 1
les **maths** *(f.) (pl.) (fam.)* (= mathématiques) [lemat] Mathe *(ugs.)* **II2A**, 2
un/une prof de **maths** *(fam.)* [ɛ̃/ynpʀɔfdəmat] ein Mathelehrer/eine Mathelehrerin *(ugs.)* **I2B**, 2
une **matière** [ynmatjɛʀ] ein Unterrichtsfach **II2A**, 11
Ma **matière** préférée, c'est … Mein Lieblingsfach ist … **II2A**, 11
le **matin** [ləmatɛ̃] am Morgen; morgens **I6A**, 1
meilleures salutations [mɛjœʀsalyta‿sjɔ̃] freundliche Grüße **⟨II5AC**, 4⟩
un **melon** [ɛ̃məlɔ̃] eine Melone **II4AP**
une **menthe** à l'eau [ynmɑ̃talo] ein Minzsirup mit Wasser **II5A**, 2
la **mer** [lamɛʀ] das Meer **I6A**, 1
Merci. [mɛʀsi] Danke. **I1A**, 1
Un grand **merci** à tous. [ɛ̃gʀɑ̃mɛʀsia‿tus] Ein großes Dankeschön an alle. **II5A**, 2
mercredi *(m.)* [mɛʀkʀədi] am Mittwoch; Mittwoch **I3A**, 1
la **mère** [lamɛʀ] die Mutter **I4B**, 1
la belle-**mère** [labɛlmɛʀ] die Stiefmutter ***I4**
la **messagerie** [lamɛsaʒəʀi] SMS-Nachrichten **⟨II1AC⟩**
la **météo** [lameteo] der Wetterbericht; die Wettervorhersage **II4A**, 2
mettre [mɛtʀ] *hier:* anziehen; legen; setzen; stellen **II1A**, 9
à **midi** [amidi] um zwölf Uhr mittags **I5B**, 1
Rendez-vous à **midi** et quart. Wir treffen uns um Viertel nach zwölf. **I5B**, 1
le **miel** [ləmjɛl] der Honig **II4AP**
mignon/**mignonne** [miɲɔ̃/miɲɔn] gutaussehend; niedlich **II2A**, 2
au **milieu** de [omiljødə] in der Mitte (von) **II5A**, 4
Mince! [mɛ̃s] Mist! **I2A**, 1
une **minute** [ynminyt] eine Minute **I2A**, 1
le **mistral** [ləmistʀal] der Mistral *(= ein Wind)* **⟨II4A**, 6⟩
moche [mɔʃ] hässlich **II1A**, 2
trop **moche** [tʀomɔʃ] potthässlich **II1A**, 2
moi [mwa] ich *(betont)* **I1A**, 1
avec toi/**moi** [avɛktwa/mwa] mit dir/mir **I3A**, 1
chez **moi** [ʃemwa] bei mir **I5B**, 6
Moi aussi. [mwaosi] Ich auch. **I4A**, 1
moins [mwɛ̃] minus; weniger **I5A**, 7
un **mois** [ɛ̃mwa] ein Monat **I4AP**, 2
mon/**ma**/**mes** [mɔ̃/ma/me] mein/meine **I4B**, 1
Mon anniversaire, c'est le … Ich habe am … Geburtstag.; Mein Geburtstag ist am … **I4AP**, 3
un **moniteur**/une **monitrice** [ɛ̃mɔ‿nitœʀ/ynmɔnitʀis] ein Betreuer/eine Betreuerin **II5A**, 2
monsieur (M.) [məsjø] Herr … *(Anrede)* **I1A**, 1

une **montagne** [ynmõtaɲ] ein Berg II0, 6
à la **montagne** [alamõtaɲ] in die Berge II0, 6
monter sur son cheval [mõtesyʀsõʃəval] aufsteigen ⟨IIE5⟩
monter une tente [mõteyntɑ̃t] ein Zelt aufstellen II5A, 2
montrer *qc à qn* [mõtʀe] jdm. etw. zeigen II2A, 1
Je vous **montre** … [ʒəvumõtʀ] Ich zeige euch … ⟨II2AC⟩
un **monument** [ɛ̃mɔnymɑ̃] ein Denkmal; ein Monument I5AP, 3
Julie a le **moral** à zéro. Julie ist niedergeschlagen. II5A, 2
un **morceau**/des **morceaux** [ɛ̃mɔʀso/ demɔʀso] ein Stück/Stücke II5A, 8
un **mot** [ɛ̃mo] ein Wort II1A, 6
à **motifs** [amɔtif] gemustert *II1
moyen/moyenne [mwajɛ̃/mwajɛn] durchschnittlich ⟨II5AC, 1⟩
un lecteur **MP3** [ɛ̃lɛktœʀɛmpetʀwa] ein MP3-Player *I2
un **musée** [ɛ̃myze] ein Museum I5AP, 3
la **musique** [lamyzik] die Musik I3AP

N

la **natation** [lanatasjõ] Schwimmen *I3AC ; ⟨II1AC⟩
ne … pas [nə … pa] nicht I5C, 1
Tu es Julie, **n'est-ce pas**? [tyɛʒyli‿nɛspa] Du bist Julie, oder? II5A, 2
Il **neige**. [ilnɛʒ] Es schneit. II4A, 8
Ni vu, **ni** connu. [nivynikɔny] Keiner hat's gesehen. II1A, 2
noir/noire [nwaʀ/nwaʀ] schwarz II1A, 1
les **nombres** [lenõbʀ] die Zahlen I2B, 8
non [nõ] nein I1A, 4
nonante [nonɑ̃t] neunzig *(in Belgien/ in der Schweiz)* II2A, 2
notre/nos [nɔtʀ/no] unser/unsere I6B, 1
avec **nous** [avɛknu] mit uns II2A, 2
C'est à **nous**. [sɛtanu] Wir sind dran. I4B, 2
un **nouveau**/une **nouvelle** [ɛ̃nuvo/yn‿nuvɛl] ein Neuer/eine Neue II2A, 2
Il n'est pas mal du tout le **nouveau**. Er ist gar nicht so übel, der Neue. ⟨IIE2⟩

novembre *(m.)* [nɔvɑ̃bʀ] November I4AP, 2
C'est **nul**. [sɛnyl] Das ist blöd. I3A, 1
Vous êtes **nuls**. [vuzɛtnyl] Ihr seid blöd. II1A, 2
un **numéro** [ɛ̃nymero] eine Nummer; eine Telefonnummer I5C, 1
Lisa fait le **numéro**. Lisa wählt die Nummer. I5C, 1

O

l'**océan** *(m.)* [lɔseɑ̃] der Ozean ⟨II3AC, 1⟩
octobre *(m.)* [ɔktɔbʀ] Oktober I4AP, 2
une **offre** [ynɔfʀ] ein Angebot ⟨II5AC, 1⟩
Oh! [o] Oh! *(Ausdruck der Überraschung)* I2A, 1
Oh là là! [olala] Oje! I3B, 2
une **olive** [ynɔliv] eine Olive II4AP
l'huile d'**olive** *(f.)* [lɥildɔliv] das Olivenöl II4AP
on y va [õniva] wir gehen (da)hin I5B, 6
On y va? [õniva] Gehen wir (hin)? I3A, 1
un **oncle** [ɛ̃nõkl] ein Onkel *I4
un **orage** [ɛ̃nɔʀaʒ] ein Gewitter II4A, 8
un jus d'**orange** [ɛ̃ʒydɔʀɑ̃ʒ] ein Orangensaft I4B, 2
orange [ɔʀɑ̃ʒ] orange II1A, 1
un **ordinateur** [ɛ̃nɔʀdinatœʀ] ein Computer I4C, 1
organiser [ɔʀganise] organisieren II5A, 7
où [u] wo; wohin I4A, 1
Où sont …? [usõ] Wo sind …? I4A, 1
Tu vas **où**? [tyvau] Wo gehst du hin? I5A, 1
Vous allez **où**? [vuzaleu] Wo geht ihr hin? I5A, 2
Vous êtes **où**? [vuzɛtu] Wo seid ihr? I4A, 1
ou [u] oder I2C, 7
Ouais. *(fam.)* [wɛ] Ja. *(ugs.)* I3B, 2
oublier [ublije] vergessen ⟨II1AC⟩; II3A, 2
oui [wi] ja I1A, 1
une journée portes **ouvertes** [yn‿ʒuʀnepɔʀtuvɛʀt] ein Tag der offenen Tür II5A, 2

P

un **pain** au chocolat [ɛ̃pɛ̃oʃɔkɔla] ein Schokoladenhörnchen I5C, 1
un petit **pain** [ɛ̃pətipɛ̃] ein Brötchen ⟨II2A, 12⟩
Pas de **panique**. [padəpanik] Keine Panik. II3A, 2
paniquer [panike] in Panik geraten I6B, 1
un **pantalon** [ɛ̃pɑ̃talõ] eine Hose II1AP
papa [papa] Papa I2B, 2
papi *(fam.)* [papi] Opa *(ugs.)*; Opi *(ugs.)* I4B, 2
les **papiers** *(m.) (pl.)* [lepapje] die Ausweispapiere; die Papiere II3A, 2
un **paquet** [ɛ̃pakɛ] ein Paket I4B, 2
un **parc** [ɛ̃paʀk] ein Park II3AP, 4
aller à un **parc** d'attractions [alea‿ɛ̃paʀkdatʀaksjõ] in einen Freizeitpark fahren *II4
parce que [paʀskə] weil I6B, 1
Pardon? [paʀdõ] Bitte?; Entschuldigung? ⟨II1A, 12⟩
Pardon. [paʀdõ] Entschuldigung. I1A, 1
les **parents** *(m.) (pl.)* [lepaʀɑ̃] die Eltern I4B, 1
parfait/parfaite [paʀfɛ/paʀfɛt] perfekt ⟨II1AC⟩
parfois [paʀfwa] manchmal I2C, 1
le **parfum** [ləpaʀfɛ̃] das Parfüm ⟨II4A, 6⟩
partager [paʀtaʒe] teilen ⟨II5AC, 1⟩
une **partie** de pétanque [ynpaʀti dəpetɑ̃k] eine Partie Boules II4AP
C'est **parti**! [sɛpaʀti] Los geht's! II4A, 2
il **part** pour [ilpaʀpuʀ] er fährt nach ⟨II3AC, 1⟩
On va **partir** à 9 heures. Wir werden um 9 Uhr losfahren. II4A, 2
partout [paʀtu] überall ⟨II3AC⟩
ne … **pas** [nə … pa] nicht I5C, 1
pas du tout [padytu] überhaupt nicht ⟨II5AC, 1⟩
Pas de panique. [padəpanik] Keine Panik. II3A, 2
Pas moi. [pamwa] Ich nicht. II2A, 2
Pas si vite! [pasivit] Nicht so schnell! II4A, 2
passer [pase] verbringen I6A, 1
une **patinoire** [ynpatinwaʀ] eine Eisbahn; eine Schlittschuhbahn *I5

une **pause** [ynpoz] eine Pause **II4A**, 2
pauvre [povʀ] arm ⟨**II5AC**, 1⟩
La **pauvre**! [lapovʀ] Die Arme! ⟨**IIE2**⟩
payer [peje] bezahlen ⟨**II3AC**⟩
Vous pouvez **payer** à la caisse. [vu‿puvepejealakɛs] Sie können an der Kasse bezahlen **II5A**, 8
une **pêche** [ynpɛʃ] ein Pfirsich ⟨**II4A**, 6⟩
pendant [pɑ̃dɑ̃] während *(Präp.)* **I6A**, 1
pendant ce temps [pɑ̃dɑ̃sətɑ̃] währenddessen **II5A**, 2
J'ai **perdu** mon portefeuille. Ich habe meine Brieftasche verloren. **II3A**, 4
le **père** [lәpɛʀ] der Vater **I4B**, 1
le beau-**père** [ləbopɛʀ] der Stiefvater *I4
un **perroquet** [ɛ̃peʀokɛ] ein Papagei *I2
une **perruche** [ynperyʃ] ein Wellensittich *I2
une **personne** [ynpɛʀsɔn] eine Person ⟨**II5AC**, 1⟩
la **pétanque** [lapetɑ̃k] *beliebtes Spiel in Frankreich mit Kugeln* **II4AP**
une partie de **pétanque** [yn‿paʀtidəpetɑ̃k] eine Partie Boules **II4AP**
petit/**petite** [pəti/pətit] klein **II1A**, 2
un **petit** copain/une **petite** copine [ɛ̃pətikopɛ̃/ynpətitkɔpin] ein fester Freund/eine feste Freundin ⟨**II3AC**, 1⟩
un **petit** pain [ɛ̃pətipɛ̃] ein Brötchen ⟨**II2A**, 12⟩
un **peu** [ɛ̃pø] ein wenig **I6B**, 1
avoir **peur** [avwaʀpœʀ] Angst haben **I6B**, 1
peut-être [pøtɛtʀ] vielleicht **I5C**, 1
une **photo** [ynfɔto] ein Foto **I3C**, 1
Il a plein de **photos**. Er hat viele Fotos. **II5A**, 2
prendre des **photos** [pʀɑ̃dʀdefɔto] fotografieren; Fotos machen **II4A**, 1
une **phrase** [ynfʀaz] ein Satz **I3B**, 4
à **pied** [apje] zu Fuß **II4A**, 10
un **pin** [ɛ̃pɛ̃] eine Pinie ⟨**II4A**, 6⟩
le **ping-pong** [ləpiŋpɔ̃g] Tischtennis **I6A**, 3
une raquette de **ping-pong** [ynʀa‿kɛtdəpiŋpɔ̃g] ein Tischtennisschläger **I4A**, 1
un **pique-nique** [ɛ̃piknik] ein Picknick **I6A**, 1
pique-niquer [piknike] ein Picknick machen **II4A**, 2
une **piscine** [ynpisin] ein Schwimmbad **I5B**, 1
une **pizza** [ynpidza] eine Pizza **I6B**, 8
une **place** [ynplas] ein Platz **I5A**, 2
une **plage** [ynplaʒ] ein Strand **I6A**, 1
s'il te **plaît** [siltəplɛ] bitte *(zu jemandem, den man duzt)* **I2A**, 1
s'il vous **plaît** [silvuplɛ] bitte *(zu jemandem, den man siezt)* **I2A**, 1
un sac **plastique** [ɛ̃sakplastik] eine Plastiktüte ⟨**II5AC**, 1⟩
Il a **plein** de photos. Er hat viele Fotos. **II5A**, 2
Il commence à **pleuvoir**. Es fängt an zu regnen. **II4A**, 2
Il **pleut**. [ilplø] Es regnet. **I5B**, 1
Il va **pleuvoir**. [ilvaplөvwaʀ] Es wird regnen. **II4A**, 10
la **plongée** [laplɔ̃ʒe] Tauchen **I6A**, 1
Nous faisons de la **plongée**. [nufəzɔ̃‿dəlaplɔ̃ʒe] Wir tauchen. **I6A**, 1
plonger [plɔ̃ʒe] tauchen **II4A**, 2
Plouf! [pluf] Plopp! **I6B**, 1
la **pluie** [laplɥi] der Regen **I5C**, 7
La **pluie** tombe. [laplɥitɔ̃b] Der Regen fällt. *I6
plus [plys] plus **I2B**, 8
plus tard [plytaʀ] später **II4A**, 2
une **poche** [ynpɔʃ] eine Hosentasche; eine Jackentasche **I5C**, 1
à **pois** [apwa] gepunktet *II1
C'est pas écrit **police**, là. Hier steht nicht Polizist.; Ich bin kein Polizist. ⟨**IIE2**⟩
un **policier** [ɛ̃pɔlisje] ein Polizist **II3A**, 4
un tour de **poney** [ɛ̃tuʀdəpɔnɛ] ein Ponyritt **II5A**, 2
un **pont** [ɛ̃pɔ̃] eine Brücke **II4A**, 2
le **popcorn** [ləpɔpkɔʀn] das Popcorn **II3A**, 2
Elles mangent du **popcorn**. Sie essen Popcorn. **II3A**, 2
un **portable** [ɛ̃pɔʀtabl] ein Handy **I2B**, 2; ein Laptop; ein Notebook **II2A**, 9
une **porte** [ynpɔʀt] eine Tür **I6B**, 1
un **porte**-clé/des **porte**-clés [ɛ̃pɔʀtəkle/depɔʀtəkle] ein Schlüsselanhänger/Schlüsselanhänger **I5A**, 2
une journée **portes** ouvertes [yn‿ʒuʀnepɔʀtuvɛʀt] ein Tag der offenen Tür **II5A**, 2
un **portefeuille** [ɛ̃pɔʀt(ə)fœj] eine Brieftasche **II3A**, 2
J'ai perdu mon **portefeuille**. Ich habe meine Brieftasche verloren. **II3A**, 4
un **portefeuille** avec 200 euros dedans eine Brieftasche mit 200 Euro (drin) **II3A**, 2
un **porte-monnaie**/des **porte-monnaies** [ɛ̃pɔʀt(ə)mɔnɛ/depɔʀt(ə)mɔnɛ] ein Geldbeutel/Geldbeutel **II3A**, 5
porter [pɔʀte] tragen **II1A**, 2
Je ne **porte** pas ça. [ʒənəpɔʀtpasa] So etwas trage ich nicht. **II1A**, 2
poser [poze] legen; setzen; stellen **II5A**, 2
Tu **poses** des questions. [typozde‿kɛstjɔ̃] Du stellst Fragen. **I2C**, 7
la **poste** [lapɔst] die Post *I5
un **poster** [ɛ̃pɔstɛʀ] ein Poster *I4
une **poubelle** [ynpubɛl] ein Mülleimer ⟨**II5AC**, 1⟩
pour [puʀ] für **I2A**, 1
pour chatter [puʀtʃate] um zu chatten **II2A**, 2
pour eux [puʀø] für sie ⟨**II5AC**, 1⟩
pour les deux [puʀledø] für beide **I5A**, 2
pour moi [puʀmwa] für mich **II3A**, 2
Pourquoi? [puʀkwa] Warum? **I6B**, 1
Pourquoi pas. [puʀkwapa] Warum nicht. **II4A**, 2
pouvoir [puvwaʀ] können **II5A**, 1; **II5A**, 6
On **peut** faire … [ɔ̃pøfɛʀ] Man kann … *(+ Verb)*; Wir können … *(+ Verb)* **II5A**, 1
On **peut** voir … [ɔ̃pøvwaʀ] Man kann … sehen. **II5A**, 4
Qu'est-ce qu'on **peut** faire? [kɛskɔ̃‿pøfɛʀ] Was kann man machen?; Was können wir machen? **II5A**, 1
Tu **peux** m'aider? Kannst du mir helfen? **II5A**, 5
préféré/**préférée** [pʀefeʀe] Lieblings- **II2A**, 11
Ma matière **préférée**, c'est … Mein Lieblingsfach ist … **II2A**, 11
préférer [pʀefeʀe] bevorzugen; lieber mögen **II1A**, 2

Je **préfère** les jeans. [ʒəprefɛrledʒin] Ich bevorzuge Jeans. **II1A**, 2
le **premier** [ləpʀəmje] der erste **I4AP**, 2
premier jour de colo [pʀəmjeʒuʀdə‿kolo] erster Tag im Ferienlager **I6B**, 1
prendre [pʀɑ̃dʀ] nehmen **II4A**, 4
prendre des photos [pʀɑ̃dʀedefɔto] fotografieren; Fotos machen **II4A**, 1
prendre le train [pʀɑ̃dʀlətʀɛ̃] den Zug nehmen ***II4**
préparer [pʀepaʀe] vorbereiten; zubereiten **I3C**, 2
près d'ici [pʀɛdisi] hier in der Nähe **II4A**, 2
une **présentation** [ynpʀesɑ̃tasjɔ̃] eine Präsentation; eine Vorstellung **II2A**, 2
Il fait les **présentations**. Er stellt alle vor. **II5A**, 2
présenter [pʀezɑ̃te] präsentieren; vorstellen **I6B**, 1
Je vous **présente** … [ʒəvupʀezɑ̃t] Ich präsentiere euch …; Ich stelle euch … vor. **⟨II2AC⟩**
le **printemps** [ləpʀɛ̃tɑ̃] der Frühling **II4A**, 1
un **problème** [ɛ̃pʀɔblɛm] ein Problem **II1A**, 2
Ce n'est pas ton **problème**. [sənɛ‿patɔ̃pʀɔblɛm] Das ist nicht dein Problem. **II1A**, 2
prochain/**prochaine** [pʀɔʃɛ̃/pʀɔʃɛn] nächster/nächste/nächstes **II4A**, 10
la semaine **prochaine** [lasəmɛnpʀɔ‿ʃɛn] nächste Woche **II2A**, 2
un **produit** [ɛ̃pʀɔdɥi] ein Erzeugnis; ein Produkt **II4AP**, 2
un/une **prof** *(fam.)* (= professeur) [ɛ̃/ynpʀɔf(esœʀ)] ein Lehrer/eine Lehrerin **II2A**, 11
le **prof** principal/la **prof** principale [ləpʀɔfpʀɛ̃sipal/lapʀɔfpʀɛ̃sipal] der Klassenlehrer/die Klassenlehrerin **II2A**, 11
un/une **prof** d'allemand *(fam.)* [ɛ̃/yn‿pʀɔfdalmɑ̃] ein Deutschlehrer/eine Deutschlehrerin *(ugs.)* **I2B**, 2
un/une **prof** de maths *(fam.)* [ɛ̃/ynpʀɔfdəmat] ein Mathelehrer/eine Mathelehrerin *(ugs.)* **I2B**, 2
au **profit** de [opʀɔfidə] zugunsten **II5A**, 2
un **programme** [ɛ̃pʀɔgʀam] ein Programm **I6B**, 1
projeter [pʀɔʒəte] projizieren **⟨IIE3⟩**
proposer [pʀɔpoze] vorschlagen **II4A**, 2
proposer de faire *qc* [pʀɔpoze] vorschlagen, etw. zu tun **II4A**, 10
protéger [pʀɔteʒe] schützen **⟨II5AC, 1⟩**
le **PSG** [ləpeɛsʒe] der PSG *(Paris Saint Germain = Fußballmannschaft von Paris)* **I4B**, 8
puis [pɥi] danach; dann **II3A**, 1
Et **puis**? [epɥi] Und dann? **I5C**, 1

Q

un **quai** [ɛ̃ke] eine Uferstraße **⟨IIE3⟩**
Quand? [kɑ̃] Wann? **I6B**, 3
Ton anniversaire, c'est **quand**? Wann hast du Geburtstag? **I4AP**, 3
quand il fait beau [kɑ̃tilfɛbo] wenn das Wetter schön ist **I5A**, 2
quand même [kɑ̃mɛm] doch; wohl **II4A**, 2
à six heures moins le **quart** [asizœʀmwɛ̃l(ə)kaʀ] um Viertel vor sechs **I5B**, 1
un **quartier** [ɛ̃kaʀtje] ein Stadtviertel; ein Viertel ***I5**
Qu'est-ce qu'on achète? [kɛskɔ̃naʃɛt] Was kaufen wir? **I4A**, 1
Qu'est-ce qu'il y a? [kɛskilja] Was gibt es?; Was ist los? **I3B**, 2
Qu'est-ce qu'on fait? [kɛskɔ̃fɛ] Was machen wir?; Was tun wir? **I5B**, 1
Qu'est-ce qu'on peut faire? [kɛskɔ̃‿pøfɛʀ] Was kann man machen?; Was können wir machen? **II5A**, 1
Qu'est-ce que c'est ? [kɛskəsɛ] Was ist das? **I2A**, 1
Qu'est-ce que tu as fait? [kɛskətyafɛ] Was hast du gemacht? **II0**, 6
Qu'est-ce que tu vas faire? Was wirst du tun? **II4A**, 1
Qu'est-ce que vous fabriquez? [kɛs‿kəvufabʀike] Was treibt ihr da? **II1A**, 2
Que fait …? [kəfɛ] Was macht …? **II4AP**, 2
A **quelle** heure? [akɛlœʀ] Um wie viel Uhr? **I5B**, 1
Il est **quelle** heure? [ilɛkɛlœʀ] Wie viel Uhr ist es? **I5B**, 1
Il fait **quel** temps? [ilfɛkɛltɑ̃] Wie ist das Wetter? **I6AP**, 3
Il/Elle a **quel** âge? [il/ɛlakɛlaʒ] Wie alt ist er/sie? **I2B**, 2
Quel bazar! *(fam.)* [kɛlbazaʀ] Was für ein Durcheinander! *(ugs.)* **I2C**, 1
Quel cinéma! [kɛlsinema] So ein Theater! **II3A**, 2
Quelle chance! [kɛlʃɑ̃s] Was für ein Glück! **II5A**, 2
Quels sont …? [kɛlsɔ̃] Welche sind …? **II4AP**, 2
quelqu'un [kɛlkɛ̃] jemand **II2A**, 1
quelque chose [kɛlkəʃoz] etwas **II2A**, 1
une **question** [ynkɛstjɔ̃] eine Frage **I6B**, 1
Tu poses des **questions**. [typozde‿kɛstjɔ̃] Du stellst Fragen. **I2C**, 7
Qui …? [ki] Wer …? **II3A**, 3
Avec **qui**? [avɛkki] Mit wem? **I6A**, 6
C'est pour **qui**? [sɛpuʀki] Für wen ist das? **II1A**, 2
C'est **qui**? [sɛki] Wer ist das? **I1A**, 1
quinze [kɛ̃z] fünfzehn **I2B**, 8
Quoi? *(fam.)* [kwa] Was? *(ugs.)* **I2B**, 2
C'est **quoi**, ça? [sɛkwasa] Was ist denn das? **II1A**, 2

R

raconter [ʀakɔ̃te] erzählen **II3A**, 2
la **radio** [laʀadjo] das Radio; der Rundfunk **II4AP**, 2
les **raisins** *(m.) (pl.)* [leʀɛzɛ̃] die Trauben **⟨II4A, 6⟩**
ramasser [ʀamase] aufheben; einsammeln **II3A**, 2
ranger [ʀɑ̃ʒe] aufräumen **I4B**, 2
Rangez … [ʀɑ̃ʒe] Räumt … auf. **I6B**, 1
un **rap** [ɛ̃ʀap] ein Rap **I2C**, 1
une **raquette** de ping-pong [ynʀakɛt‿dəpiŋpɔ̃g] ein Tischtennisschläger **I4A**, 1
rayé/**rayée** [ʀeje] gestreift ***II1**
la **récréation** [laʀekʀeasjɔ̃] die Pause **⟨II2AC, 1⟩**
un **refrain** [ɛ̃ʀəfʀɛ̃] ein Refrain **I2C**, 1
regarder [ʀəgaʀde] anschauen; ansehen; betrachten **I3B**, 2
Regarde. [ʀəgaʀd] Schau mal. **I2B**, 2

une **région** [ynʀeʒjõ] eine Gegend; eine Region **II4AP**, 2
une **règle** [ynʀɛgl] ein Lineal **I2AP**, 3
une **remarque** [ynʀəmaʀk] eine Bemerkung **⟨II5AC⟩**
Nous vous **remercions** de votre réponse. [nuvuʀəmɛʀsjõ] Wir bedanken uns für Ihre Antwort. **⟨II5AC**, 4⟩
rencontrer *qn* [ʀɑ̃kõtʀe] jdn. treffen **II3A**, 1
un **rendez-vous** [ɛ̃ʀɑ̃devu] eine Verabredung **I5B**, 1
  Rendez-vous à midi et quart. Wir treffen uns um Viertel nach zwölf. **I5B**, 1
la **rentrée** [laʀɑ̃tʀe] der Schulbeginn; der Schuljahresbeginn **I2**
rentrer [ʀɑ̃tʀe] nach Hause gehen; zurückkehren **II0**, 2
répondre à *qn* [ʀepõdʀ] jdm. antworten **II3A**, 9
  Il ne **répond** pas au téléphone. [ilnəʀepõpaotelefɔn] Er meldet sich nicht. **II3A**, 2
une **réponse** [ynʀepõs] eine Antwort **⟨II1AC⟩**
  Nous vous remercions de votre **réponse**. [nuvuʀəmɛʀsjõ] Wir bedanken uns für Ihre Antwort. **⟨II5AC**, 4⟩
un **reportage** [ɛ̃ʀəpɔʀtaʒ] eine Reportage **II4AP**, 2
un **requin** [ɛ̃ʀəkɛ̃] ein Hai **⟨II3AC**, 1⟩
un **restaurant** [ɛ̃ʀɛstɔʀɑ̃] ein Restaurant **⟨II2A**, 12⟩
rester [ʀɛste] bleiben **I3B**, 2
  je suis **resté(e)** [ʒəsɥiʀɛste] ich bin geblieben **II0**, 6
  Restons zen! Bleiben wir cool! **⟨IIE2⟩**
être en **retard** [ɛtʀɑ̃ʀətaʀ] spät dran sein; zu spät kommen **II3A**, 2
  Tu es en **retard**, dis donc! [tyɛɑ̃ʀətaʀdidõk] Du kommst aber spät! **II3A**, 2
le **retour** [ɛ̃ʀətuʀ] die Rückfahrt; die Rückkehr **⟨II1AC⟩**
  au **retour** de [oʀəturdə] zurück aus **II0**
retourner (à) [ʀətuʀne] umkehren; zurückkehren (zu/nach) **II4A**, 2
retrouver *qn* [ʀətʀuve] jdn. treffen **II2A**, 2

Son **rêve** devient un cauchemar. [sõʀɛvdəvjɛ̃ɛ̃kɔʃmaʀ] Sein Traum wird zum Alptraum. **⟨II3AC**, 1⟩
Il **reviendra**. [ilʀəvjɛ̃dʀa] Er (= der Sommer) wird wieder kommen. ⟨**II0**, 3⟩
rêver [ʀeve] träumen **⟨II3AC**, 1⟩
réviser [ʀevize] lernen; wiederholen **II2A**, 2
Au **revoir**! [ɔʀ(ə)vwaʀ] Auf Wiedersehen! **I1A**, 1
au **rez-de-chaussée** [oʀedʃose] im Erdgeschoss **⟨IIE1⟩**
Rien. [ʀjɛ̃] Nichts. **II2A**, 2
  rien de spécial [ʀjɛ̃dəspesjal] nichts Besonderes **II3A**, 1
rigoler [ʀigole] herumalbern; Spaß haben **I6A**, 1
  On **rigole** bien. [õʀigolbjɛ̃] Wir haben viel Spaß. **I6A**, 1
  Tu **rigoles**. [tyʀigɔl] Du machst wohl Witze! **II1A**, 2
une **robe** [ynʀɔb] ein Kleid **II1AP**
un **rocher** [ɛ̃ʀɔʃe] ein Fels **I6B**, 1
le **roller** [ləʀɔlœʀ] Inlineskaten **I3AP**
les **rollers** [leʀɔlœʀ] die Inliner *(Pl.)* **I3AP**
romain/**romaine** [ʀɔmɛ̃/ʀɔmɛn] römisch **II4AP**
le **romarin** [ləʀɔmaʀɛ̃] der Rosmarin ⟨**II4A**, 6⟩
rose [ʀoz] rosa **II1A**, 1
  Le **rose** te va très bien. Rosa steht dir gut. **II1A**, 13
un **rouge** à lèvres [ɛ̃ʀuʒalɛvʀ] ein Lippenstift **I4B**, 2
rouge [ʀuʒ] rot **II1A**, 1
une **route** [ynʀut] eine Landstraße; eine Straße **II4A**, 2
  On prend les petites **routes**. Wir nehmen die kleinen Straßen. **II4A**, 2
une **rue** [ynʀy] eine Straße **⟨II4A**, 9⟩
  dans la **rue** [dɑ̃laʀy] auf der Straße **II3A**, 2
le **rugby** [ləʀygbi] Rugby **I4C**, 1
le **russe** [ləʀys] Russisch ***II2**

S

les **S.V.T.** (= sciences de la vie et de la terre) [leɛsvete] Biologie; Naturkunde ***II2**; **⟨II2AC**, 1⟩
un **sabot** [ɛ̃sabo] ein Huf **⟨IIE5⟩**
un **sac** [ɛ̃sak] ein Rucksack; eine Tasche **I2AP**, 3
  un **sac** de couchage [ɛ̃sakdəkuʃaʒ] ein Schlafsack **I6A**, 1
  un **sac** plastique [ɛ̃sakplastik] eine Plastiktüte **⟨II5AC**, 1⟩
sage [saʒ] besonnen **⟨II5AC**, 1⟩
une **salade** [ynsalad] ein Salat ***I3**
une **salle** [ynsal] ein Raum; ein Saal **II2AP**
  dans la **salle** à manger [dɑ̃lasalamɑ̃ʒe] im Esszimmer **⟨IIE1⟩**
  dans la **salle** de bains [dɑ̃lasaldəbɛ̃] im Badezimmer **⟨IIE1⟩**
  une **salle** de classe [ynsaldəklas] ein Klassenzimmer **II2AP**
un **salon** [ɛ̃salõ] ein Wohnzimmer **I4B**, 2
Salut! *(fam.)* [saly] Hallo! *(ugs.)*; Tschüs! *(ugs.)* **I1AP**, 2
meilleures **salutations** [mɛjœʀsalytasjõ] freundliche Grüße **⟨II5AC**, 4⟩
un **sandwich** [ɛ̃sɑ̃dwitʃ] ein belegtes Brot; ein Sandwich **I5C**, 1
sans difficulté [sɑ̃difikylte] ohne Schwierigkeiten **⟨II5AC**, 1⟩
sauver [sove] retten **⟨II5AC**, 1⟩
Je ne **sais** pas. [ʒən(ə)sɛpa] Ich weiß (es) nicht.; Keine Ahnung. **I4A**, 1
une **scène** [ynsɛn] eine Szene **II2AP**, 2
les **sciences** physiques *(f.)* [lesjɑ̃sfizik] Naturwissenschaften ***II2**
la **science-fiction** [lasjɑ̃sfiksjõ] die Sciencefiction **⟨II3AC**, 2⟩
une **séance** [ynseɑ̃s] eine Vorstellung **II3A**, 2
une **seconde** [ynsəgõd] eine Sekunde **II5A**, 2
Au **secours**! [oskuʀ] Hilfe!; Zu Hilfe! **I6B**, 1
une **semaine** [ynsəmɛn] eine Woche **I3C**, 4
  la **semaine** prochaine [lasəmɛnpʀɔʃɛn] nächste Woche **II2A**, 2
sembler [sɑ̃ble] scheinen **⟨II5AC**, 1⟩
septembre *(m.)* [sɛptɑ̃bʀ] September **I4AP**, 2
une **serviette** [ynsɛʀvjɛt] eine Serviette **II5A**, 8
seulement [sœlmɑ̃] nur **I3B**, 2
le **sexe** [ləsɛks] das Geschlecht **⟨II5AC**, 1⟩

le **shopping** [ləʃɔpiŋ] das Einkaufen; das Shoppen **I6A**, 1
Je fais du **shopping**. [ʒəfɛdyʃɔpiŋ] Ich gehe einkaufen.; Ich gehe shoppen. **I6A**, 1
s'il te plaît [siltəplɛ] bitte *(zu jemandem, den man duzt)* **I2A**, 1
s'il vous plaît [silvuplɛ] bitte *(zu jemandem, den man siezt)* **I2A**, 1
Si vous voulez. [sivuvule] Wenn ihr wollt.; Wenn Sie wollen. **II5A**, 2
le **skate** [ləskɛt] Skateboarden **I3AP**
un **skatepark** [ɛ̃skɛtpaʀk] ein Skatepark **I5B**, 1
un **sketch** [ɛ̃skɛtʃ] ein Sketch *(kurzes, witziges Theaterstück)* ⟨**II5AC**⟩
la **slackline** [laslæklain] die Slackline; Slacken **II5AP**
un **SMS** [ɛ̃ɛsɛmɛs] eine SMS **I4B**, 8
la **SNCF** [laɛsɛnseɛf] die SNCF *(frz. Eisenbahn)* **I4B**, 8
sociable [sɔsjabl] umgänglich ⟨**II5AC**, 1⟩
J'ai **soif**. [ʒeswaf] Ich habe Durst. **I3C**, 1
le **soir** [ləswaʀ] abends; am Abend **I6A**, 1
les vêtements en **solde** [levɛtmɑ̃ɑ̃sɔld] der Kleiderschlussverkauf; reduzierte Kleidung **II1AP**, 2
le **soleil** [ləsɔlɛj] die Sonne **II4A**, 6
Il y a du **soleil**. [ilijadysɔlɛj] Es ist sonnig. **II4A**, 8
Le **soleil** brille. [ləsɔlɛjbʀij] Die Sonne scheint. ***I6**; **II5A**, 2
Le **soleil** brunit ma peau. Die Sonne bräunt meine Haut. ⟨**II4A**, 6⟩
Le **soleil** éblouit mes yeux. Die Sonne blendet meine Augen. ⟨**II4A**, 6⟩
Le **soleil** sucre les abricots. Die Sonne süßt die Aprikosen. ⟨**II4A**, 6⟩
Le **soleil** réchauffe la mer. Die Sonne erwärmt das Meer. ⟨**II4A**, 6⟩
son/**sa**/**ses** [sɔ̃/sa/se] ihr/ihre; sein/seine **I4C**, 1
un **sondage** [ɛ̃sɔ̃daʒ] eine Umfrage ⟨**II3AC**, 2⟩
sonner [sɔne] klingeln; läuten **I5C**, 1
une **sortie** [ynsɔʀti] ein Ausflug **II4AP**
souffler [sufle] blasen; wehen ⟨**II4A**, 6⟩
Tu me **soûles**. [tyməsul] Du gehst mir auf die Nerven.; Du nervst. **II1A**, 2
une **sœur** [ynsœʀ] eine Schwester **I2B**, 2
la **souris** [lasuʀi] die Maus **II2A**, 9
sous [su] unter **I4C**, 1
un **souvenir** [ɛ̃suvniʀ] ein Andenken; ein Souvenir; eine Erinnerung **I5A**, 2
souvent [suvɑ̃] oft **I6A**, 1
la **SPA** (= Société Protectrice des Animaux) [laɛspea] der Tierschutzverein **II5A**, 2
les **spaghettis** *(m.) (pl.)* [lespagɛti] die Spaghetti ***I3**
une **spécialité** [ynspesjalite] eine Spezialität **II4AP**
un **spectacle** [ɛ̃spɛktakl] eine Aufführung; eine Vorführung **II2A**, 2
spectaculaire [spɛktakylɛʀ] beeindruckend; spektakulär **II4A**, 2
un **spectateur**/une **spectatrice** [ɛ̃spɛk‿tatœʀ/ynspɛktatʀis] ein Zuschauer/eine Zuschauerin ⟨**II3AC**, 1⟩; ⟨**IIE3**⟩
le **sport** [ləspɔʀ] (der) Sport; die Sportart **II3A**, 1
un **stade** [ɛ̃stad] ein Stadion; ein Sportstadion **II3AP**
une **star** [ynstaʀ] ein Star ⟨**II3AC**, 1⟩
Stop! [stɔp] Halt!; Stopp! **I2B**, 2
le **stress** [ləstʀɛs] der Stress **II5A**, 2
Julie est **stressée**. [ʒyliɛstʀese] Julie ist gestresst. **II2A**, 2
un **stylo** [ɛ̃stilo] ein Kuli; ein Stift **I2AP**, 3
Ça **suffit**! [sasyfi] Das reicht! **I2C**, 1
Suivez l'exemple de … Nehmt euch ein Beispiel an … ⟨**IIE2**⟩
super *(fam.)* [sypɛʀ] super *(ugs.)*; toll *(ugs.)* **I2A**, 1
C'était **super**. [setɛsypɛʀ] Das war super. **II3A**, 2
un **supermarché** [ɛ̃sypɛʀmaʀʃe] ein Supermarkt **II3AP**
sur [syʀ] auf **I4B**, 2
sur Internet [syʀɛ̃tɛʀnɛt] im Internet **II2A**, 9
sur l'autoroute [syʀlotoʀut] auf der Autobahn **II0**, 2
sur l'étagère [syʀletaʒɛʀ] im Regal **I4B**, 2
sur le balcon [syʀləbalkɔ̃] auf dem Balkon ⟨**IIE1**⟩
sur la Côte d'Azur [syʀlakotdazyʀ] an der Côte d'Azur **I6A**, 1
le **surf** [ləsœʀf] Surfen **I6A**, 1
surfer [sœʀfe] surfen ⟨**II3AC**⟩
une **surprise** [ynsyʀpʀiz] eine Überraschung **I3A**, 1
un **surveillant**/une **surveillante** [ɛ̃syʀvɛjɑ̃/ynsyʀvɛjɑ̃t] eine Aufsichtsperson **II2A**, 1
surveiller [syʀvɛje] überwachen **II5A**, 2
un **sweat-shirt** [ɛ̃swɛtʃɜʀt] ein Sweatshirt **II1A**, 1
sympa *(fam.)* [sɛ̃pa] nett **I2C**, 1
très **sympa** *(fam.)* [tʀɛsɛ̃pa] sehr nett *(ugs.)* **I2C**, 1

T

une **table** [yntabl] ein Tisch **I4C**, 1
A **table**! [atabl] Essen kommen!; Zu Tisch! **I3C**, 1
une **tablette** tactile [yntablɛttaktil] ein Notepad; ein Tablet **II2A**, 9
la **taille** [lataj] die Größe ⟨**II5AC**, 1⟩
une **tante** [yntɑ̃t] eine Tante ***I4**
taper [tape] tippen **II2A**, 9
un **tapis** [ɛ̃tapi] ein Teppich ***I4**
trop **tard** [tʀotaʀ] zu spät **I2B**, 2
plus **tard** [plytaʀ] später **II4A**, 2
une **tasse** [yntas] eine Tasse ***II5**
un chauffeur de **taxi** [ɛ̃ʃofœʀdətaksi] ein Taxifahrer **II4AP**, 2
la **technologie** [latɛknɔlɔʒi] die Technologie; Technik ***II2**; ⟨**II2AC**, 1⟩
la **télé** (= la télévision) [latele(vizjɔ̃)] das Fernsehen; der Fernseher **II1A**, 2
un **téléphone** [ɛ̃telefɔn] ein Telefon **I5C**, 5
Il ne répond pas au **téléphone**. [ilnərepɔ̃paotelefɔn] Er meldet sich nicht. **II3A**, 2
téléphoner [telefɔne] telefonieren **II3A**, 1
la **tempête** [latɑ̃pɛt] das Unwetter; der Sturm ***I6**; **II4A**, 8
le **temps** [lətɑ̃] das Wetter **I6AP**, 3; die Zeit **II2A**, 2
un emploi du **temps** [ɛ̃nɑ̃plwadytɑ̃] ein Stundenplan **II2A**, 2
Il fait quel **temps**? [ilfɛkɛltɑ̃] Wie ist das Wetter? **I6AP**, 3
Il va faire quel **temps**? Wie wird das Wetter? **II4A**, 2
Je n'ai pas le **temps**. [ʒənepalətɑ̃] Ich habe keine Zeit. **II2A**, 2

Tiens! [tjɛ̃] Schau mal! **II2A**, 2
Tiens. [tjɛ̃] Hier.; Nimm. **I5A**, 2
le **tennis** [lətenis] Tennis **II1A**, 10
une **tente** [yntɑ̃t] ein Zelt **II5A**, 2
terminé/terminée [tɛʀmine] beendet ⟨**II2AC**⟩
Pour **terminer** la journée … Am Ende des Tages … **II5A**, 2
Elle a fait une drôle de **tête**. [ɛlafɛyn‿dʀoldətɛt] Sie hat ein komisches Gesicht gemacht. **II3A**, 2
le **TGV** [ləteʒeve] der TGV *(Hochgeschwindigkeitszug)* **I4B**, 8
aller au **théâtre** [aleoteatʀ] ins Theater gehen ***II3**
le **thym** [lətɛ̃] der Thymian ⟨**II4A**, 6⟩
timide [timid] schüchtern ⟨**II5AC**, 1⟩
un **toboggan** [ɛ̃tɔbɔgɑ̃] eine Wasserrutsche **I5B**, 1
avec **toi**/moi [avɛktwa/mwa] mit dir/mir **I3A**, 1
A **toi**! [atwa] Du bist dran! **I4B**, 2
Et **toi**? [etwa] Und du? **I1AP**, 4
les **toilettes** *(f.) (pl.)* [letwalɛt] die Toilette **II2AP**
tomber [tɔ̃be] fallen; hinfallen **I3B**, 2
tomber dans l'eau [tɔ̃bedɑ̃lo] ins Wasser fallen **I6B**, 1
La pluie **tombe**. [laplɥitɔ̃b] Der Regen fällt. ***I6**
ton/ta/tes [tɔ̃/ta/te] dein/deine **I4B**, 2
Ton anniversaire, c'est quand? Wann hast du Geburtstag? **I4AP**, 3
une **tortue** [yntɔʀty] eine Schildkröte ***I2**
tôt *(adv.)* [to] früh **II4A**, 10
C'est trop **tôt**. [sɛtʀoto] Das ist zu früh. **II4A**, 10
C'est la **totale**! [sɛlatɔtal] Das ist echt die Härte!; Ich fass es nicht! **II1A**, 2
toujours [tuʒuʀ] immer **I5C**, 1
un **tour** [ɛ̃tuʀ] eine Fahrt; eine Reise; eine Runde; eine Tour **I6AP**, 4
un **tour** de France [ɛ̃tuʀdəfʀɑ̃s] eine Frankreichreise **I6AP**, 4
un **tour** de poney [ɛ̃tuʀdəpɔnɛ] ein Ponyritt **II5A**, 2
un **touriste**/une **touriste** [ɛ̃tuʀist/yntu‿ʀist] ein Tourist/eine Touristin **I5A**, 2
une visite **touristique** [ynvizittuʀistik] eine Stadtbesichtigung; eine Stadtrundfahrt **I5AP**, 1
tourner [tuʀne] (sich) drehen; abbiegen **I6B**, 1
tous [tus] alle **I3B**, 2
tous ses copains [tusekɔpɛ̃] alle seine Freunde **II5A**, 2
tout à coup [tutaku] plötzlich **I6B**, 1
tout de suite [tutsɥit] sofort **II2A**, 6
tout droit [tudʀwa] geradeaus **I6B**, 1
tout le monde [tulmɔ̃d] alle (Leute); jeder **I3C**, 1
C'est **tout**. [sɛtu] Das ist alles. **I5C**, 1
Tout va bien. [tuvabjɛ̃] Alles in Ordnung.; Alles läuft gut. **I6B**, 1
prendre le **train** [pʀɑ̃dʀlətʀɛ̃] den Zug nehmen ***II4**
traîner *(fam.)* [tʀene] chillen *(ugs.)*; herumhängen *(ugs.)* **II3A**, 1
J'ai **traîné**, quoi. [ʒetʀɛnekwa] Ich habe halt gechillt. **II3A**, 1
le **travail** [lətʀavaj] die Arbeit **II5A**, 2
Il y a encore du **travail**. Es gibt noch einiges zu tun. **II5A**, 2
très [tʀɛ] sehr **I2C**, 1
très sympa *(fam.)* [tʀɛsɛ̃pa] sehr nett *(ugs.)* **I2C**, 1
triste [tʀist] traurig **I6B**, 1
trop [tʀo] zu sehr; zu viel **II1A**, 2
trop moche [tʀomɔʃ] potthässlich **II1A**, 2
trop tard [tʀotaʀ] zu spät **I2B**, 2
Trop la classe! [tʀolaklas] Klasse! **II1A**, 2
un **trou** [ɛ̃tʀu] ein Loch **II1A**, 2
une **trousse** [yntʀus] ein Mäppchen **I2AP**, 3
trouver [tʀuve] finden **I5C**, 1
a été **trouvé** [aetetʀuve] wurde gefunden ⟨**II5AC**, 1⟩
Tu ne **trouves** pas? [tynətʀuvpa] Findest du nicht?; Meinst du nicht auch? **II5A**, 2
Ce n'est pas mon **truc**. [sənɛpamɔ̃‿tʀyk] Das ist nicht mein Ding. **II4A**, 2
un **t-shirt** [ɛ̃tiʃœʀt] ein T-Shirt **I3B**, 1

U

un [ɛ̃] eins **I1A**, 7
un, **une** [ɛ̃; yn] ein/eine **I2AP**, 3
uni/unie [yni] einfarbig ***II1**

V

les **vacances** *(f.) (pl.)* [levakɑ̃s] der Urlaub; die Ferien **I6A**, 1
le **vélo** [ləvelo] Fahrradfahren **I6A**, 1
un **vélo** [ɛ̃velo] ein Fahrrad **II4A**, 1
un **vendeur**/une **vendeuse** [ɛ̃vɑ̃dœʀ/ynvɑ̃døz] ein Verkäufer/eine Verkäuferin **I5A**, 2
vendre [vɑ̃dʀ] verkaufen **II5A**, 2
vendredi *(m.)* [vɑ̃dʀədi] Freitag **I3C**, 4
venir [vəniʀ] kommen **II2A**, 6
je ne **viens** pas [ʒənəvjɛ̃pa] ich komme nicht ⟨**II1AC**⟩
je **viens** [ʒəvjɛ̃] ich komme ⟨**II1AC**⟩
Viens! [vjɛ̃] Komm! *(Aufforderung)* **I5A**, 2
Il/Elle **vient** de … [il/ɛlvjɛ̃də] Er/Sie kommt aus … **II2A**, 2
Tu **viens** d'où? [tyvjɛ̃du] Woher kommst du? **II2A**, 2
Viens avec nous! [vjɛ̃avɛknu] Komm mit uns. **I5B**, 1
le **vent** [ləvɑ̃] der Wind **II4A**, 8
Il y a du **vent**. [iljadyvɑ̃] Es ist windig. **II4A**, 8
un **verre** [ɛ̃vɛʀ] ein Glas **II5A**, 8
une **verrine** de fruits [ynvɛʀindəfʀɥi] ein Nachtisch im Glas mit Früchten **II5A**, 8
vers [vɛʀ] gegen; in Richtung ⟨**II1AC**⟩
vers onze heures [vɛʀɔ̃zœʀ] gegen elf Uhr **II3A**, 4
vert/verte [vɛʀ/vɛʀt] grün **II1A**, 1
un **vêtement** [ɛ̃vɛtmɑ̃] ein Kleidungsstück **II1AP**, 2
les **vêtements** en solde [levɛtmɑ̃ɑ̃‿sɔld] der Kleiderschlussverkauf; reduzierte Kleidung **II1AP**, 2
un **vétérinaire**/une **vétérinaire** [ɛ̃ve‿teʀinɛʀ/ynveteʀinɛʀ] ein Tierarzt/eine Tierärztin **II5A**, 2
un **viaduc** [ɛ̃vjadyk] ein Viadukt **II4A**, 2
un jeu **vidéo**/des jeux **vidéo** [ɛ̃ʒøvideo/deʒøvideo] ein Videospiel/Videospiele **I4A**, 1
la **vie** [lavi] das Leben ⟨**II1AC**⟩
la **vie** de classe [lavidəklas] die Klassenlehrerstunde ⟨**II2AC**, 1⟩
un **village** [ɛ̃vilaʒ] ein Dorf ⟨**II3AC**, 1⟩
une **ville** [ynvil] eine Stadt **II4A**, 1

le centre-**ville** [ləsɑ̃tʀəvil] das Stadtzentrum **II3AP**, 4
vingt sur **vingt** [vɛ̃syʀvɛ̃] zwanzig von zwanzig ⟨**II2A**, 12⟩
violet/violette [vjɔlɛ/vjɔlɛt] violett ***II1**
une **visite** [ynvizit] ein Besuch; eine Besichtigung **II5A**, 2
une **visite** touristique [ynvizitturistik] eine Stadtbesichtigung; eine Stadtrundfahrt **I5AP**, 1
visiter [vizite] besichtigen **I5A**, 2
j'ai **visité** [ʒevizite] ich habe besichtigt **II0**, 6
un **visiteur**/une **visiteuse** [ɛ̃vizitœʀ/ynvizitøz] ein Besucher/eine Besucherin **II5A**, 2
beaucoup de **visiteurs** [bokudəvizitœʀ] viele Besucher **II5A**, 2
Vite! [vit] Schnell! **I5A**, 2
Pas si **vite**! [pasivit] Nicht so schnell! **II4A**, 2
il **vit** [ilvi] er lebt ⟨**II3AC**, 1⟩
voilà … [vwala] da ist/sind … **I2AP**, 3
Voilà. [vwala] Hier bitte. **I2A**, 1
Fais **voir**. [fɛvwaʀ] Zeig mal. **I4B**, 2
On peut **voir** … [ɔ̃pøvwaʀ] Man kann … sehen. **II5A**, 4
On **voit** … [ɔ̃vwa] Man sieht … **II5A**, 4
un **voisin**/une **voisine** [ɛ̃vwazɛ̃/ynvwazin] ein Nachbar/eine Nachbarin **II3A**, 2
une **voiture** [ynvwatyʀ] ein Auto **II4A**, 2
volontiers [vɔlɔ̃tje] gern **II5A**, 5
votre/vos [vɔtʀ/vo] euer/eure; Ihr/Ihre **I6B**, 1
vouloir [vulwaʀ] wollen **II5A**, 1; **II5A**, 6
nous **voudrions** [nuvudʀijɔ̃] wir möchten gern ⟨**II5AC**, 4⟩
Je **veux** faire … [ʒəvøfɛʀ] Ich möchte … *(+Verb)* **II5A**, 1
Je **voudrais** … [ʒəvudʀɛ] Ich hätte gern …; Ich möchte … **I5C**, 1
Oui, je **veux** bien. Ja, gern. **II5A**, 1
Si vous **voulez**. [sivuvule] Wenn ihr wollt.; Wenn Sie wollen. **II5A**, 2
un **voyage** [ɛ̃vwajaʒ] eine Reise ⟨**II3AC**, 1⟩
Ce n'est pas **vrai**! [sənɛpavʀɛ] Das darf nicht wahr sein! **I5C**, 1
Ce n'est **vraiment** pas marrant. [sənɛvʀɛmɑ̃pamaʀɑ̃] Das ist echt nicht witzig. ⟨**II2A**, 12⟩
un **VTT** (= vélo tout terrain)/des **VTT** [ɛ̃vetete/devetete] ein Mountainbike/Mountainbikes **II4A**, 2
une **vue** [ynvy] eine Aussicht; eine Sicht **I5A**, 2

W

un **week-end** [ɛ̃wikɛnd] ein Wochenende **II3AP**
ce **week-end** [səwikɛnd] am Wochenende **II3AP**, 3
le **week-end** dernier [ləwikɛnddɛʀnje] letztes Wochenende **II3A**, 5

Z

Julie a le moral à **zéro**. Julie ist niedergeschlagen. **II5A**, 2

Prénoms masculins

Alex [alɛks] **II2A**, 2
Amir [amiʀ] **I1AP**
Antoine [ɑ̃twan] **I2B**, 2
Arthur [aʀtyʀ] **I1A**, 6
François [fʀɑ̃swa] ⟨**II4A**, 9⟩
Grégoire [gʀegwaʀ] ⟨**II4A**, 9⟩
Julien [ʒyljɛ̃] **II4A**, 2
Karim [kaʀim] **I3B**, 2
Mathis [matis] **I1A**, 7
Maxime [maksim] **I1AP**
Rémi [ʀemi] **I2B**, 1
Sami [sami] **I3AC**
Tao [tao] **II5A**, 2
Thomas [toma] ⟨**II1AC**⟩

Prénoms féminins

Aïcha [aiʃa] **I6A**, 1
Camille [kamij] **I2B**, 2
Camille [kamij] **I4B**, 1
Carla [kaʀla] **I6B**, 1
Célia [selia] **II5A**, 2
Clémentine [klemɑ̃tin] ⟨**II1AC**⟩
Emma [ɛma] **I3A**, 8
Fadela [fadela] **I3A**, 1
Inès [inɛs] **I6B**, 1
Inès [inɛs] **II3AP**
Julie [ʒyli] **I1AP**
Laure [lɔʀ] ⟨**II1A**, 12⟩
Laurie [lɔʀi] **I3AC**
Lilou [lilu] **I1A**, 6
Lisa [liza] **I5**
Lucie [lysi] ⟨**II1AC**⟩
Malika [malika] **I1AP**
Maryline [maʀilin] **II5A**, 2
Nanou [nanu] **I1A**, 6

Noms de famille

Brun [bʀɛ̃] **I2A**, 1
Colin [kɔlɛ̃] **II2A**, 1
Garnier [gaʀnje] **I2B**, 2
Laval [laval] **I1A**, 1
Legrand [ləgʀɑ̃] **I4B**, 1
Moretti [mɔʀɛti] **I3C**, 1
Petit [pəti] **I1A**, 1
Renaud [ʀəno] **I2B**, 2
Roche [ʀɔʃ] **I4B**, 1

Noms de villes

Arcachon [aʀkaʃõ] *Stadt an der Antlantiküste im Südwesten Frankreichs* **I6AP**, 3
Arles [aʀl] *Stadt in Südfrankreich* **II4AP**
Avignon [aviɲõ] *Stadt in Südfrankreich* ⟨**II1AC**⟩; **II4AP**, 3
Berlin [bɛʀlɛ̃] **I5A**, 2
Biarritz [bjaʀits] *Stadt an der Atlantikküste im Südwesten Frankreichs* **I6AP**, 3
Bordeaux [bɔʀdo] *Stadt in Südwestfrankreich* **II4A**, 8
Chamonix [ʃamɔni] *französischer Skiort am Fuß der Mont-Blanc-Gruppe* **I6AP**, 3
Evreux [evʀø] *Stadt im Norden Frankreichs* **II4A**, 8
Izmir [izmiʀ] *Stadt in der Türkei* **II0**, 6
Liège [ljɛʒ] Lüttich **II2A**, 2
Lyon [ljõ] *frz. Großstadt* **II2A**, 6
Marrakech [maʀakɛʃ] **I6A**, 1
Marseille [maʀsɛj] *Stadt in Südfrankreich* **II4A**, 8
Martinet [maʀtinɛ] *Stadt in Südfrankreich* ⟨**II1AC**⟩
Nantes [nɑ̃t] *Stadt im Westen Frankreichs* **I6A**, 1
Narbonne [naʀbɔn] *Stadt in Südfrankreich* **II4A**, 8
Nice [nis] Nizza *(Hafenstadt an der Côte d'Azur)* **I6AP**, 3
Nîmes [nim] *Stadt in Südfrankreich* **II4A**, 2
Orléans [ɔʀleɑ̃] *Stadt im Westen Frankreichs* **II4A**, 8
Paris [paʀi] *Hauptstadt von Frankreich* **I1**
Perpignan [pɛʀpiɲɑ̃] *Stadt in Südfrankreich* **I6AP**, 3
Saint-Malo [sɛ̃malo] *Stadt in der Bretagne im Nordwesten Frankreichs* **I6AP**, 3
Sète [sɛt] *Stadt in Südfrankreich* **II4A**, 8
Tavel [tavɛl] *Stadt in Südfrankreich* **II4A**, 2
Troyes [tʀwa] *Stadt im Nordosten Frankreichs* **II4A**, 8
Vienne [vjɛn] Wien **II2A**, 6

Noms géographiques

l'**Allemagne** [lalmaɲ] Deutschland **I5A**, 2
les **Alpes** *(f.) (pl.)* [lezalp] die Alpen **I6A**, 5
l'**Ardèche** [laʀdɛʃ] *frz. Fluss* **I6AP**, 1
l'**Aven Armand** *(m.)* [lavɛnaʀmɑ̃] *Karsthöhle im Languedoc-Roussillon* ⟨**II4AC**, 1⟩
la **Belgique** [labɛlʒik] Belgien **II2A**, 2
la **Bretagne** [labʀətaɲ] die Bretagne *Region im Westen Frankreichs* **I6AP**, 4
la **Camargue** [lakamaʀg] *Region in Südfrankreich* **II4AP**
la **Corse** [lakɔʀs] Korsika **I6A**, 5
la **Côte d'Azur** [lakotdazyʀ] *Region an der französischen Mittelmeerküste* **I6AP**, 1
l'**Espagne** *(f.)* [lɛspaɲ] Spanien **II0**, 6
l'**Europe** *(f.)* [løʀɔp] Europa **II0**, 4
Fourvière [fuʀvjɛʀ] *Hügel in Lyon* ⟨**IIE3**⟩
la **France** [lafʀɑ̃s] Frankreich **I2AP**, 2
le **Gouffre de Padirac** ⟨**II4AC**, 1⟩
la **Grotte** de Choranche [lagʀɔtdə‿ʃɔʀɑ̃ʃ] *Höhle im Département Isère* ⟨**II4AC**, 1⟩
la **Grotte** de Clamouse [lagʀɔtdəkla‿muz] *Höhle im Languedoc-Roussillon* ⟨**II4AC**, 1⟩
la **Grotte** de la Cocalière [lagʀɔtdəlak‿ɔkaljɛʀ] *Höhle in der Region Rhône-Alpes* ⟨**II4AC**, 1⟩
la **Grotte** des Demoiselles [lagʀɔtd‿edemwasɛl] *Höhle nördlich von Montpellier* ⟨**II4AC**, 1⟩
l'**Italie** *(f.)* [litali] Italien **II0**, 4
le **Mont-Saint-Michel** [ləmõsɛ̃miʃɛl] **I6AP**, 1
la **Normandie** [lanɔʀmɑ̃di] die Normandie *Region im Norden Frankreichs* **I6A**, 6
les **Pays-Bas** *(m.)* [lepejba] die Niederlande **II0**, 4
le **Portugal** [ləpɔʀtygal] Portugal **II0**, 4
la **Provence** [lapʀɔvɑ̃s] *Region in Südfrankreich* **II4AP**
le **Rhône** [ləʀon] *Fluss durch Lyon* ⟨**IIE3**⟩
la **Saône** [lason] *Fluss durch Lyon* ⟨**IIE3**⟩
le **Sénégal** [ləsenegal] *Land in Westafrika* ⟨**II3AC**, 1⟩

Noms divers

Alizé [alize] **II5A**, 2
l'**Aquaboulevard** [lakwabulvaʀ] **I5B**, 1
Astérix [asteriks] **I4A**, 1
Bijou [biʒu] **II5A**, 2
les **Champs-Elysées** [leʃɑ̃zelize] *Prachtstraße in Paris* **I5AP**, 1
Fanzine [fɑ̃zin] **II5A**, 2
Gaumont [gomõ] **II3AP**
Libre Echange [libʀeʃɑ̃ʒ] **II3AP**
le **Louvre** [ləluvʀ] *größtes Pariser Museum* **I5AP**, 1
Notre-Dame [nɔtʀədam] *Kathedrale in Paris* **I5AP**, 1
le **Parc Astérix** [ləpaʀkasteʀiks] **I6AP**, 1
Paris-Plages [paʀiplaʒ] **I6AP**, 1
la **place de Clichy** [laplasdəkliʃi] *Platz in Paris* **II3A**, 2
la **place du Tertre** [laplasdytɛʀtʀ] *Platz in Paris* **I5A**, 2
le **pont du Gard** [ləpɔ̃dygaʀ] *römisches Aquädukt in Südfrankreich* **II4AP**
le **Sacré-Cœur** [ləsakrekœʀ] *Kirche in Paris* **I5AP**, 1
le **Stade de France** [ləstaddəfʀɑ̃s] *Fußballstadion in Paris* **II3AP**
Titeuf [titœf] *frz. Comicfigur* **I1A**, 7
Titou [titu] **I1A**, 1
le **Tour de France** [ləturdəfʀɑ̃s] **I6AP**, 1
la **tour Eiffel** [laturɛfɛl] der Eiffelturm **I5AP**, 1

Noms de personnes connues

Honoré de Balzac [ɔnɔʀedəbalzak] *frz. Schriftsteller; 1799–1850* **II2AP**, 4
Traoré [tʀaoʀe] **I5A**, 2

A

abbiegen tourner **I6B**, 1
am **Abend** le soir **I6A**, 1
abends le soir **I6A**, 1
aber mais **I2A**, 1
acht huit **I1A**, 7
Achtung! Attention! **I3B**, 2
Keine **Ahnung**. Je ne sais pas. **I4A**, 1
ein **Akku** une batterie **II4A**, 2
Mein **Akku** ist leer. Je n'ai plus de batterie. **II4A**, 2
alle tous **I3B**, 2
alle (Leute) tout le monde **I3C**, 1
alle seine Freunde tous ses copains **II5A**, 2
Alles Gute zum Geburtstag. Joyeux anniversaire. **I4**
Alles in Ordnung. Tout va bien. **I6B**, 1
die **Alpen** les Alpes *(f.) (pl.)* **I6A**, 5
also alors **I2A**, 1
Er/Sie ist acht (Jahre **alt**). Il/Elle a huit ans. **I2B**, 2
Wie **alt** ist er/sie? Il/Elle a quel âge? **I2B**, 2
am Bahnhof à la gare **II0**, 2
am Flughafen à l'aéroport **II0**, 2
am 12. April le 12 avril **I4A**, 5
am folgenden Tag le lendemain **II4A**, 2
am Tag darauf le lendemain **II4A**, 2
an der Côte d'Azur sur la Côte d'Azur **I6A**, 1
ein **Andenken** un souvenir **I5A**, 2
anfangen commencer **II2A**, 2
Angst haben avoir peur **I6B**, 1
ein **Animateur**/eine **Animateurin** un animateur/une animatrice **I6B**, 1
ankleben coller **II5A**, 2
ankommen arriver **I3C**, 1
anrufen appeler **II5A**, 2
anschauen regarder **I3B**, 2
ansehen regarder **I3B**, 2
jdm. **antworten** répondre à *qn* **II3A**, 9
anziehen mettre **II1A**, 9
ein **Aperitif** un apéritif **I4B**, 2
ein **Apfelsaft** un jus de pomme **II5A**, 2
April avril *(m.)* **I4AP**, 2
am 12. **April** le 12 avril **I4A**, 5
die **Arbeit** le travail **II5A**, 2
die **Arena**/**Arenen** les arènes *(f.) (pl.)* **II4AP**
ein **Armband** un bracelet **I5A**, 2
ein **Armreif** un bracelet **I5A**, 2
ein **Artist**/eine **Artistin** un artiste/une artiste **I5A**, 2
die **Atmosphäre** l'ambiance *(f.)* **II5A**, 2
Echt **ätzend**! *(ugs.)* C'est galère! *(fam.)* **II4A**, 2
auch aussi **I2A**, 1
Ich **auch**. Moi aussi. **I4A**, 1
auf à **I4A**, 1; sur **I4B**, 2
auf der Straße dans la rue **II3A**, 2
Auf Wiedersehen! Au revoir! **I1A**, 1
eine **Aufführung** un spectacle **II2A**, 2
aufheben ramasser **II3A**, 2
aufhören arrêter **II5A**, 2
Hör auf! Arrête. **I2C**, 1
aufräumen ranger **I4B**, 2
Räumt … **auf**. Rangez … **I6B**, 1
eine **Aufsichtsperson** un surveillant/une surveillante **II2A**, 1
aufstellen installer **II4A**, 2
August août *(m.)* **I4AP**, 2
ein **Ausflug** une balade **II4**; une sortie **II4AP**
ein **Ausritt** une balade à cheval **II5A**, 2
eine **Aussicht** une vue **I5A**, 2
die **Ausweispapiere** les papiers *(m.) (pl.)* **II3A**, 2
ein **Auto** une voiture **II4A**, 2
eine **Autobahn** une autoroute **II0**, 2
auf der **Autobahn** sur l'autoroute **II0**, 2

B

eine **Bäckerei** une boulangerie **I5C**, 1
ein **Badeanzug** un maillot de bain **I5B**, 1
eine **Badehose** un maillot de bain **I5B**, 1
Badminton le badminton **I6A**, 1
ein **Baguette** une baguette **II4A**, 4
ein **Bahnhof** une gare **II0**, 2
am **Bahnhof** à la gare **II0**, 2
ein (großer) **Ball** un ballon **I2C**, 1
eine **Baseballkappe** une casquette **I2A**, 1
Basketball le basket ***I3**
Beachvolleyball le beach-volley **I6A**, 1
Beeilt euch! Dépêchez-vous! **II4A**, 2
beeindruckend spectaculaire **II4A**, 2
begeistern fasciner **II5**
beginnen commencer **II2A**, 2
bei à **I4A**, 1; *(Personen)* chez **I3C**, 1
bei mir chez moi **I5B**, 6
für **beide** pour les deux **I5A**, 2
beige beige ***II1**
ein **Berg** une montagne **II0**, 6
in die **Berge** à la montagne **II0**, 6
ein Foto **beschreiben** décrire une photo **II5A**, 4
besichtigen visiter **I5A**, 2
ich habe **besichtigt** j'ai visité **II0**, 6
eine **Besichtigung** une visite **II5A**, 2
bestätigen confirmer **II2A**, 2
bestellen commander **II1A**, 1
eine **Bestellung** une commande **II1A**, 2
ein **Besuch** une visite **II5A**, 2
ein **Besucher**/eine **Besucherin** un visiteur/une visiteuse **II5A**, 2
viele **Besucher** beaucoup de visiteurs **II5A**, 2
betrachten regarder **I3B**, 2
betreten entrer **I6B**, 1
ein **Betreuer**/eine **Betreuerin** un animateur/une animatrice **I6B**, 1; un moniteur/une monitrice **II5A**, 2
ein **Bett** un lit **I4C**, 1
bevorzugen préférer **II1A**, 2
Ich **bevorzuge** Jeans. Je préfère les jeans. **II1A**, 2
bewegen bouger **II1A**, 2
sich **bewegen** bouger **II1A**, 2
Beweg dich nicht! Ne bouge pas! **II1A**, 2
ein **Bildschirm** un écran **II2A**, 9
Biologie les S.V.T. (= sciences de la vie et de la terre) ***II2**
bis drei Uhr jusqu'à trois heures **II2A**, 11
bitte *(zu jemandem, den man duzt)* s'il te plaît **I2A**, 1
bitte *(zu jemandem, den man siezt)* s'il vous plaît **I2A**, 1
blau bleu/bleue **II1A**, 1
bleiben rester **I3B**, 2
ich bin **geblieben** je suis resté(e) **II0**, 6
ein **Bleistift** un crayon **I2AP**, 3
Das ist **blöd**. C'est nul. **I3A**, 1
Ihr seid **blöd**. Vous êtes nuls. **II1A**, 2
ein **Blouson** un blouson **II1A**, 1
mit **Blumen** à fleurs ***II1**
ein **Bonbon** un bonbon **I2C**, 1

ein **Boot**/**Boote** un bateau/des bateaux **II4A**, 10
mit dem **Boot** en bateau **II4A**, 10
braun marron **II1A**, 1
Bravo! Bravo! **I3B**, 2
der **Brieffreund**/die **Brieffreundin** *(ugs.)* un corres/une corres *(fam.)* **I5A**, 2
eine **Brieftasche** un portefeuille **II3A**, 2
bringen apporter **I4B**, 2
ein belegtes **Brot** un sandwich **I5C**, 1
eine **Brücke** un pont **II4A**, 2
ein **Bruder** un frère **I2B**, 2
ein **Buch** un livre **I2AP**, 3
ein **Büffet** un buffet **II5A**, 2
eine **Burg**/**Burgen** un château/des châteaux ***I5**; ⟨**II1AC**⟩
ein **Bus** un bus **I4A**, 1

C

ein **Café** un café **II3AP**
Camping le camping **I6A**, 1
Canyoning le canyoning **II5AP**
eine **CD**/**CDs** un CD/des CD **I4A**, 1
ein **Chat** un chat **II2A**, 2
chatten chatter **II2A**, 2
Malika **chattet** mit Julie. Malika chatte avec Julie. **I3A**, 1
um zu **chatten** pour chatter **II2A**, 2
chillen *(ugs.)* traîner *(fam.)* **II3A**, 1
Ich habe halt **gechillt**. J'ai traîné, quoi. **II3A**, 1
die **Chips** les chips *(f.) (pl.)* **I4B**, 2
ein **Clown** un clown **II1A**, 2
ein **Code** un code **II2A**, 9
eine **Cola** un coca **I4B**, 2
ein **Collège** un collège **I2B**, 2
ein **Comic**/**Comics** une BD/des BD **I4C**, 1
ein **Computer** un ordinateur **I4C**, 1
cool *(ugs.)* cool *(fam.)* **I2A**, 1
ein **Couscous** un couscous **I6A**, 1
ein **Cousin**/eine **Cousine** un cousin/une cousine **I6A**, 1
eine **Crêpe** une crêpe **I3C**, 1
eine **Crêperie** une crêperie **I3C**, 1

D

da là **I2B**, 2
Da sind … Ce sont … **I3C**, 1
da ist/sind … voilà … **I2AP**, 3
eine **Dame** une dame **II3A**, 9
danach après **I5A**, 3; ensuite **II3A**, 1; puis **II3A**, 1
Danke. Merci. **I1A**, 1
Ein großes **Dankeschön** an alle. Un grand merci à tous. **II5A**, 2
dann ensuite **II3A**, 1; puis **II3A**, 1
der, die, **das** le, la, l' **I2B**, 1
das ça **I1A**, 1
Das ist … C'est … **I1A**, 1
Das ist klasse. C'est la classe. **II1A**, 13
Das ist nicht mein Ding. Ce n'est pas mon truc. **II4A**, 2
das ist/sind … voilà … **I2AP**, 3
Das macht … Ça fait … **I2A**, 1
Das reicht! Ça suffit! **I2C**, 1
Das sind … Ce sont … **I3C**, 1
Das sind … Ça fait … **I2A**, 1
Das war super. C'était super. **II3A**, 2
dein/**deine** ton/ta/tes **I4B**, 2
ein **Denkmal** un monument **I5AP**, 3
der, die, das le, la, l' **I2B**, 1
Deutsch l'allemand *(m.)* **II2A**, 2
Er/Sie lernt **Deutsch**. Il/Elle apprend l'allemand. **II2A**, 2
in **Deutschland** en Allemagne **I5A**, 2
ein **Deutschlehrer**/eine **Deutschlehrerin** *(ugs.)* un/une prof d'allemand *(fam.)* **I2B**, 2
Dezember décembre *(m.)* **I4AP**, 2
der, **die**, das le, la, l' **I2B**, 1
die 5A la 5ᵉA (= la A) **II2A**, 2
Dienstag mardi *(m.)* **I3C**, 4
Das ist nicht mein **Ding**. Ce n'est pas mon truc. **II4A**, 2
doch quand même **II4A**, 2
ein **Dom** une cathédrale **I5AP**, 3
Donnerstag jeudi *(m.)* **I3C**, 4
Ihr seid **doof**. Vous êtes nuls. **II1A**, 2
dort là **I2B**, 2; là-bas **I4A**, 1
dorthin là-bas **I4A**, 1
(sich) **drehen** tourner **I6B**, 1
Du bist dran! A toi! **I4B**, 2
Und **du**? Et toi? **I1AP**, 4
Was für ein **Durcheinander**! *(ugs.)* Quel bazar! *(fam.)* **I2C**, 1
Ich habe **Durst**. J'ai soif. **I3C**, 1
eine **DVD**/**DVDs** un DVD/des DVD **I4A**, 1

E

Echt ätzend! *(ugs.)* C'est galère! *(fam.)* **II4A**, 2
der **Eiffelturm** la tour Eiffel **I5AP**, 1
ein/**eine** un, une **I2AP**, 3
einfarbig uni/unie ***II1**
der **Eingang** l'entrée *(f.)* **II5A**, 2
die **Einkäufe** les courses *(f.) (pl.)* **II3A**, 4
das **Einkaufen** le shopping **I6A**, 1
einladen inviter **I6A**, 1
Ich **lade** euch **ein**. Je vous invite. **II3A**, 2
einrichten installer **II4A**, 2
eins un **I1A**, 7
einsammeln ramasser **II3A**, 2
einschalten allumer **II2A**, 2
eintreten entrer **I6B**, 1
eine **Eintrittskarte** un billet **I5B**, 1
Einverstanden. D'accord. **I3A**, 1
eine **Eisbahn** une patinoire ***I5C** , **7**
eine **elektrische** Gitarre une guitare électrique **I4C**, 1
die **Eltern** les parents *(m.) (pl.)* **I4B**, 1
eine **E-Mail** un e-mail **I3A**, 8
Am **Ende** des Tages … Pour terminer la journée … **II5A**, 2
endlich enfin **II3AP**
Englisch l'anglais *(m.)* **II2A**, 1
eine **Entdeckung** une découverte **II4**
Entschuldigung. Pardon. **I1A**, 1
eine **Erdnuss** une cacahuète **I4B**, 2
eine **Erinnerung** un souvenir **I5A**, 2
jdm. etw. **erklären** expliquer *qc à qn* **II5A**, 2
der **erste** le premier **I4AP**, 2
erster Tag im Ferienlager premier jour de colo **I6B**, 1
erzählen raconter **II3A**, 2
ein **Erzeugnis** un produit **II4AP**, 2
es gibt il y a **I3A**, 1
Es geht mir gut. Ça va. **I1A**, 1
Es regnet. Il pleut. **I5B**, 1
essen manger **II2A**, 2
Essen kommen! A table! **I3C**, 1
eine **Etage** un étage **II2A**, 2
etwa environ **II4A**, 2
etwas quelque chose **II2A**, 1
euer/**eure** votre/vos **I6B**, 1

eurer Meinung nach à votre avis II2A, 2
ein Euro un euro I2A, 1
in Europa en Europe II0, 4

F

fahren aller I5A, 4
er/sie ist gefahren il est allé/elle est allée II0, 5
ein Fahrrad un vélo II4A, 1
Fahrradfahren le vélo I6A, 1
eine Fahrt un tour I6AP, 4
fallen tomber I3B, 2
ins Wasser fallen tomber dans l'eau I6B, 1
Das ist falsch. C'est faux. II2A, 8
eine Familie une famille I4B, 1
fantastisch fantastique I5A, 2
eine Farbe une couleur II1A, 1
Ich fass es nicht! C'est la totale! II1A, 2
faszinieren fasciner II5
Februar février *(m.)* I4AP, 2
ein Fehler une erreur II1A, 2
ein Fels un rocher I6B, 1
die Ferien les vacances *(f.) (pl.)* I6A, 1
ein Ferienlager une colo(nie) I6A, 1
erster Tag im Ferienlager premier jour de colo I6B, 1
das Fernsehen la télé (= la télévision) II1A, 2
der Fernseher la télé (= la télévision) II1A, 2
Ich bin fertig. Je suis crevé(e). II4A, 2
ein Fest une fête I4AP, 4
eine Fete une fête I4AP, 4
ein Film *(Kino)* un film I4A, 1
das Finale la finale I3A, 1
finden trouver I5C, 1
Findest du nicht? Tu ne trouves pas? II5A, 2
eine Flasche une bouteille II4A, 2
ein Flughafen un aéroport II0, 2
am Flughafen à l'aéroport II0, 2
ein Foto une photo I3C, 1
Fotos machen prendre des photos II4A, 1
ein Foto beschreiben décrire une photo II5A, 4
Er hat viele Fotos. Il a plein de photos. II5A, 2
fotografieren prendre des photos II4A, 1
eine Frage une question I6B, 1
Du stellst Fragen. Tu poses des questions. I2C, 7
jdn. (nach) etw. fragen demander *qc* à *qn* II3A, 9
nach dem Weg fragen demander le chemin II4A, 2
in Frankreich en France I2AP, 2
eine Frankreichreise un tour de France I6AP, 4
Französisch le français II2A, 11
eine Frau une dame II3A, 9
Frau … *(Anrede)* madame (Mme) I1A, 1
Fräulein … *(Anrede)* mademoiselle I5A, 2
Freitag vendredi *(m.)* I3C, 4
die Freizeit les loisirs *(m.) (pl.)* I3
die Freizeitaktivitäten les loisirs *(m.) (pl.)* I3; les activités *I3
in einen Freizeitpark fahren aller à un parc d'attractions *II4
ein Freund/eine Freundin un copain/une copine I2A, 1; un ami/une amie I3C, 1
eine Freundschaftsanfrage une demande de contact II2A, 2
ein Glas mit Joghurt und Früchten une verrine de fruits II5A, 8
früh tôt *(adv.)* II4A, 10
der Frühling le printemps II4A, 1
fünfzehn quinze I2B, 8
fünfzig cinquante I5A, 7
für pour I2A, 1
für beide pour les deux I5A, 2
für mich pour moi II3A, 2
zu Fuß à pied II4A, 10
Fußball *(als Sportart)* le foot I3AP
ein Fußballspiel un match de foot I3A, 1
eine Fußballzeitschrift un magazine de foot I2A, 1

G

jdm. etw. geben donner *qc* à *qn* II2A, 1
es gibt il y a I3A, 1
Was gibt es? Qu'est-ce qu'il y a? I3B, 2
ein Geburtstag un anniversaire I4
Alles Gute zum Geburtstag. Joyeux anniversaire. I4
Herzlichen Glückwunsch zum Geburtstag! Bon anniversaire! I4B, 2
Ich habe am … Geburtstag. Mon anniversaire, c'est le … I4AP, 3
Mein Geburtstag ist am … Mon anniversaire, c'est le … I4AP, 3
Wann hast du Geburtstag? Ton anniversaire, c'est quand? I4AP, 3
gegen elf Uhr vers onze heures II3A, 4
eine Gegend une région II4AP, 2
gehen aller I5A, 4
Du gehst mir auf die Nerven. Tu me soûles. II1A, 2
er/sie ist gegangen il est allé/elle est allée II0, 5
Es geht mir gut. Ça va. I1A, 1
Gehen wir (hin)? On y va? I3A, 1
ich bin gegangen je suis allé(e) II0, 6
Wie geht's? Ça va? I1A, 1
wir gehen (da)hin on y va I5B, 6
gelb jaune II1A, 1
das Geld l'argent *(m.)* II5A, 2
ein Geldbeutel/Geldbeutel un porte-monnaie/des porte-monnaies II3A, 5
gemustert à motifs *II1
genial génial II1A, 2
gepunktet à pois *II1
geradeaus tout droit I6B, 1
gern volontiers II5A, 5
Ja, gern. Oui, je veux bien. II5A, 1
ein Geschenk/Geschenke un cadeau/des cadeaux I4A, 1
eine Geschichte une histoire II3A, 2
Geschichte-Geografie *(Unterrichtsfach)* l'histoire-géo *(f.)* II2A, 2
Die Geschichte geht weiter. L'histoire continue. I2B, 4
gestern hier II3A, 1
gestreift rayé/rayée *II1
Julie ist gestresst. Julie est stressée. II2A, 2
ein Getränk une boisson II5A, 2
gewinnen gagner I4B, 2
Gewonnen! Gagné! I4B, 2
ein Gewitter un orage II4A, 8
eine elektrische Gitarre une guitare électrique I4C, 1
ein Glas un verre II5A, 8
Viel Glück! Bonne chance! I3B, 2
Was für ein Glück! Quelle chance! II5A, 2

Herzlichen **Glückwunsch** zum Geburtstag! Bon anniversaire! **I4B**, 2
ein **Grad** un degré **I6AP**, 2
grau gris/grise **II1A**, 1
groß grand/grande **II1A**, 2
die **Großeltern** les grands-parents *(m.) (pl.)* **I4B**, 1
die **Großmutter** la grand-mère **I4B**, 1
der **Großvater** le grand-père **I4B**, 1
grün vert/verte **II1A**, 1
eine **Gruppe** un groupe **I6B**, 1
gut *(Adv.)* bien *(adv.)* **II1A**, 13
Gute Idee! Bonne idée! **I3A**, 1
  Guten Morgen! Bonjour! **I1**
  Guten Tag! Bonjour! **I1**
gutaussehend mignon/mignonne **II2A**, 2
Alles **Gute** zum Geburtstag. Joyeux anniversaire. **I4**

H

haben avoir **I2B**, 7
  Ich **habe** Durst. J'ai soif. **I3C**, 1
  Ich **habe** Hunger. J'ai faim. **I3C**, 1
  Ich **hätte** gern … Je voudrais … **I5C**, 1
Hallo! Coucou! **I1A**, 4
Hallo! *(ugs.)* Salut! *(fam.)* **I1AP**, 2
Hallo? *(am Telefon)* Allô? **I4A**, 1
halluzinieren halluciner **I5A**, 2
ein **Halstuch** un foulard **I5A**, 2
Halt! Stop! **I2B**, 2
  Halt still! Ne bouge pas! **II1A**, 2
ein **Hamburger** un hamburger ***I3**
Handball le handball ***I3**
ein **Handy** un portable **I2B**, 2
Das ist echt die **Härte**! C'est la totale! **II1A**, 2
hassen détester **I3A**, 4
hässlich moche **II1A**, 2
nach **Hause** à la maison **II1A**, 2
  nach **Hause** gehen rentrer **II0**, 2
  zu **Hause** à la maison **II1A**, 2
die **Hausaufgaben** les devoirs *(m.) (pl.)* **II2A**, 2
ein **Haustier** un animal ***I2**
He! Eh! **I1A**, 1
ein **Heft** un cahier **I2AP**, 3
Es ist **heiß**. Il fait chaud. **I6AP**, 2
  Mir ist **heiß**. J'ai chaud. **II4A**, 2
ich **heiße** je m'appelle **I1AP**, 3
sie **heißt** elle s'appelle **I2B**, 2
  Wie **heißt** du? Tu t'appelles comment? **I1A**, 1
jdm. **helfen** aider *qn* **II5A**, 2
  Kannst du mir **helfen**? Tu peux m'aider? **II5A**, 5
ein **Hemd** une chemise **II1AP**
Herein. Entrez. **I6B**, 1
hereinkommen entrer **I6B**, 1
Herr … *(Anrede)* monsieur (M.) **I1A**, 1
herumalbern rigoler **I6A**, 1
herumhängen *(ugs.)* traîner *(fam.)* **II3A**, 1
Herzlichen Glückwunsch zum Geburtstag! Bon anniversaire! **I4B**, 2
heute aujourd'hui **I3B**, 2
  heute Nachmittag cet après-midi **II2A**, 2
hier ici **I6A**, 1
Hier. Tiens. **I5A**, 2
  Hier bitte. Voilà. **I2A**, 1
Hilfe! Au secours! **I6B**, 1
  Zu **Hilfe**! Au secours! **I6B**, 1
Wo bist du **hingefahren**? Tu es allé(e) où? **II0**, 6
hinfallen tomber **I3B**, 2
Wo bist du **hingegangen**? Tu es allé(e) où? **II0**, 6
hinter derrière **II5A**, 2
im **Hintergrund** dans le fond **II5A**, 4
Hip-Hop le hip-hop **I3A**, 1
der **Hochseilgarten** l'accrobranche *(m.)* **I6A**, 1
  Klettern im **Hochseilgarten** l'accrobranche *(m.)* **I6A**, 1
ein **Hof** une cour **II2AP**
der **Honig** le miel **II4AP**
eine **Hose** un pantalon **II1AP**
eine **Hosentasche** une poche **I5C**, 1
ein **Hund** un chien **I2A**, 1
Ich habe **Hunger**. J'ai faim. **I3C**, 1

I

ich *(betont)* moi **I1A**, 1
  Ich auch. Moi aussi. **I4A**, 1
  Ich nicht. Pas moi. **II2A**, 2
  Ich weiß (es) nicht. Je ne sais pas. **I4A**, 1
eine **Idee** une idée **I3C**, 3
  Gute **Idee**! Bonne idée! **I3A**, 1
ihr/**ihre** son/sa/ses **I4C**, 1; leur/leurs *(pl.)* **I6B**, 1
Ihr/**Ihre** votre/vos **I6B**, 1
im dans **I3B**, 1; à **I4A**, 1
  im 2. Stock au 2e étage **II2A**, 2
  im Hintergrund dans le fond **II5A**, 4
  im Internet sur Internet **II2A**, 9
  im Regal sur l'étagère **I4B**, 2
  im Sommer en été *(m.)* **II1A**, 6
  im Winter en hiver *(m.)* **II1A**, 6
immer toujours **I5C**, 1
  wie **immer** comme d'habitude **II5A**, 2
in dans **I3B**, 1; à **I4A**, 1; à la/à l'/au/aux **I5A**, 1
  in der Bretagne en Bretagne **I6AP**, 4
  in Deutschland en Allemagne **I5A**, 2
  in die Berge à la montagne **II0**, 6
  in Europa en Europe **II0**, 4
  in Frankreich en France **I2AP**, 2
  in der Mitte (von) au milieu de **II5A**, 4
die **Inliner** *(Pl.)* les rollers **I3AP**
Inlineskaten le roller **I3AP**
im **Internet** sur Internet **II2A**, 9
ein **Irrtum** une erreur **II1A**, 2

J

ja oui **I1A**, 1
Ja. *(ugs.)* Ouais. *(fam.)* **I3B**, 2
eine **Jacke** un blouson **II1A**, 1
eine **Jackentasche** une poche **I5C**, 1
ein **Jahr** une année **I4AP**, 2
  Er/Sie ist acht (**Jahre** alt). Il/Elle a huit ans. **I2B**, 2
Januar janvier *(m.)* **I4AP**, 2
eine **Jeans** un jean **II1A**, 2
jeder tout le monde **I3C**, 1
jemand quelqu'un **II2A**, 1
jetzt maintenant **I3B**, 2
jonglieren jongler **I5A**, 2
Judo le judo ***I3**
ein **Jugendlicher**/eine **Jugendliche**/**Jugendliche** un jeune/une jeune/des jeunes **I6B**, 1
Juli juillet *(m.)* **I4AP**, 2
das **junge** Mädchen la jeune fille **II5A**, 2
ein **Junge** un garçon **I3B**, 2
  ein sehr zurückhaltender **Junge** un garçon trop discret **II2A**, 2
Juni juin *(m.)* **I4AP**, 2

K

ein **Kaffeelöffel** une cuillère à café ***II5**
Es ist **kalt**. Il fait froid. **I6AP**, 2
das **Kanu** le canoë **I6A**, 1
Kanufahren le canoë **I6A**, 1
Ich bin **kaputt**. Je suis crevé(e). **II4A**, 2
eine **Karaffe** une carafe ***II5**
kariert à carreaux ***II1**
eine **Karte** une carte **II4A**, 2
der **Käse** le fromage **I5C**, 1
eine **Kassiererin** une caissière **II3A**, 9
eine **Kathedrale** une cathédrale **I5AP**, 3
eine **Katze** un chat **I2A**, 1
kaufen acheter **II1AP**, 3
ein **Kaugummi** un chewing-gum **I3B**, 1
Keine Ahnung. Je ne sais pas. **I4A**, 1
  Keine Panik. Pas de panique. **II3A**, 2
  Keiner hat's gesehen. Ni vu, ni connu. **II1A**, 2
kennen (lernen) connaître **II5A**, 2
der **Kicker** le babyfoot **I4B**, 2
ein **Kilometer** un kilomètre **II4A**, 2
ein **Kind** un enfant **II1A**, 2
ein **Kino** un cinéma **I5B**, 1
eine **Kirche** une église **I5AP**, 4
ein **Kissen** un coussin ***I4**
Kitesurfen le kitesurf **II5AP**
Klasse! Trop la classe! **II1A**, 2
  Das ist **klasse**. C'est la classe. **II1A**, 13
eine **Klasse** une classe **II2AP**
eine **Klassenarbeit** une interro *(fam.)* (= interrogation) **II2A**, 2
der **Klassenlehrer**/die **Klassenlehrerin** le prof principal/la prof principale **II2A**, 11
ein **Klassenzimmer** une salle de classe **II2AP**
kleben coller **II5A**, 2
ein **Kleid** une robe **II1AP**
der **Kleiderschlussverkauf** les vêtements en solde **II1AP**, 2
reduzierte **Kleidung** les vêtements en solde **II1AP**, 2
ein **Kleidungsstück** un vêtement **II1AP**, 2
klein petit/petite **II1A**, 2
Klettern l'escalade *(f.)* **II5AP**
  Klettern im Hochseilgarten l'accrobranche *(m.)* **I6A**, 1
klicken cliquer **II2A**, 2
klingeln sonner **I5C**, 1
klopfen frapper **I6B**, 1
komisch bizarre **I5C**, 1
kommen arriver **I3C**, 1; venir **II2A**, 6
  Komm! *(Aufforderung)* Viens! **I5A**, 2
  Er/Sie **kommt** aus … Il/Elle vient de … **II2A**, 2
  Woher **kommst** du? Tu viens d'où? **II2A**, 2
können pouvoir **II5A**, 1; **II5A**, 6
  Man kann … *(+ Verb)* On peut faire … **II5A**, 1
  Man **kann** … sehen. On peut voir … **II5A**, 4
  Wir **können** … *(+ Verb)* On peut faire … **II5A**, 1
kontrollieren contrôler **II4A**, 2
auf ein **Konzert** gehen aller à un concert ***II3**
Wie viel **kostet** das? Ça fait combien? **I5C**, 1
ein **Krankenzimmer** *(einer Schule)* une infirmerie **II2AP**
eine **Kreditkarte** une carte bancaire **II3A**, 4
eine **Kreuzung** un croisement **II4A**, 2
eine **Küche** une cuisine **I4B**, 2
ein **Kuchen**/**Kuchen** un gâteau/des gâteaux **I4B**, 2
ein **Kühlschrank** un frigo *(fam.)* **II5A**, 2
ein **Kuli** un stylo **I2AP**, 3
ein **Künstler**/eine **Künstlerin** un artiste/une artiste **I5A**, 2
der **Kunstunterricht** les arts plastiques *(m.)* ***II2**
ein **Kurs** un cours **I3A**, 1
ein **Küsschen** un bisou **I3A**, 1
ein **Küsschen**/**Küsschen** une bise/des bisous **I6A**, 1

L

eine **Lampe** une lampe ***I4**
aufs **Land** fahren aller à la campagne ***II4**
eine **Landstraße** une route **II4A**, 2
ein **Laptop** un portable **II2A**, 9
läuten sonner **I5C**, 1
der **Lavendel** la lavande **II4AP**
legen mettre **II1A**, 9; poser **II5A**, 2
ein **Lehrer**/eine **Lehrerin** un/une prof *(fam.)* (= professeur) **II2A**, 11
Es tut mir **leid**! *(Junge)* Désolé! **I3B**, 2
lernen réviser **II2A**, 2
  ich **lerne** j'apprends **II2A**, 11
  Er/Sie **lernt** Deutsch. Il/Elle apprend l'allemand. **II2A**, 2
letztes Wochenende le week-end dernier **II3A**, 5
die **Leute** les gens *(m.) (pl.)* **II4A**, 2
am **liebsten** haben adorer **I3A**, 4
lieben aimer **I3A**, 4
  (sehr) **lieben** adorer **I3A**, 4
  Ich **liebe** dich. Je t'aime. **I5A**, 2
lieber mögen préférer **II1A**, 2
Lieblings- préféré/préférée **II2A**, 11
ein **Lied** une chanson **II0**, 3
ein **Lineal** une règle **I2AP**, 3
(nach) **links** à gauche **I6B**, 1
ein **Lippenstift** un rouge à lèvres **I4B**, 2
ein **Loch** un trou **II1A**, 2
ein **Look** un look **II1**
Los! Allez! **I3B**, 2
  Los geht's! C'est parti! **II4A**, 2
Lust haben, etw. zu tun avoir envie de faire *qc* **II4AP**, 4

M

machen faire **I6A**, 3
  Fotos **machen** prendre des photos **II4A**, 1
  Das **macht** … Ça fait … **I2A**, 1
  Du **machst** wohl Witze! Tu rigoles. **II1A**, 2
  er/sie hat **gemacht** il/elle a fait **II0**, 5
  ich habe **gemacht** j'ai fait **II0**, 6
  Was **machen** wir? Qu'est-ce qu'on fait? **I5B**, 1
ein **Mädchen** une fille **I3B**, 2
  das junge **Mädchen** la jeune fille **II5A**, 2
Mai mai *(m.)* **I4AP**, 2
Mama maman **I3C**, 1
Mami maman **I3C**, 1
manchmal parfois **I2C**, 1
ein **Mantel**/**Mäntel** un manteau/des manteaux **II1AP**
ein **Mäppchen** une trousse **I2AP**, 3
ein **Markt** un marché ***I5**
März mars *(m.)* **I4AP**, 2
Mathe *(ugs.)* les maths *(f.) (pl.) (fam.)* (= mathématiques) **II2A**, 2

ein **Mathelehrer**/eine **Mathelehrerin** *(ugs.)* un/une prof de maths *(fam.)* **I2B**, 2
die **Maus** la souris **II2A**, 9
das **Meer** la mer **I6A**, 1
ein **Meerschweinchen** un cochon d'Inde ***I2**
mein/**meine** mon/ma/mes **I4B**, 1
Meinst du nicht auch? Tu ne trouves pas? **II5A**, 2
eurer **Meinung** nach à votre avis **II2A**, 2
Er **meldet** sich nicht. Il ne répond pas au téléphone. **II3A**, 2
eine **Melone** un melon **II4AP**
eine **Menge** une quantité **II1A**, 1
merkwürdig bizarre **I5C**, 1
minus moins **I5A**, 7
eine **Minute** une minute **I2A**, 1
ein **Minzsirup** mit Wasser une menthe à l'eau **II5A**, 2
bei **mir** chez moi **I5B**, 6
Mist! Mince! **I2A**, 1
mit avec **I2A**, 1
  mit dem Boot en bateau **II4A**, 10
  mit dem Schiff en bateau **II4A**, 10
  mit dir/mir avec toi/moi **I3A**, 1
  mit uns avec nous **II2A**, 2
  Mit wem? Avec qui? **I6A**, 6
mitbringen apporter **I4B**, 2
um zwölf Uhr **mittags** à midi **I5B**, 1
in der **Mitte** (von) au milieu de **II5A**, 4
Mittwoch mercredi *(m.)* **I3A**, 1
  am **Mittwoch** mercredi *(m.)* **I3A**, 1
mögen adorer; aimer **I3A**, 4
  (überhaupt) nicht **mögen** détester **I3A**, 4
  Ich **möchte** ... Je voudrais ... **I5C**, 1
  lieber **mögen** préférer **II1A**, 2
Das ist nicht **möglich**! Ce n'est pas possible! **II1A**, 4
Einen **Moment**, bitte. Un instant, monsieur. **II5A**, 2
ein **Monat** un mois **I4AP**, 2
Montag lundi *(m.)* **I3C**, 4
ein **Monument** un monument **I5AP**, 3
morgen demain **I4A**, 1
am **Morgen** le matin **I6A**, 1
  Guten **Morgen**! Bonjour! **I1**
morgens le matin **I6A**, 1
ein **Mountainbike**/**Mountainbikes** un VTT (= vélo tout terrain)/des VTT **II4A**, 2
ein **MP3**-Player un lecteur MP3 ***I2**
ein **Museum** un musée **I5AP**, 3
die **Musik** la musique **I3AP**
Wir **müssen** ... Il faut ... **II4A**, 2
die **Mutter** la mère **I4B**, 1

N

nach *(zeitlich)* après **I3C**, 1
nach à la/à l'/au/aux **I5A**, 1
  nach Hause à la maison **II1A**, 2
ein **Nachbar**/eine **Nachbarin** un voisin/une voisine **II3A**, 2
der **Nachmittag** l'après-midi *(m.) (f.)* **I5A**, 2
  am **Nachmittag** l'après-midi *(m.) (f.)* **I5A**, 2
  heute **Nachmittag** cet après-midi **II2A**, 2
ein **Nachtisch** im Glas mit Früchten une verrine de fruits **II5A**, 8
nächster/**nächste**/**nächstes** prochain/prochaine **II4A**, 10
  nächste Woche la semaine prochaine **II2A**, 2
hier in der **Nähe** près d'ici **II4A**, 2
Ich habe die **Nase** voll. *(ugs.)* J'en ai marre. *(fam.)* **I2C**, 1
Naturkunde les S.V.T. (= sciences de la vie et de la terre) ***II2**
Naturwissenschaften les sciences physiques *(f.)* ***II2**
ein **Navigationsgerät** un GPS **II4A**, 2
nehmen prendre **II4A**, 4
  Nimm. Tiens. **I5A**, 2
nein non **I1A**, 4
Du gehst mir auf die **Nerven**. Tu me soûles. **II1A**, 2
Du **nervst** mich! Tu m'énerves! **II3A**, 2
  Du **nervst**. Tu me soûles. **II1A**, 2
nett sympa *(fam.)* **I2C**, 1
  sehr **nett** *(ugs.)* très sympa *(fam.)* **I2C**, 1
  Das ist **nett**. C'est gentil. **II5A**, 2
ein **Neuer**/eine **Neue** un nouveau/une nouvelle **II2A**, 2
neunzig *(in Belgien/in der Schweiz)* nonante **II2A**, 2
nicht ne ... pas **I5C**, 1
  Nicht so schnell! Pas si vite! **II4A**, 2
Nichts. Rien. **II2A**, 2
  nichts Besonderes rien de spécial **II3A**, 1
Julie ist **niedergeschlagen**. Julie a le moral à zéro. **II5A**, 2
niedlich mignon/mignonne **II2A**, 2
(immer) **noch** encore **II1A**, 2
ein **Notebook** un portable **II2A**, 9
ein **Notepad** une tablette tactile **II2A**, 9
November novembre *(m.)* **I4AP**, 2
eine **Nummer** un numéro **I5C**, 1
nur seulement **I3B**, 2

O

O.k. D'accord. **I3A**, 1
oder ou **I2C**, 7
ein Tag der **offenen** Tür une journée portes ouvertes **II5A**, 2
oft souvent **I6A**, 1
Oktober octobre *(m.)* **I4AP**, 2
eine **Olive** une olive **II4AP**
ein **Olivenkuchen** un cake aux olives **II5A**, 8
das **Olivenöl** l'huile d'olive *(f.)* **II4AP**
die **Oma** la grand-mère **I4B**, 1
Oma *(ugs.)* mamie *(fam.)* **I4B**, 2
Omi *(ugs.)* mamie *(fam.)* **I4B**, 2
ein **Onkel** un oncle ***I4**
der **Opa** le grand-père **I4B**, 1
Opa *(ugs.)* papi *(fam.)* **I4B**, 2
Opi *(ugs.)* papi *(fam.)* **I4B**, 2
orange orange **II1A**, 1
ein **Orangensaft** un jus d'orange **I4B**, 2
organisieren organiser **II5A**, 7

P

ein **Paket** un paquet **I4B**, 2
in **Panik** geraten paniquer **I6B**, 1
  Keine **Panik**. Pas de panique. **II3A**, 2
Papa papa **I2B**, 2
ein **Papagei** un perroquet ***I2**
die **Papiere** les papiers *(m.) (pl.)* **II3A**, 2
ein **Park** un parc **II3AP**, 4
eine **Party** une fête **I4AP**, 4
passen zu aller avec **II2AP**, 2
  Pass auf. Fais attention. **II1A**, 2
  Pass(t) auf! Attention! **I3B**, 2
eine **Pause** une pause **II4A**, 2

ein **Pferd**/**Pferde** un cheval/des chevaux **II5A**, 2
eine **Pferdebox**/**Pferdeboxen** un box/des box **II5A**, 2
ein **Picknick** un pique-nique **I6A**, 1
ein **Picknick** machen pique-niquer **II4A**, 2
eine **Pizza** une pizza **I6B**, 8
ein **Plakat** une affiche **II5A**, 2
ein **Platz** une place **I5A**, 2
plötzlich tout à coup **I6B**, 1
plus plus **I2B**, 8
der **Pokal** la coupe **I3C**, 1
ein **Polizeirevier** un commissariat **II3A**, 2
eine **Polizeistation** un commissariat **II3A**, 2
ein **Polizist** un policier **II3A**, 4
ein **Ponyritt** un tour de poney **II5A**, 2
Portugal le Portugal **II0**, 4
die **Post** la poste ***I5**
ein **Poster** un poster ***I4**
potthässlich trop moche **II1A**, 2
eine **Präsentation** une présentation **II2A**, 2
präsentieren présenter **I6B**, 1
ein **Problem** un problème **II1A**, 2
Das ist nicht dein **Problem**. Ce n'est pas ton problème. **II1A**, 2
ein **Produkt** un produit **II4AP**, 2
ein **Programm** un programme **I6B**, 1
Psst! Chut! **II1A**, 2
Ich habe 16 **Punkte** (von 20). J'ai 16 (sur 20). **II2A**, 2

R

ein **Radiergummi** une gomme **I2AP**, 3
das **Radio** la radio **II4AP**, 2
ein **Rap** un rap **I2C**, 1
ein **Raum** une salle **II2AP**
(nach) **rechts** à droite **I6B**, 1
reduzierte Kleidung les vêtements en solde **II1AP**, 2
ein **Refrain** un refrain **I2C**, 1
ein **Regal** une étagère **I4B**, 2
im **Regal** sur l'étagère **I4B**, 2
der **Regen** la pluie **I5C**, 7
Der **Regen** fällt. La pluie tombe. ***I6**
eine **Region** une région **II4AP**, 2
Es **regnet**. Il pleut. **I5B**, 1
Es wird **regnen**. Il va pleuvoir. **II4A**, 10
Das **reicht**! Ça suffit! **I2C**, 1
eine **Reise** un tour **I6AP**, 4
Reiten l'équitation *(f.)* ***I3**; **I6A**, 1
ein **Reiterhof** un centre équestre **II5AP**, 4
eine **Reportage** un reportage **II4AP**, 2
der **richtige** Weg le bon chemin **II4A**, 2
riesig énorme **I4B**, 2
ein **Rock** une jupe **II1AP**
römisch romain/romaine **II4AP**
rosa rose **II1A**, 1
rot rouge **II1A**, 1
ein **Rucksack** un sac **I2AP**, 3
rufen appeler **II5A**, 2
Rugby le rugby **I4C**, 1
eine **Runde** un tour **I6AP**, 4
der **Rundfunk** la radio **II4AP**, 2
Russisch le russe ***II2**

S

ein **Saal** une salle **II2AP**
die **Sachen** les affaires *(f.) (pl.)* **I4C**, 4
ein **Saft** un jus **I4B**, 2
er **sagt** il dit **II3A**, 9
ein **Salat** une salade ***I3**
ein **Sandwich** un sandwich **I5C**, 1
ein **Satz** une phrase **I3B**, 4
ein **Schal** un foulard **I5A**, 2
eine **Schale** un bol ***II5**
Schau mal! Tiens! **II2A**, 2
Schau mal. Regarde. **I2B**, 2
Die Sonne **scheint**. Le soleil brille. ***I6**; **II5A**, 2
schick chic **II1A**, 13
Das ist nicht **schick** genug. Ce n'est pas assez chic. **II1A**, 13
Das ist zu **schick**. C'est trop chic. **II1A**, 13
ein **Schiff**/**Schiffe** un bateau/des bateaux **II4A**, 10
mit dem **Schiff** en bateau **II4A**, 10
eine **Schildkröte** une tortue ***I2**
der **Schinken** le jambon **I5C**, 1
ein **Schlafsack** un sac de couchage **I6A**, 1
ein **Schlafzimmer** une chambre **I4B**, 2
schließen fermer **II1A**, 2
schließlich enfin **II3AP**
eine **Schlittschuhbahn** une patinoire ***I5**
ein **Schloss**/**Schlösser** un château/des châteaux ***I5**
ein **Schlüssel** une clé **I3B**, 1
ein **Schlüsselanhänger**/**Schlüsselanhänger** un porte-clé/des porte-clés **I5A**, 2
Es **schneit**. Il neige. **II4A**, 8
Schnell! Vite! **I5A**, 2
Nicht so **schnell**! Pas si vite! **II4A**, 2
die **Schokolade** le chocolat **I3C**, 1
eine **Schokoladencrêpe** une crêpe au chocolat **I3C**, 1
ein **Schokoladenhörnchen** un pain au chocolat **I5C**, 1
schon déjà **I4B**, 2
Das Wetter ist **schön**. Il fait beau. **I5C**, 7
ein **Schrank** une armoire **I4C**, 1
ein **Schreibtisch**/**Schreibtische** un bureau/des bureaux **I4C**, 1
ein **Schuh** une chaussure **I3B**, 1
der **Schulbeginn** la rentrée **I2**
ein **Schulbibliothekar**/eine **Schulbibliothekarin** un documentaliste/une documentaliste **II2A**, 1
eine **Schule** une école **II2A**, 11
ein **Schüler**/eine **Schülerin** un élève/une élève **II2A**, 2
der **Schuljahresbeginn** la rentrée **I2**
schwarz noir/noire **II1A**, 1
eine **Schwester** une sœur **I2B**, 2
schwierig difficile **I5C**, 6
ein **Schwimmbad** une piscine **I5B**, 1
Schwimmen la natation ***I3**
an einen **See** fahren aller à un lac ***I14**
Man kann ... **sehen**. On peut voir ... **II5A**, 4
Man **sieht** ... On voit ... **II5A**, 4
sehr très **I2C**, 1; beaucoup **I6B**, 1
sehr nett *(ugs.)* très sympa *(fam.)* **I2C**, 1
sein être **I4A**, 3
Wo **sind** ...? Où sont ...? **I4A**, 1
sein/**seine** son/sa/ses **I4C**, 1
seit depuis **II2A**, 11
eine **Sekunde** une seconde **II5A**, 2
September septembre *(m.)* **I4AP**, 2
eine **Serviette** une serviette **II5A**, 8
ein **Sessel** un fauteuil ***I4**
setzen mettre **II1A**, 9; poser **II5A**, 2
das **Shoppen** le shopping **I6A**, 1
eine **Sicht** une vue **I5A**, 2

ein **Sieger**/eine **Siegerin** un champion/une championne **I3B**, 2
singen chanter **I3B**, 2
Skateboarden le skate **I3AP**
ein **Skatepark** un skatepark **I5B**, 1
Slacken la slackline **II5AP**
die **Slackline** la slackline **II5AP**
eine **SMS** un SMS **I4B**, 8
eine **Socke** une chaussette **I2C**, 1
ein **Sofa** un canapé ***I4**
sofort tout de suite **II2A**, 6
ein **Sohn** un fils ***I4**
der **Sommer** l'été *(m.)* **I6**
im **Sommer** en été *(m.)* **II1A**, 6
die **Sonne** le soleil **II4A**, 6
Die **Sonne** scheint. Le soleil brille. ***I6**; **II5A**, 2
Es ist **sonnig**. Il y a du soleil. **II4A**, 8
Sonntag dimanche *(m.)* **I3C**, 4
wie **sonst** comme d'habitude **II5A**, 2
ein **Souvenir** un souvenir **I5A**, 2
die **Spaghetti** les spaghettis *(m.) (pl.)* ***I3**
Spanisch l'espagnol *(m.)* ***II2**
Spaß haben rigoler **I6A**, 1
spät dran sein être en retard **II3A**, 2
später plus tard **II4A**, 2
zu **spät** trop tard **I2B**, 2
zu **spät** kommen être en retard **II3A**, 2
ein **Spaziergang** une balade **II4**
spektakulär spectaculaire **II4A**, 2
eine **Spezialität** une spécialité **II4AP**
ein **Spiegel** une glace ***I4**
spielen jouer **I3B**, 2
spinnen halluciner **I5A**, 2
Ich glaub, ich **spinne**! *(ugs.)* J'hallucine! *(fam.)* **I5A**, 2
(der) **Sport** le sport **II3A**, 1
die **Sportart** le sport **II3A**, 1
ein **Sportstadion** un stade **II3AP**
Sportunterricht l'EPS *(m.)* (= éducation physique et sportive) **II2A**, 2
ein **Stadion** un stade **II3AP**
eine **Stadt** une ville **II4A**, 1
eine **Stadtbesichtigung** une visite touristique **I5AP**, 1
eine **Stadtrundfahrt** une visite touristique **I5AP**, 1
ein **Stadtviertel** un arrondissement **I5AP**, 1; un quartier ***I5**
das **Stadtzentrum** le centre-ville **II3AP**, 4

stellen mettre **II1A**, 9; poser **II5A**, 2
die **Stiefmutter** la belle-mère ***I4**
der **Stiefvater** le beau-père ***I4**
ein **Stift** un crayon; un stylo **I2AP**, 3
Still! Chut! **II1A**, 2
die **Stimmung** l'ambiance *(f.)* **II5A**, 2
im 2. **Stock** au 2e étage **II2A**, 2
ein **Stockwerk** un étage **II2A**, 2
Stopp! Stop! **I2B**, 2
ein **Strand** une plage **I6A**, 1
Strandsegeln le char à voile **II5AP**
eine **Straße** une route **II4A**, 2
auf der **Straße** dans la rue **II3A**, 2
streicheln caresser **II5A**, 2
der **Stress** le stress **II5A**, 2
ein **Strumpf** une chaussette **I2C**, 1
ein **Stück**/**Stücke** un morceau/des morceaux **II5A**, 8
ein **Stuhl** une chaise **I4C**, 1
eine **Stunde** une heure **I6B**, 1
ein **Stundenplan** un emploi du temps **II2A**, 2
der **Sturm** la tempête ***I6**; **II4A**, 8
ein **Sturzhelm** un casque **II4A**, 2
suchen chercher **I3B**, 2
Suchst du etwas? Tu cherches quelque chose? **I3B**, 2
super génial **II1A**, 2
Das war **super**. C'était super. **II3A**, 2
super *(ugs.)* super *(fam.)* **I2A**, 1
ein **Supermarkt** un supermarché **II3AP**
ein **Suppenlöffel** une cuillère à soupe ***II5**
Surfen le surf **I6A**, 1
ein **Sweatshirt** un sweat-shirt **II1A**, 1
eine **Szene** une scène **II2AP**, 2

T

ein **Tablet** une tablette tactile **II2A**, 9
ein **Tag** un jour **I3C**, 4
ein **Tag** der offenen Tür une journée portes ouvertes **II5A**, 2
am folgenden **Tag** le lendemain **II4A**, 2
am **Tag** darauf le lendemain **II4A**, 2
erster **Tag** im Ferienlager premier jour de colo **I6B**, 1
Guten **Tag**! Bonjour! **I1**
ein **Tag** *(im Verlauf)* une journée **I5B**, 1
eine **Tante** une tante ***I4**
der **Tanz** la danse **I3AP**

tanzen danser **I3B**, 2
das **Tanzen** la danse **I3AP**
eine **Tanzgruppe** une compagnie de danse **II2A**, 2
eine **Tasche** un sac **I2AP**, 3
ein **Taschenrechner** une calculatrice ***I2**
eine **Tasse** une tasse ***II5**
die **Tastatur** le clavier **II2A**, 9
tauchen plonger **II4A**, 2
Tauchen la plongée **I6A**, 1
ein **Taxifahrer** un chauffeur de taxi **II4AP**, 2
Technik la technologie ***II2**
die **Technologie** la technologie ***II2**
ein **Telefon** un téléphone **I5C**, 5
telefonieren téléphoner **II3A**, 1
eine **Telefonnummer** un numéro **I5C**, 1
ein **Teller** une assiette **II5A**, 2
Tennis le tennis **II1A**, 10
ein **Teppich** un tapis ***I4**
ins **Theater** gehen aller au théâtre ***II3**
So ein **Theater**! Quel cinéma! **II3A**, 2
ein **Tier**/**Tiere** un animal/des animaux ***I2**
ein **Tierarzt**/eine **Tierärztin** un vétérinaire/une vétérinaire **II5A**, 2
der **Tierschutzverein** la SPA (= Société Protectrice des Animaux) **II5A**, 2
ein **Tintenkiller** un effaceur **I2AP**, 3
tippen taper **II2A**, 9
ein **Tisch** une table **I4C**, 1
Zu **Tisch**! A table! **I3C**, 1
das **Tischfußballspiel** le babyfoot **I4B**, 2
Tischtennis le ping-pong **I6A**, 3
ein **Tischtennisschläger** une raquette de ping-pong **I4A**, 1
eine **Tochter** une fille **I4AC**
die **Toilette** les toilettes *(f.) (pl.)* **II2AP**
toll fantastique **I5A**, 2
toll *(ugs.)* super *(fam.)* **I2A**, 1
Tor! But! **I3B**, 2
eine **Tour** un tour **I6AP**, 4
ein **Tourist**/eine **Touristin** un touriste/une touriste **I5A**, 2
tragen porter **II1A**, 2
ein **Training** un entraînement **II1A**, 10
traurig triste **I6B**, 1
jdn. **treffen** retrouver *qn* **II2A**, 2; rencontrer *qn* **II3A**, 1
trinken boire **II5A**, 2
Tschüs! *(ugs.)* Salut! *(fam.)* **I1AP**, 2

ein **T-Shirt** un t-shirt **I3B**, 1
Was **tun** wir? Qu'est-ce qu'on fait? **I5B**, 1
eine **Tür** une porte **I6B**, 1
eine **Turnhalle** un gymnase **II2AP**
ein **Turnschuh** une basket **II1A**, 2

U

eine **Überraschung** une surprise **I3A**, 1
überwachen surveiller **II5A**, 2
Um wie viel **Uhr**? A quelle heure? **I5B**, 1
Wie viel **Uhr** ist es? Il est quelle heure? **I5B**, 1
um zwölf Uhr mittags à midi **I5B**, 1
um ... herum autour de ... **II5A**, 2
Um wie viel Uhr? A quelle heure? **I5B**, 1
um zu chatten pour chatter **II2A**, 2
umkehren retourner (à) **II4A**, 2
und et **I1AP**, 4
Und du? Et toi? **I1AP**, 4
ungefähr environ **II4A**, 2
mit **uns** avec nous **II2A**, 2
unser/**unsere** notre/nos **I6B**, 1
unter sous **I4C**, 1
ein **Unterrichtsfach** une matière **II2A**, 11
Mein **Lieblingsfach** ist ... Ma matière préférée, c'est ... **II2A**, 11
eine **Unterrichtsstunde** un cours **I3A**, 1
das **Unwetter** la tempête *****I6**; **II4A**, 8
der **Urlaub** les vacances *(f.) (pl.)* **I6A**, 1
ein **USB**-Stick une clé USB **II2A**, 9

V

der **Vater** le père **I4B**, 1
eine **Verabredung** un rendez-vous **I5B**, 1
verbringen passer **I6A**, 1
verdienen gagner **II5A**, 2
vergessen oublier **II3A**, 2
verkaufen vendre **II5A**, 2
ein **Verkäufer**/eine **Verkäuferin** un vendeur/une vendeuse **I5A**, 2
ein **Viadukt** un viaduc **II4A**, 2
ein **Videospiel**/**Videospiele** un jeu vidéo/des jeux vidéo **I4A**, 1
Viel Glück! Bonne chance! **I3B**, 2
viele Besucher beaucoup de visiteurs **II5A**, 2
vielleicht peut-être **I5C**, 1
ein **Viertel** un arrondissement **I5AP**, 1; un quartier *****I5**
violett violet/violette *****II1**
von de/d' **I2B**, 1
vor *(zeitlich)* avant **II4A**, 1
vor dem Essen avant de manger **II4A**, 2
vor *(örtlich)* devant **I2B**, 2
vorankommen avancer **II4A**, 2
vorbereiten préparer **I3C**, 2
eine **Vorführung** un spectacle **II2A**, 2
vorn/**vorne** devant **II4A**, 2
vorschlagen proposer **II4A**, 2
vorschlagen, etw. zu tun proposer de faire *qc* **II4A**, 10
vorstellen présenter **I6B**, 1
Er **stellt** alle **vor**. Il fait les présentations. **II5A**, 2
eine **Vorstellung** une présentation **II2A**, 2; une séance **II3A**, 2
vorwärts kommen avancer **II4A**, 2

W

eine **Waffel** une gaufre **II3A**, 2
während *(Präp.)* pendant **I6A**, 1
währenddessen pendant ce temps **II5A**, 2
Wann? Quand? **I6B**, 3
Wann hast du Geburtstag? Ton anniversaire, c'est quand? **I4AP**, 3
Es ist **warm**. Il fait chaud. **I6AP**, 2
Mir ist **warm**. J'ai chaud. **II4A**, 2
auf jdn./etw. **warten** attendre *qn/qc* **II3A**, 9
Warte mal. Attends. **I4A**, 1
Warum? Pourquoi? **I6B**, 1
Warum nicht. Pourquoi pas. **II4A**, 2
Was? *(ugs.)* Quoi? *(fam.)* **I2B**, 2
Was für ein Durcheinander! *(ugs.)* Quel bazar! *(fam.)* **I2C**, 1
Was für ein Glück! Quelle chance! **II5A**, 2
Was gibt es? Qu'est-ce qu'il y a? **I3B**, 2
Was ist das? Qu'est-ce que c'est ? **I2A**, 1
Was ist denn das? C'est quoi, ça? **II1A**, 2
Was ist los? Qu'est-ce qu'il y a? **I3B**, 2
Was machen wir? Qu'est-ce qu'on fait? **I5B**, 1
Was macht ...? Que fait ...? **II4AP**, 2
Was tun wir? Qu'est-ce qu'on fait? **I5B**, 1
das **Wasser** l'eau *(f.)* *****I3**; **I6B**, 1
ins **Wasser** fallen tomber dans l'eau **I6B**, 1
eine **Wasserrutsche** un toboggan **I5B**, 1
der **Weg** le chemin **II2A**, 2
der richtige **Weg** le bon chemin **II4A**, 2
nach dem **Weg** fragen demander le chemin **II4A**, 2
weil parce que **I6B**, 1
weiß blanc/blanche **II1A**, 1
weit loin **II4A**, 1
Es ist nicht **weit** weg. Ce n'est pas loin. **II4A**, 1
Welche sind ...? Quels sont ...? **II4AP**, 2
ein **Wellensittich** une perruche *****I2**
Für **wen** ist das? C'est pour qui? **II1A**, 2
ein **wenig** un peu **I6B**, 1
weniger moins **I5A**, 7
wenn das Wetter schön ist quand il fait beau **I5A**, 2
Wenn ihr wollt. Si vous voulez. **II5A**, 2
Wenn Sie wollen. Si vous voulez. **II5A**, 2
Wer ...? Qui ...? **II3A**, 3
Wer ist das? C'est qui? **I1A**, 1
das **Wetter** le temps **I6AP**, 3
Das **Wetter** ist schön. Il fait beau. **I5C**, 7
wenn das **Wetter** schön ist quand il fait beau **I5A**, 2
Wie wird das **Wetter**? Il va faire quel temps? **II4A**, 2
der **Wetterbericht** la météo **II4A**, 2
die **Wettervorhersage** la météo **II4A**, 2
Wie? Comment? **II2A**, 2
Wie alt ist er/sie? Il/Elle a quel âge? **I2B**, 2
Wie bitte? Comment? **II2A**, 2
Wie geht's? Ça va? **I1A**, 1
Wie heißt du? Tu t'appelles comment? **I1A**, 1
Wie sieht er/sie/es aus? Il est comment? **II3A**, 4

Wie viel kostet das? Ça fait combien? **I5C**, 1
Wie viel Uhr ist es? Il est quelle heure? **I5B**, 1
wie gewöhnlich comme d'habitude **II5A**, 2
wie immer comme d'habitude **II5A**, 2
wiederholen réviser **II2A**, 2
Auf **Wiedersehen**! Au revoir! **I1A**, 1
Willkommen (in ...)! Bienvenue (à ...)! **II2AP**
der **Wind** le vent **II4A**, 8
Es ist **windig**. Il y a du vent. **II4A**, 8
im **Winter** en hiver *(m.)* **II1A**, 6
Ich **weiß** (es) nicht. Je ne sais pas. **I4A**, 1
Du machst wohl **Witze**! Tu rigoles. **II1A**, 2
wo où **I4A**, 1
Wo bist du hingegangen/hingefahren? Tu es allé(e) où? **II0**, 6
Wo sind ...? Où sont ...? **I4A**, 1
Wo warst du? Tu es allé(e) où? **II0**, 6
eine **Woche** une semaine **I3C**, 4
nächste **Woche** la semaine prochaine **II2A**, 2
ein **Wochenende** un week-end **II3AP**
am **Wochenende** ce week-end **II3AP**, 3
letztes **Wochenende** le week-end dernier **II3A**, 5
Woher kommst du? Tu viens d'où? **II2A**, 2
wohin où **I4A**, 1
wohl quand même **II4A**, 2
wohnen habiter **I5A**, 2
ich **wohne** in j'habite à **I1AP**, 4
ein **Wohnhaus** un immeuble **II3A**, 2
ein **Wohnzimmer** un salon **I4B**, 2
wollen vouloir **II5A**, 1; **II5A**, 6
Wenn ihr **wollt**. Si vous voulez. **II5A**, 2
Wenn Sie **wollen**. Si vous voulez. **II5A**, 2
ein **Wort** un mot **II1A**, 6
Wir machen ein **Würfelspiel**. On joue aux dés. **II4A**, 7
ein **Wurstteller** une assiette de charcuterie **II5A**, 8

Z

die **Zahlen** les nombres **I2B**, 8
zählen compter **II5A**, 2
jdm. etw. **zeigen** montrer *qc* à *qn* **II2A**, 1
Zeig mal. Fais voir. **I4B**, 2
die **Zeit** le temps **II2A**, 2
Ich habe keine **Zeit**. Je n'ai pas le temps. **II2A**, 2
ein **Zelt** une tente **II5A**, 2
ein **Zelt** aufstellen monter une tente **II5A**, 2
Er/Sie **zeltet**. Il/Elle fait du camping. **I6A**, 1
ein **Zimmer** une chambre **I4B**, 2
zu à la/à l'/au/aux **I5A**, 1; *(Personen)* chez **I3C**, 1
zu Fuß à pied **II4A**, 10
zu Hause à la maison **II1A**, 2
zu sehr trop **II1A**, 2
zu spät trop tard **I2B**, 2
zu viel trop **II1A**, 2
zubereiten préparer **I3C**, 2
zuerst d'abord **II3A**, 1
den **Zug** nehmen prendre le train ***II4**
zugunsten au profit de **II5A**, 2
zuhören écouter **I6B**, 5
zunächst d'abord **II3A**, 1
zurück aus au retour de **II0**
zurückhaltend discret/discrète **II2A**, 2
ein sehr **zurückhaltender** Junge un garçon trop discret **II2A**, 2
zurückkehren rentrer **II0**, 2
zurückkehren (zu/nach) retourner (à) **II4A**, 2
zusammen ensemble **II2A**, 2
zwei deux **I1A**, 7

Révisions 1

1 Les soldes
Malika achète **une jupe** rouge, **une chemise** bleue, **une robe** blanche et **des chaussures/baskets** roses.
Maxime achète **un t-shirt** vert, **un pantalon** noir, **une casquette** jaune et **un sweat-shirt** gris.

2 Le verbe mettre
Théo: Eh Farid, tu **mets** quoi pour la fête du sport de l'école?
Farid: Moi, je joue au foot. Alors, je **mets** un t-shirt et des chaussures de champion.
Théo: Super! Et Tom, il **met** quoi?
Farid: Je ne sais pas. Et vous, Emma et Lina, vous **mettez** quoi pour danser? Une jupe?
Lina: Non, nous **mettons** un pantalon! C'est plus cool!
Théo: Et Sami et ses amis, ils **mettent** quoi?
Emma: Chut, c'est une surprise!

3 Trop grand ou trop petit?
- Son blouson est trop **grand**.
- Sa chemise est trop **petite**.
- Son pantalon est trop **petit**.
- Sa casquette est trop **grande**.
- Ses baskets sont trop **grandes**.

4 Le bureau multicolore
Le clavier est **bleu**.
L'écran est **rose**.
La souris est **verte**.
La clé USB est **jaune**.
La tablette est **orange**.
Le portable est **rouge**.

5 Donner, présenter, montrer
1. Le surveillant montre le collège à Alex.
2. Maxime/Amir donne un livre de maths à Amir/Maxime.
3. La documentaliste montre le CDI à Alex.
4. Le prof donne les devoirs aux élèves.
5. Le nouveau montre l'emploi du temps à Malika.
6. Malika présente le nouveau à Julie.

6 Le verbe venir
a
Malika: C'est Alex, le nouveau. Il **vient** de Belgique.
Julie: Salut Alex. Tu **viens** de Bruxelles?
Alex: Non, je **viens** de Liège. Et vous, vous **venez** de Paris?
Malika: Ben oui, nous **venons** de Paris.
Julie: Et nos copains, Amir et Maxime, **viennent** de Paris aussi.
b
On **vient du** gymnase, **du** CDI, **du** spectacle.
On **vient de** Toulouse, **de** Grèce.
On **vient de la** salle de classe, **de la** cantine, **de la** piscine, **de la** salle de permanence.
On **vient des** toilettes.
On **vient de l'**infirmerie.

Révisions 2

1 Jeu de mots
l'huile d'olive – le miel/une voiture – un vélo/un orage – une tempête/un casque – un sac à dos/un viaduc – un pont/le printemps – l'hiver

2 Salut Paris!
A Berlin, il fait froid. Et à Paris?
Vous **avez fait** quoi hier?
Bisous
Lisa

Salut Lisa,
Ici, il pleut: c'est triste!
Alors, hier, rien de spécial!
Moi, j'**ai fait** mes devoirs. Et ensuite, **j'ai traîné** dans ma chambre avec Malika. Nous **avons écouté** de la musique.
Après, **nous avons** fait du shopping. Malika **a acheté** des chaussures trop classe.
Maxime et Alex, ils **ont regardé** la télévision et ils **ont mangé** des tonnes de chips!!!
Et toi, tu **as fait** quoi?
Bises et tschüss!!
Julie

3 Les questions
Farid: **Pourquoi est-ce que** tu prépares ton sac?
Théo: Parce que je vais à la plage.
Farid: **Quand est-ce que** tu vas à la plage?
Théo: Maintenant.
Farid: **Est-ce que** tu fais un pique-nique?
Théo: Oui!
Farid: **Où est-ce que** tu vas pique-niquer?
Théo: Devant le skatepark.
Farid: **Qu'est-ce que** tu prends avec toi?
Théo: Je prends des sandwichs et de l'eau.

4 On prépare la fête

	Demain, nous
allons faire une fête.	D'abord, vous
allez inviter des amis.	Puis, je
vais préparer des crêpes.	Maxime
va acheter des pizzas,	et toi, tu
vas apporter du coca.	Pendant la fête, Julie et Malika
vont faire un spectacle de danse.	

5 Attendre et répondre

attendre

J'**attends**	
Tu **attends**	le bus.
Farid **attend**	Théo devant l'école.
Nous **attendons**	les vacances.
Vous **attendez**	des amis.
Emma et Lina **attendent**	

répondre

Je **réponds**	
Tu **réponds**	au téléphone.
Farid **répond**	à l'e-mail de Lisa?
Nous **répondons**	aux questions.
Vous **répondez**	
Emma et Lina **répondent**	

6 Le verbe prendre

Mme Legrand: Encore un café, chéri?
M. Legrand: Non, merci.
Camille: Maman!
Mme Legrand: Oui, ma chérie?
Camille: Pour aller chez mamie et papi, je **prends** mon maillot de bain?
Mme Legrand: Oh oui, et tu **prends** aussi une casquette! Il fait chaud à Avignon.
Camille: Est-ce que nous **prenons** les vélos avec nous?
Mme Legrand: Non, il y a des vélos chez mamie et papi.
Camille: D'accord, mais vous **prenez** les casques? Les casques de papi sont toujours trop grands.
M. Legrand: D'accord!
Camille: Et Maxime et Antoine, ils **prennent** quoi? Est-ce que Maxime **prend** son ordinateur?
Mme Legrand: Oui, peut-être. Pourquoi?
Camille: Parce que j'attends des e-mails de mes copines!

DELF 1

1 Compréhension de l'oral

1. b / 2. b /3. a

Le répondeur:
Vous êtes sur le répondeur de la famille Garnier. Laissez un message après le bip. Merci.
Message 1: Salut Aurélie, c'est Lucie. Ce soir rendez-vous devant le cinéma à 7 heures et demie, d'accord? Farid et Hugo viennent aussi.
Message 2: Coucou Aurélie, c'est maman. Appelle-moi s'il te plaît au bureau au 02.89.57.42. Bisous!
Message 3: Salut Aurélie, c'est Hugo. Je ne trouve pas mon livre d'anglais. Il est peut-être dans ton sac? Rappelle-moi sur mon portable, s'il te plaît. A plus!

2 Compréhension de l'écrit

1. c / 2. b / 3. a

3 Production écrite

Salut Léa,
Je suis à Paris avec mes parents et mon cousin. J'adore la ville, les magasins, les monuments. Faire du shopping ici, c'est magique. Mais je n'aime pas le métro et les musées.
A bientôt
Bisous
Tiphaine

4 Production orale

Tu as une sœur?/Ta sœur a quel âge?
Tu as quel âge?
Tu aimes le roller/les jeux vidéo/la musique?
Tu habites dans un appartement ou une maison?
Tu aimes le cinéma?
Tu as un animal?

DELF 2

1 Compréhension de l'oral

1. b/2. a, b/3. c

Un reportage à la radio:
Reporter: Bonjour, je suis à Saint-Cloud, aux portes de Paris, au festival Rock en Seine, et je suis avec Alexis.
Reporter: Alexis, bonjour. Tu es d'où?
Alexis: Je suis de La Rochelle.
Reporter: Tu aimes le rock?
Alexis: Oui, j'adore, et j'aime aussi le rap. Mais je déteste la techno.
Reporter: Tu es fan d'une star en particulier?
Alexis: Euh oui, comme rappeur, j'aime bien Soprano.
Reporter: Les billets sont à 18 euros, non?
Alexis: Je ne sais pas. Mon billet, c'est un cadeau d'anniversaire de mes copains.
Reporter: Tu aimes le festival?
Alexis: Oui, c'est génial ici! Moi, j'aime danser et chanter. Waouh !
Reporter: Ok, merci. Maintenant, je vous présente Matthieu …

2 Compréhension de l'écrit

1. b / 2. c / 3. c

3 Production écrite

A Nous sommes à la tour Eiffel. La vue est fantastique.
B Nous sommes dans la rue. Nous faisons un pique-nique. Nous attendons les autres, il fait très chaud.
C Nous faisons du vélo. Derrière, il y a la Seine.
D On mange une glace. Il fait toujours très chaud. Nicolas prends toujours une glace au chocolat.

E Nicolas fait du roller à côté de Notre-Dame. Nous, on fait une pause.

4 Production orale
- Est-ce que tu vas faire une balade à vélo?/...du shopping?/... du sport?
- Est-ce que tu vas aller au musée?/... chez un copain?/... à la piscine?
- Est-ce que tu vas manger/préparer des crêpes?

Je m'entraîne

1 On fait les boutiques
Julie et Malika sont dans un magasin. Julie cherche des vêtements pour l'été.
Julie: Waouh, génial, la **chemise verte**! Tu aimes?
Malika: Bof, pas trop. Je préfère le **t-shirt bleu**. Avec un **pantalon noir**, c'est cool.
Julie: Ouais mais pour l'été, je cherche une **jupe jaune**, pas un **pantalon noir**.
Malika: Et regarde la petite **robe blanche**, là. J'adore!
Julie: C'est vrai! Avec des **chaussures grises** et un **sweat-shirt rouge**, c'est trop classe!
Malika: Ou bien avec des **baskets roses** et une **casquette jaune**! Lol!

2 L'histoire continue
Madame, Monsieur,
J'ai un problème avec la commande N°290813-27. Les baskets pour ma fille sont **roses** et trop **petites**. Avec les vêtements pour mes fils, il y a aussi des problèmes. Les chemises sont **bleues** et trop **grandes**, les sweats sont **blancs** et trop **grands** et les pantalons sont **rouges** et trop **grands**.
Meilleures salutations
Stéphanie Morin

3 Donnez votre avis
Pour aller à une fête, vous **mettez** quoi?
Lucy13: Rien de spécial: je **mets** un pantalon mais mes amies **mettent** toujours une robe.
Titounette: Moi, je **mets** une jupe. Mais c'est pas trop cool pour danser :-).
Chipie: Et les garçons, pour vos fêtes, ils **mettent** quoi?
Titounette: Mon frère, il **met** souvent une chemise blanche. C'est classe!
Leo44: Moi, je suis un garçon et la chemise blanche, ce n'est pas mon truc.
Mais, je **mets** souvent un polo pour aller à une fête.

4 Une journée chez Farid
1. Lina **présente** le chien Dodo **à** Emma.
2. Farid **montre** son skate **à l'**ami de Théo.
3. Farid **donne** des crêpes **à la** petite sœur d'Emma.
4. Farid **présente** Théo **aux** parents de Lina.
5. Emma **donne** un ballon **au** chien Dodo.
6. Dodo **montre** le ballon **aux** copains, Théo et Farid.

5 On va au cinéma?
Alex: Allô.
Maxime: Salut, Alex.
Alex: Ah, salut.
Maxime: Demain, **je vais** au cinéma avec mon frère. Tu **viens** avec nous?
Alex: Pourquoi pas. C'est où?
Maxime: C'est le cinéma Pathé. Quand on **vient** de la piscine, c'est le cinéma à droite.
Alex: Vous **allez** au cinéma à quelle heure?
Maxime: A 14 heures.
Alex: O.K., je **viens**. Et Amir **vient** avec nous?
Maxime: Peut-être.
Alex: Et, Malika et Julie, elles **viennent** aussi?
Maxime: Ben non, Julie et Malika **vont** au CDI à 11 heures pour réviser les maths.
Alex: Pour réviser les maths!? Mince, pourquoi? Il y a une interro?
Maxime: Non, pas de panique. Alors, rendez-vous demain devant le cinéma?
Alex: O.K., super! A demain.
Maxime: Ciao!

6 Pour Alex, une minute, c'est une minute!
a
A 12 h, il **a mangé** chez papi et mamie.
A 13 h, il **a joué** au foot avec Amir et Maxime.
A 15 h, il **a regardé** un film chez Malika.
A 17 h, il **a écouté** de la musique.

b
Je **n'ai pas mangé** chez papi et mamie.
Je **n'ai pas joué** au foot avec Amir et Maxime.
Je **n'ai pas regardé** un film chez Malika.
Je **n'ai pas écouté** de la musique.

7 En retard au collège
Malika: Bonjour, monsieur.
Alex: Bonjour, désolé pour le retard.
Le surveillant: Un moment, s'il vous plaît.
Vous êtes en retard! Pourquoi?
Alex: Parce qu'il n'y a pas de bus aujourd'hui.
Le surveillant: Il n'y a pas de bus aujourd'hui? Tiens, tiens, bizarre. Vos camarades sont là.
Malika: Oui, **j'ai attendu** 15 minutes et Alex **a attendu** 30 minutes même!
Le surveillant: Vous **avez attendu** quel bus?
Alex: On **a attendu** le 13.
Le surveillant: Et pourquoi est-ce que vous n'avez pas téléphoné?
Malika: Mais, monsieur, j'ai téléphoné et une dame **a répondu**: "Il n'y a pas de bus aujourd'hui!".

Le surveillant: Non, non, non! Pourquoi est-ce que vous n'avez pas téléphoné ICI, au collège?
Malika: Mais, j'ai écrit un SMS à Julie mais elle **n'a pas répondu**.
Le surveillant: Vos camarades **n'ont pas répondu** pendant les cours, c'est normal!
Malika: Ben oui, je sais, je **n'ai pas attendu** sa réponse, mais …
Le surveillant: O.K., O.K., c'est bon, allez vite en cours.

8 Des vacances super pour Farid!

a
Théo: **Qu'est-ce que** tu fais en juillet?
Farid: Je vais deux semaines dans les Alpes. C'est super cool!
Théo: Et **est-ce que** tes parents partent avec toi?
Farid: Non, ils restent à Paris. Ils travaillent.
Théo: **Est-ce que** tu pars seul?
Farid: Non, je pars avec ma sœur Zoé.
Théo: **Qu'est-ce que** tu fais là-bas? Du foot?
Farid: Non, je fais du canoë et du vélo.
Théo: Et ta sœur, **qu'est-ce qu**'elle fait?
Farid: Elle fait du cheval. Elle adore ça.
Théo: Et après, **est-ce que** vous rentrez à Paris?
Farid: Oui, et fin août, nous allons quatre jours en Provence avec mes grands-parents.
Théo: Cool!

b
Théo: Qu'est-ce que tu **vas faire** en juillet?
Farid: Je **vais aller** deux semaines dans les Alpes. C'est super cool!
Théo: Et est-ce que tes parents **vont partir** avec toi?
Farid: Non, ils **vont rester** à Paris. Ils **vont travailler**.
Théo: Alors, est-ce que tu **vas partir** seul?
Farid: Non, je **vais partir** avec ma sœur Zoé.
Théo: Qu'est-ce que tu **vas faire** là-bas? Du foot?
Farid: Non, je **vais faire** du canoë et du vélo.
Théo: Et ta sœur, qu'est-ce qu'elle **va faire**?
Farid: Elle **va faire** du cheval. Elle adore ça.
Théo: Et après, est-ce que vous **allez rentrer** à Paris?
Farid: Oui, et fin août, **nous allons** aller quatre jours en Provence avec mes grands-parents.
Théo: Cool!

9 Les vacances de Farid

1. **Où est-ce que** Farid va en été?
2. **Pourquoi est-ce que** Farid va dans les Alpes?
3. **Qu'est-ce que** Farid va faire?
4. **Est-ce que** Farid part seul?
5. **Quand est-ce que** Farid et Zoé partent?

10 Julie organise le pique-nique

1. Moi, je **prends** les boissons.
2. Toi, Malika, tu **prends** les sandwichs.
3. Maxime **prend** un ballon.
4. Amir et toi, Alex, **vous prenez** les chips.
5. Nous **prenons** nos vélos.
6. Et mes parents **prennent** la voiture.

11 Bijou est encore malade

C'est l'été. Farid et Lina sont au centre équestre pour faire du cheval.
Farid: Tao, nous **pouvons** prendre Alizé et Bijou pour faire une balade?
Tao: Bien sûr. Vous **pouvez** partir tout de suite si vous **voulez**.
Farid et *Lina:* O.K., super!
Ils partent. Farid est devant Lina.
Farid: Tu **peux** aller plus vite, s'il te plaît?
Lina: Je **veux** bien mais je ne **peux** pas.
Farid: Tu rigoles? Quand on **veut**, on **peut**. Tu as peur?
Lina: Mais, non, je n'ai pas peur, mais Bijou est bizarre. Il ne **veut** pas aller plus vite.
Farid: C'est bizarre. Il est peut-être malade. Bon, on retourne au centre.
Ils arrivent au centre et Farid explique le problème à Tao. Une heure plus tard.
Lina: Alors comment va Bijou?
Farid: Pas très bien. Tao et Sami **veulent** appeler le vétérinaire mais il est en vacances.
Lina: Pas de panique, ça va aller! Tu **veux** un sandwich?
Farid: Non, merci, je n'ai pas faim. J'ai trop peur pour Bijou.

12 Un mail à Théo

Salut Théo,
Hier, Lina et moi, nous **avons voulu** faire du cheval. Nous **avons pu** partir tout de suite. C'était super. J'**ai voulu** aller vite mais Bijou **n'a pas voulu**. C'est bizarre parce que Bijou adore les balades.
Tao a mis Bijou dans son box mais il **n'a pas voulu** manger.
Le soir, Sami et Tao **ont pu** appeler un vétérinaire et il **a pu** venir tout de suite. Aujourd'hui, Bijou va bien. C'est un cheval fragile mais je l'aime beaucoup.
A+ Farid

En plus

1 On fait les boutiques

Julie et Malika sont dans un magasin. Julie cherche des vêtements pour l'été.
Julie: Waouh, génial, la **chemise verte**! Tu aimes?
Malika: Bof, pas trop. Je préfère le **t-shirt bleu**. Avec un **pantalon noir**, c'est cool.
Julie: Ouais mais pour l'été, je cherche une **jupe jaune**, pas un **pantalon noir**.
Malika: Et regarde la petite **robe blanche**, là. J'adore!
Julie: C'est vrai! Avec des **chaussures grises** et un **sweat-shirt rouge**, c'est trop classe!
Malika: Ou bien avec des **baskets roses** et une **casquette jaune**! Lol!

2 L'histoire continue

Madame, Monsieur,
J'ai un problème avec la commande N°290813-27. Les baskets pour ma fille sont **roses** et trop **petites**.
Avec les vêtements pour mes fils, il y a aussi des problèmes. La chemise est **rouge** et trop **grande**, le sweat est **gris** et trop **grand**, le blouson est **jaune** et **bleu** et trop **petit** et le pantalon est **rouge** et trop **grand**.
Meilleures salutations
Stéphanie Morin

3 Donnez votre avis

Pour aller à une fête, vous **mettez** quoi?
Lucy13: Rien de spécial: je **mets** un pantalon comme d'habitude, mais mes amies **mettent** toujours une robe.
Titounette: Moi, je **mets** une jupe. Mais c'est pas trop cool pour danser :-).
Lucy13: Alors, pourquoi tu ne **mets** pas un jean?
Titounette: Parce que c'est trop moche pour une fête!
Chipie: Et les garçons, pour vos fêtes, ils **mettent** quoi?
Titounette: Mon frère, il **met** souvent une chemise blanche. C'est classe!
Leo44: Moi, je suis un garçon et la chemise blanche, ce n'est pas mon truc.
Mais, je **mets** souvent un polo pour aller à une fête.

4 Une journée chez Farid

1. Lina **présente** le chien Dodo **à** Emma.
2. Farid **montre** son skate **au** copain de Théo.
3. Farid **donne** des crêpes **à la** petite sœur d'Emma.
4. Farid **présente** Théo **aux** parents de Lina.
5. Emma **donne** un ballon **au** chien Dodo.
6. Dodo **montre** le ballon **aux** copains, Théo et Farid.

5 On va au cinéma?

Alex: Allô.
Maxime: Salut, Alex.
Alex: Ah, salut.
Maxime: Demain, je **vais au** cinéma avec mon frère. Tu **viens** avec nous?
Alex: Pourquoi pas. C'est où?
Maxime: C'est le cinéma Pathé. Quand on **vient de la** piscine, c'est le cinéma à droite.
Alex: Vous **allez au** cinéma à quelle heure?
Maxime: A 14 heures.
Alex: O.K., je **viens**. Et Amir **vient** avec nous?
Maxime: Peut-être.
Alex: Et, Malika et Julie, elles **viennent** aussi?
Maxime: Ben non, Julie et Malika **vont au** CDI à 11 heures pour réviser les maths.
Alex: Pour réviser les maths!? Mince, pourquoi? Il y a une interro?
Maxime: Non, pas de panique. Alors, rendez-vous demain devant le cinéma?
Alex: O.K., super! A demain.
Maxime: Ciao!

6 Pour Alex, une minute, c'est une minute!

a
A 12 h, il **a mangé** chez papi et mamie.
A 13 h, il **a joué** au foot avec Amir et Maxime.
A 15 h, il **a regardé** un film chez Malika.
A 17 h, il **a écouté** de la musique.
A 18 h, il **a chatté** avec ses amis belges.
A 19 h, il **a préparé** son sac pour l'école.

b
Je **n'ai pas mangé** chez papi et mamie.
Je **n'ai pas joué** au foot avec Amir et Maxime.
Je **n'ai pas regardé** un film chez Malika.
Je **n'ai pas écouté** de la musique.
Je **n'ai pas chatté** avec mes amis belges.
Je **n'ai pas préparé** mon sac pour l'école.

7 En retard au collège

Malika: Bonjour, monsieur.
Alex: Bonjour, désolé pour le retard.
Le surveillant: Un moment, s'il vous plaît.
Vous êtes en retard! Pourquoi?
Alex: Parce qu'il n'y a pas de bus aujourd'hui.
Le surveillant: Il n'y a pas de bus aujourd'hui? Tiens, tiens, bizarre. Vos camarades sont là.
Malika: Oui, **j'ai attendu** 15 minutes et Alex **a attendu** 30 minutes même!
Le surveillant: Vous **avez attendu** quel bus?
Alex: On **a attendu** le 13.
Le surveillant: Et pourquoi est-ce que vous n'avez pas téléphoné?
Malika: Mais, monsieur, j'ai téléphoné et une dame **a répondu**: "Il n'y a pas de bus aujourd'hui!".
Le surveillant: Non, non, non! Pourquoi est-ce que vous n'avez pas téléphoné ICI, au collège?
Malika: Mais, j'ai écrit un SMS à Julie mais elle **n'a pas répondu**.
Le surveillant: Vos camarades **n'ont pas répondu** pendant les cours, c'est normal!
Malika: Ben oui, je sais, je **n'ai pas attendu** sa réponse, mais…
Le surveillant: O.K., O.K., c'est bon, allez vite en cours.

8 Des vacances super pour Farid!

a
1. f / 2. d / 3. c / 4. g / 5. b / 6. e / 7. a

b
2. Et est-ce que tes parents **vont partir** avec toi? – Non, ils **vont rester** à Paris. Ils **vont travailler**.
3. Alors, tu **vas partir** seul? – Non, je **vais partir** avec ma sœur Zoé.
4. Qu'est-ce que tu **vas faire** là-bas? Du foot? – Non, je **vais faire** du canoë et du vélo.
5. Et ta sœur, qu'est-ce qu'elle **va faire**? – Elle **va faire** du cheval. Elle adore ça.
6. Et après, est-ce que vous **allez rentrer** à Paris? – Oui, et fin août, nous **allons aller** quatre jours en Provence avec mes grands-parents.
7. Pourquoi? – Parce qu'ils **vont organiser** une fête pour l'anniversaire de Papi.
8. Ça **va être** cool!

9 Les vacances de Farid
1. **Où est-ce que** Farid va en été?
2. **Pourquoi est-ce que** Farid va dans les Alpes?
3. **Qu'est-ce que** Farid va faire?
4. **Est-ce que** Farid part seul?
5. **Quand est-ce que** Farid et Zoé partent?

10 Julie organise le pique-nique
1. Moi, je **prends** les boissons.
2. Toi, Malika, tu **prends** les sandwichs.
3. Maxime **prend** un ballon.
4. Amir et toi, Alex, **vous prenez** les chips.
5. Nous **prenons** nos vélos.
6. Et mes parents **prennent** la voiture.

11 Bijou est encore malade
C'est l'été. Farid et Lina sont au centre équestre pour faire du cheval.
Farid: Tao, nous **pouvons** prendre Alizé et Bijou pour faire une balade?
Tao: Bien sûr. Vous **pouvez** partir tout de suite si vous **voulez**.
Farid et *Lina:* O.K., super!
Ils partent. Farid est devant Lina.
Farid: Tu **peux** aller plus vite, s'il te plaît?
Lina: Je **veux** bien mais je ne **peux** pas.
Farid: Tu rigoles? Quand on **veut**, on **peut**. Tu as peur?
Lina: Mais, non, je n'ai pas peur, mais Bijou est bizarre. Il ne **veut** pas aller plus vite.
Farid: C'est bizarre. Il est peut-être malade. Bon, on retourne au centre.
Ils arrivent au centre et Farid explique le problème à Tao.
Une heure plus tard.
Lina: Alors comment va Bijou?
Farid: Pas très bien. Tao et Sami **veulent** appeler le vétérinaire mais il est en vacances.
Lina: Pas de panique, ça va aller! Tu **veux** un sandwich?
Farid: Non, merci, je n'ai pas faim. J'ai trop peur pour Bijou.

12 Un mail à Théo
Salut Théo,
Hier, Lina et moi, nous **avons voulu** faire du cheval. Nous **avons pu** partir tout de suite. C'était super. J'**ai voulu** aller vite mais Lina n'a pas pu parce que Bijou **n'a pas voulu**. C'est bizarre parce que Bijou adore les balades. Alors nous **n'avons pas pu** continuer. Au centre équestre, les moniteurs **ont voulu** appeler le vétérinaire mais il **n'a pas pu** venir. Tao a mis Bijou dans son box mais il **n'a pas voulu** manger.
Le soir, Sami et Tao **ont pu** appeler un vétérinaire et il **a pu** venir tout de suite. Aujourd'hui, Bijou va bien. C'est un cheval fragile mais je l'aime beaucoup.
A+ Farid

En français

Leçon 1
1. Tu me soûles.
2. Le t-shirt est moche.
3. Ça te va très bien.
4. Les chaussures sont trop petites.
5. Mets un pantalon noir.

Leçon 2
1. Je suis stressé(e) parce que j'ai une présentation.
2. On mange ensemble à midi?
3. Tu viens d'où?
4. Je suis en …
5. J'apprends le français depuis deux ans.

Leçon 3
1. Hier, j'ai regardé la télé.
2. La séance commence dans cinq minutes.
3. C'était super.
4. J'ai perdu mon porte-monnaie.
5. Je traîne dans ma chambre.
6. Je vous invite.

Leçon 4
1. J'ai envie de faire une balade à vélo.
2. Qu'est-ce qu'on va faire demain?
3. Ce n'est pas mon truc.
4. J'ai chaud.
5. Je suis crevé(e).
6. Je ne suis pas d'accord.
7. Il fait quel temps aujourd'hui?

Leçon 5
1. Ça me fascine!
2. Je veux faire de l'escalade.
3. Tu peux m'aider?
4. Est-ce qu'il y a encore du jus de pomme?
5. Je n'ai pas le temps.
6. Vous avez une fourchette?

Bildquellennachweis

Aquaglisse, Les Saintes Maries de la Mer, **74.3, 74.4;** Avenue Images GmbH (Ingram), **17.3;** (Ingram Publishing), Hamburg, **62.2, 149.5;** (C) Bayard Presse - Okapi, No 937 (01.06.2012), Paris, **110.1;** Bétotè, Bill Akwa, Bagnolet, **31.3, 31.4;** Cinetext GmbH (Cinetext/Allstar/Pathe), Frankfurt, **56.1;** Comité Départemental Handisport de l'Hérault, Montpellier Cedex, **80.3, 80.4;** Corbis (Imaginechina), **82-83;** (Ken Sutton/Colorsport), **46.3;** (Ocean), **29.3;** (Robert Harding World Imagery), **65.1;** (Sylvain Sonnet), Düsseldorf, **65.4;** ddp images GmbH (Capital Pictures), Hamburg, **56.4;** dreamstime.com (Andrei Iancu), **109.3;** (Anna Chelnokova), **94.2;** (Aqvamarin), **96.5;** (Gillespaire), **98.4;** (Marsia16), **96.1;** (Rclassenlayouts), **22.2;** (RF), **173.1;** (Sebastian Czapnik), **58.3;** (Valentyn75), **149.4;** (Vladimir Mucibabic), **148.1;** (Vladyslav Starozhylov), Brentwood, TN, **22.6;** Fotolia.com, **6.2;** (Barbara Pheby), **59.5;** (Bernd Rehorst), **99.2;** (blende40), **98.1;** (CenturionStudio.it), **28.8, 148.3;** (Coprid), **173.9;** (Dan Race), **64.1;** (dd), **28.4;** (edan), **82.2;** (Ellsing), **38.4;** (Emmanuelle Combaud), **97.1;** (JPC-PROD), **98.3;** (Klaus Eppele), **24.1;** (L.Bouvier), **61.1;** (L_amica), **38.5;** (Leonid Nyshko), **62.14;** (MaxWo), **62.9;** (mekcar), **62.7;** (PackShot), **98.2;** (rekemp), **22.1;** (Rémy MASSEGLIA), **83.3;** (rgbspace), **22.3;** (spot-shot), **83.2;** (Studio DER), **59.6;** (Swapan), **22.4;** (thierry planche), New York, **7.2;** Francofolies, La Rochelle Cedex 1, **44.4;** Getty Images, **73.1;** (Bloomberg), **94.1;** (CAPMAN Vincent/Kontributor), **27.1;** (LIONEL BONAVENTURE/AFP), **27.4;** (The Image Bank), München, **94.3;** Getty Images RF (Photo Disc), München, **28.2;** Hachette Jeunesse, Paris cedex 15, **36.4, 44.1;** Imago, Berlin, **7.5, 26.1;** Interfoto (MNG Collection), München, **56.2, 56.3;** Irie Revoltes, **25.2;** iStockphoto (007_Bond), **62.4;** (Adrian Niederhäuser), **45.2;** (Catherine Yeulet), **93.2;** (cotesebastien), **93.5;** (erik clegg), **93.8;** (igor terekhov), **17.2;** (JackJelly), **59.2;** (Jacob Wackerhausen), **93.1;** (largeformat4x5), **12.4;** (Lebedinski), **28.1;** (lendry), **93.7;** (macumazahn), **99.1;** (micropic), **173.2;** (Mikkel William Nielsen), **71.4;** (Miodrag Gajic), **93.3;** (mongkol chakritthakool), **71.6;** (Phillip Jones), **149.6;** (piart), **71.7;** (Todd Taulman), Calgary, Alberta, **173.7;** KAYAK VERT CAMARGUE, SYLVEREAL, **75.1, 75.2;** Klett-Archiv, **59.7, 59.8, 59.9, 96.6;** (Axel Reis), **21.1, 25.1, 62.8, 62.11, 62.13, 62.17, 62.18, 62.19, 62.20, 62.21, 62.22, 62.23, 149.2;** (Bill Akwa Bétotè), **30.1, 30.2, 30.4;** (Christelle Souvras), **30.3, 31.1;** (Christine Séguret), **41.1;** (Frédéric Auvrai), **36.2, 36.8;** (Ilka Kramer), **U1, 17.1, 18.1, 18.2, 19.1, 33.2, 35.3, 36.3, 36.9, 43.1, 49.1, 49.2, 49.3, 50.1, 51.1, 59.3, 59.4, 67.1, 67.2, 68.1, 68.2, 69.1, 69.2, 70.1, 79.1, 85.1, 86.1, 86.2, 86.3, 87.1, 87.2, 87.3, 88.1, 88.2, 88.3, 88.4, 88.5, 88.6, 88.7, 88.8, 88.9, 89.1, 111.1;** (Jessica Hath), **40.1, 40.2, 120.1;** (Martin Adam, Berlin), **36.10;** (Patrick Dembski), **23.1, 23.2, 23.3, 23.4, 23.5, 23.6, 47.4, 81.1, 81.2, 81.3, 81.4, 81.5;** (Weccard), **24.2, 24.3, 96.2;** (Zörlein), Stuttgart, **62.6, 62.12, 62.16;** laif (Baptiste FENOUIL/REA), **46.2, 47.1;** (BOULAY Jacques / Hemispheres Images), **65.2;** (Hemispheres), **99.4;** (Michael Riehle), **77.1;** (Stephane ALLAMAN/GAMMA-RAPHO), Köln, **26.2, 27.3;** Le Petit Train Camarguais, Les Saintes-Maries de la Mer, **74.1, 74.2;** MARCO POLO, F. Bouillot, **31.2, 33.1, 46.1;** (Naudin Marco Polo), Paris, **46.4;** Mauritius Images, **58.2;** (Alamy), **7.3, 46.1;** (Westend61), Mittenwald, **96.4;** PantherMedia GmbH (Olaf Protze), **7.4;** (salvatore massara), München, **22.5;** Picture-Alliance (dpa Themendienst), **6.1;** (maxppp), **7.1;** (picture-alliance / DUMONT Bildar), **99.3;** (Roland Weihrauch dpa/lnw), Frankfurt, **27.2;** Raphael Urwiller, **80.2;** www.elkline.de, **17.7;** (Alexeysun), **173.10;** (baitong333), **17.8;** (bepsy), **64.2;** (BlueOrange Studio), **94.4;** (bmnarak), **59, 60-61;** (Bplanet), **97-99;** (Bronwyn Photo), **83.1;** (cluckva), **46-47;** (Dmitry Berkut), **73.3;** (Dusan Jankovic), **80.1;** (Evlakhov Valeriy), **28.3;** (Filip Fuxa), **64-65;** (Foodpictures), **61.2;** (gkphoto.it), **82.1;** (Gulei Ivan), **17.5;** (Horatiu Bota), **28.5;** (Karkas), **12.2, 12.5;** (lalito), **28.7;** (Maks Narodenko), **62.15;** (margouillat photo), **71.5;** (mates), **12.1;** (matka_Wariatka), **65.3;** (Michel Djaoui), **108.3;** (Mile Atanasov), **149.1;** (Pashin Georgiy), **93.6;** (Peshkova), **25, 26-27;** (PHB.cz (Richard Semik)), **73.2;** (Philip Lange), **64.3, 73.4;** (Pierre-Jean Durieu), **108.1, 108.2, 108.4, 109.1, 109.2, 109.4;** (Piotr Zajc), **98-99;** (rmat), **28.6, 148.2;** (Robyn Mackenzie), **59.1;** (Ruslan Kudrin), **17.6;** (ruzanna), **93.4;** (shutswis), **12.3;** (sima), **71.2;** (smithbaker), **61.1, 26-27;** (studioVin), **71.3;** (Tan Wei Ming), **28.9;** (Thomas Bredenfeld), **8-9;** (Ulrich Willmünder), **96.3;** (vseb), **71.1;** (Yurchyks), New York, NY, **96.8;** Société Protectrice des Animaux, Paris Cedex 17, **93.1;** Thinkstock (Digital Vision), **62.5;** (Hemera), **12.6, 36.11, 38.1, 62.10;** (iStockphoto), **38.2, 38.3, 44.2, 44.3, 45.1, 45.3, 58.1, 58.1, 62.1, 62.3, 149.3, 173.5, 173.6;** (istockphoto), **173.8;** (PhotoObjects.net), **173.3;** (Zoonar), München, **17.4;** WMF-AG, Geislingen, **173.4**

Sollte es in einem Einzelfall nicht gelungen sein, den korrekten Rechteinhaber ausfindig zu machen, so werden berechtigte Ansprüche selbstverständlich im Rahmen der üblichen Regelungen abgegolten.

Arbeitsanweisungen

Chantez le refrain.	**Singt** den Refrain.
Changez les rôles.	**Tauscht** die Rollen.
Cherchez les mots dans le dictionnaire.	**Sucht** die Wörter im Wörterbuch.
Choisissez.	**Wählt aus.**
Cochez les bonnes réponses.	**Kreuzt** die richtigen Antworten **an**.
Comparez avec votre partenaire.	**Vergleicht** mit eurem Partner.
Complétez les phrases/le texte.	**Vervollständigt** die Sätze/den Text.
Contrôlez.	**Überprüft.**
Corrigez les phrases.	**Verbessert** die Sätze.
Contrôlez vos résultats.	**Beschreibt** das Bild.
Décrivez.	**Ratet.**
Discutez.	**Diskutiert.**
Donnez un titre.	**Gebt** einen Titel.
Echangez vos informations.	**Tauscht** eure Informationen **aus**.
Ecoutez le texte/la chanson.	**Hört** euch den Text/das Lied **an**.
Ecrivez la bonne réponse.	**Schreibt** die richtige Antwort **auf**.
Faites Faites des phrases/le dialogue.	**Bildet** Sätze/den Dialog.
Faites un sondage.	**Macht** eine Umfrage.
Formez deux groupes.	**Bildet** zwei Gruppen.
Formulez des questions.	**Formuliert** Fragen.
Imaginez la suite de l'histoire.	**Stellt** euch die Fortsetzung der Geschichte **vor**.
Inventez un dialogue.	**Erfindet** einen Dialog.
Jouez la scène.	**Spielt** die Szene.
Lisez le texte.	**Lest** den Text.
Mettez les mots dans le bon ordre.	**Bringt** die Wörter in die richtige Reihenfolge.
Mimez une situation.	**Stellt** eine Situation **pantomimisch dar**.
Montrez la bonne carte.	**Zeigt** die richtige Karte.
Notez les activités.	**Notiert** die Aktivitäten.
Organisez votre travail.	**Organisiert** eure Arbeit.
Parlez.	**Sprecht.**
Posez des questions à votre partenaire.	**Stellt** eurem Partner Fragen.
Prenez des notes.	**Macht** Notizen.
Préparez une scène.	**Bereitet** eine Szene **vor**.
Présentez les personnes.	**Stellt** die Personen **vor**.
Racontez l'histoire.	**Erzählt** die Geschichte.
Rassemblez vos réponses.	**Sammelt** eure Antworten.
Regardez les images/le film.	**Seht** euch die Bilder/den Film **an**.
Regardez sur Internet.	**Seht** im Internet **nach**.
Répétez.	**Wiederholt.**
Répondez aux questions.	**Antwortet** auf die Fragen.
Trouvez d'autres mots/expressions.	**Findet** andere Wörter/Ausdrücke.
Trouvez les phrases qui correspondent à la situation.	**Findet** die Sätze, die der Situation entsprechen.

Code mw7bb7

So findest du die Materialien

1. www.klett.de
Rufe in deinem Internetbrowser die Adresse www.klett.de auf.

2. Code mw7bb7
Gebe nun den Code in das Suchfeld oben rechts ein und drücke "Enter".

Tonaufnahmen und Filme zu **Tous ensemble** *findest du unter dem Code* **mw7bb7**, *den du auf www.klett.de direkt eingeben kannst. Wie das genau funktioniert erfährst du hier.*

3. Tous ensemble Online
Wähle nun den Band, mit dem du gerade arbeitest, aus.

4. Dateien herunterladen
Lektion, Modul bzw. Buchteil auswählen und die Materialien herunterladen.

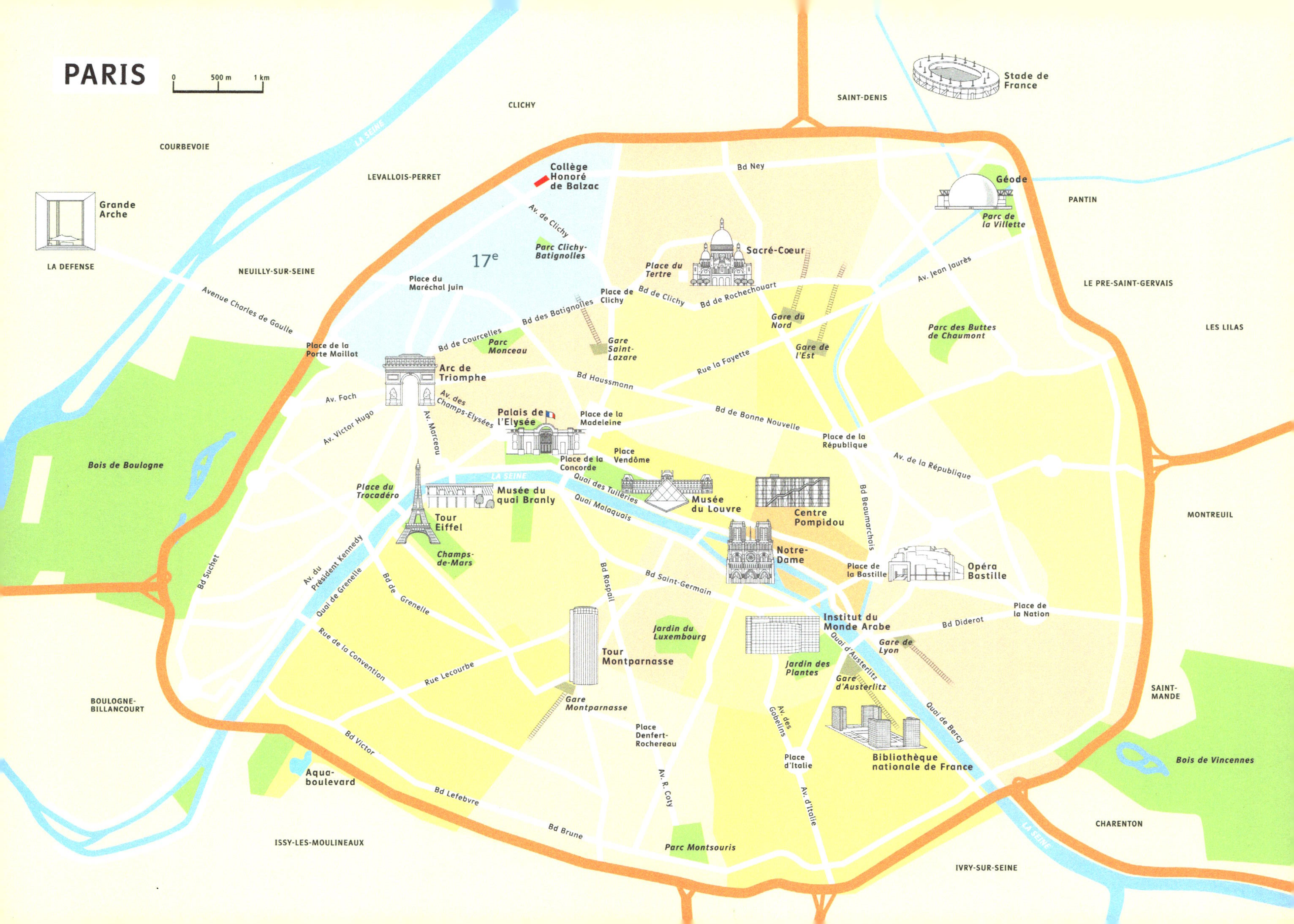
PARIS
0 500 m 1 km
CLICHY
SAINT-DENIS
Stade de France
COURBEVOIE
LEVALLOIS-PERRET
Collège Honoré de Balzac
Bd Ney
Géode
Parc de la Villette
PANTIN
Grande Arche
LA DEFENSE
NEUILLY-SUR-SEINE
17e
Av. de Clichy
Parc Clichy-Batignolles
Sacré-Cœur
Place du Tertre
Av. Jean Jaurès
LE PRE-SAINT-GERVAIS
Place du Maréchal Juin
Avenue Charles de Gaulle
Place de Clichy
Bd de Clichy
Bd de Rochechouart
Bd des Batignolles
Gare du Nord
LES LILAS
Parc des Buttes de Chaumont
Place de la Porte Maillot
Bd de Courcelles
Parc Monceau
Gare Saint-Lazare
Gare de l'Est
Rue la Fayette
Arc de Triomphe
Bd Haussmann
Av. Foch
Av. des Champs-Elysées
Palais de l'Elysée
Place de la Madeleine
Bd de Bonne Nouvelle
Place de la République
Av. Victor Hugo
Av. Marceau
Av. de la République
Bois de Boulogne
Place de la Concorde
Place Vendôme
LA SEINE
MONTREUIL
Place du Trocadéro
Musée du quai Branly
Quai des Tuileries
Musée du Louvre
Centre Pompidou
Quai Malaquais
Bd Beaumarchais
Tour Eiffel
Champs-de-Mars
Notre-Dame
Place de la Bastille
Opéra Bastille
Bd Suchet
Av. du Président Kennedy
Quai de Grenelle
Bd de Grenelle
Bd Raspail
Bd Saint-Germain
Place de la Nation
Institut du Monde Arabe
Bd Diderot
Jardin du Luxembourg
Tour Montparnasse
Quai d'Austerlitz
Gare de Lyon
Rue de la Convention
Rue Lecourbe
Jardin des Plantes
Gare d'Austerlitz
BOULOGNE-BILLANCOURT
Gare Montparnasse
Av. des Gobelins
SAINT-MANDE
Quai de Bercy
Place Denfert-Rochereau
Bd Victor
Place d'Italie
Bibliothèque nationale de France
Bois de Vincennes
Aqua-boulevard
Av. R. Coty
Bd Lefebvre
Av. d'Italie
CHARENTON
Bd Brune
ISSY-LES-MOULINEAUX
Parc Montsouris
IVRY-SUR-SEINE
LA SEINE

La Provence
FRANCE
Montélimar
Rhône
Pont d'arc
Ardèche
Mont Ventoux
(1.909 m)
Orange
Carpentras
Pont du Gard
Gardon
Avignon
Apt
Cavaillon
Montagne
du Lubéron
Nîmes
Palais des Papes
Arènes de Nîmes
Charleval
Arles
Salon-de-Provence
Montpellier
Aix-en-Provence
Montagne
Camargue
Le golfe du Lion
Marseille
Château d'If
Cassis
0
50 km
100 km